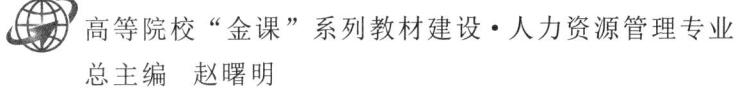

高等院校"金课"系列教材建设·人力资源管理专业
总主编 赵曙明

人力资源测评

周路路　王德才　主编

立体化资源

南京大学出版社

图书在版编目(CIP)数据

人力资源测评 / 周路路,王德才主编. — 南京：南京大学出版社,2021.4
ISBN 978-7-305-24232-8

Ⅰ.①人… Ⅱ.①周… ②王… Ⅲ.①人力资源管理—高等学校—教材 Ⅳ.①F243

中国版本图书馆 CIP 数据核字(2021)第 025878 号

出版发行	南京大学出版社
社　　址	南京市汉口路 22 号　　邮　编　210093
出 版 人	金鑫荣

书　　名	**人力资源测评**
主　　编	周路路　王德才
责任编辑	何永国　　　　　编辑热线　025-83592315
照　　排	南京南琳图文制作有限公司
印　　刷	盐城市华光印刷厂
开　　本	787×1092　1/16　印张 13.75　字数 309 千
版　　次	2021 年 4 月第 1 版　2021 年 4 月第 1 次印刷
ISBN	978-7-305-24232-8
定　　价	42.00 元

网址：http://www.njupco.com
官方微博：http://weibo.com/njupco
官方微信号：njupress
销售咨询热线：(025) 83594756

* 版权所有,侵权必究
* 凡购买南大版图书,如有印装质量问题,请与所购图书销售部门联系调换

高等院校"金课"系列教材建设·人力资源管理专业

编 委 会

主 任 委 员　赵曙明
副主任委员　刘　洪　李燕萍　龙立荣　刘善仕
　　　　　　　唐宁玉　罗瑾琏
委　　　员　（按姓氏笔画排序）
　　　　　　　王德才　龙立荣　刘　洪　刘　燕
　　　　　　　刘善仕　刘嫦娥　孙甫丽　杜　娟
　　　　　　　杜鹏程　李燕萍　杨　东　张　弘
　　　　　　　张　捷　张正堂　张戌凡　陈志红
　　　　　　　罗瑾琏　周路路　赵宜萱　赵曙明
　　　　　　　秦伟平　贾建锋　唐宁玉　黄昱方
　　　　　　　曹大友　蒋建武　蒋昀洁　蒋春燕
　　　　　　　程德俊　潘燕萍　瞿皎姣

总　序

改革开放后,我国一些学者将西方人力资源管理理论和方法引进国内,率先在个别高校开设人力资源管理课程,如我1991年由美国学成回国后,在南京大学率先开设"人力资源管理与开发"课程。后来,一些高校开设人力资源管理专业培养专门人才,如1993年中国人民大学在全国首次开设人力资源管理专业招收本科生。在这些高校的带动下,我国高等院校人力资源管理专业教育经历了一个从无到有、从课程到专业、从单一性到综合性的发展过程,现在又呈现出从独立专业到学科方向的良好发展态势。从事人力资源管理问题研究的学者越来越多,人力资源管理已成为一个独立的、专门的研究领域。目前越来越多的高校开设了人力资源管理本科专业,不少高校还开设了人力资源管理学科方向的硕士、博士研究生专业,甚至建立了人力资源管理方向的博士后流动站,为国家经济建设和社会发展培养了一大批人力资源管理专门人才。

作为实践性很强的专业,人力资源管理专业的发展离不开国内企事业组织人力资源管理的持续变革与创新实践。1978年改革开放以来,中国经济快速发展,市场竞争日趋激烈,企业经营管理面临着日益复杂多变的环境,人力资源管理实践更是实现了从计划经济体制下的劳动人事管理向现代人力资源管理的巨大跨越,并依次经历了人力资源管理理念的导入、人力资源管理的探索、人力资源管理的系统深化以及近年来的人力资源管理创新时期,相应地,人力资源管理专业教育教学也顺势而变,进入了一个前所未有的变革时代。

回顾过去,才能更好地理解现在,展望未来。作为国内较早开展人力资源管理教学和研究的学者,我有幸亲历了整个过程。20世纪80年代初期,人力资源管理在美国兴起,并迅速成为美国管理研究的热点之一。然而在20世纪90年代初期的中国,无论是政府管理部门还是企业界,仍以为"人力资源管理"就是"人事管理",很多人甚至连"人力资源"这个词都没有听过。我当时就深切地感觉到,要改变这种状况,首要任务就是要系统地了解和研究发达国家在人力资源管理领域的理论、思想与方法。于是,我倾力撰写了《国际企业:人力资源管理》一书(1992年由南京大学出版社出版第一版,到2016年出版了第五版),系统地介绍西方发达国家在该领域的研究成果和发展趋势,以使读者不仅能够概括了解西方人力资源管理的全貌,而且能够接触到学术研究的前沿,把握其发展规律。

人力资源管理在当时的我国还是新兴的研究领域,最大的困难在于如何构建具有中国特色的知识体系。于是从1993年开始,我的主要精力都集中在解决这一关键问题上。受国家自然科学基金科研项目资助,经过两年多的研究,我于1995年完成并出版了《中国企业人力资源管理》这部专著,从宏观的角度探讨了我国人力资源的配置机制和政策体系,从微观的角度分析了中国企业人力资源管理各环节的优势和劣势。自1995年起,我开始集中研究中国企业人力资源管理的模式选择,这是中国国有企业推行科学管理所面临的紧迫课题。到20世纪90年代末期,我着手进行"中国企业集团人力资源管理战略"等国家自然科学基金资助的课题的研究,力求从战略人力资源管理的视角,探索中国企业的战略人力资源管理模式。21世纪以来,我和我的研究团队又相继开展了"企业人力资源开发的理论基础与管理对策""转型经济下我国企业人力资源管理若干问题研究""中国企业雇佣关系模式与人力资源管理创新研究""基于创新导向的中国企业人力资源管理模式研究"等国家自然科学基金重点课题的研究,着手对中国情境下的人力资源管理理论与实践问题进行更加深入的研究和探讨,以期在中国的人力资源管理领域做出一些贡献。

回顾这些年来中国人力资源管理发展之路,我最深刻的印象就是变化无处不在,人力资源管理的运作环境、管理职能和运行边界正日益复杂化、动态化和模糊化。首先,人力资源管理的环境发生了极大改变。经济全球化、信息网络化、知识社会化、人口城镇化、货币电子化等构成了这个时代的主要特征。每个人都身处移动互联网、大数据、云计算、物联网、人工智能之中,这些正在影响着我们的工作和生活方式,甚至取代了许多人赖以为生的岗位。这些变化对组织人力资源管理的能力提升提出了新的、更高的要求,例如,如何通过培训帮助员工尽快适应转岗等现实问题已迫在眉睫。

其次,组织结构和组织管理体系发生了变化。伴随着创新驱动发展带来的新业态、新组织、新技术的出现以及共享经济的兴起,企业组织从高度集权的金字塔式的组织结构,逐步地向扁平化、网络化、虚拟化、平台化的方向发展,中国一些企业开始学习和引进发达国家先进的人力资源管理理论并在实践中不断进行创新,如腾讯和阿里巴巴采用的三支柱模式、阿米巴经营模式等,均取得了明显成效。在这个过程中,一些企业还结合中国实际,将西方国家人力资源管理理论与中国企业管理实践相结合,创造性地提出具有中国特色的人力资源管理新模式、新方法,受到越来越多的关注,如华为的员工持股计划、海尔集团的"按单聚散、人单合一"模式、苏宁的事业经理人制度等。这些成功的案例启发我们,组织结构和组织管理体系的变化,需要我们从战略高度上去设计新的人力资源管理理论框架和知识体系。

第三,员工的需求日益多元化。员工忠诚度一直是人力资源管理的重要命题之一。新的趋势是从过去强调员工的忠诚度转变到员工幸福感与员工忠诚度并重,强调工作、家庭、生活与学习的多重平衡。尤其是"90后""00后"等新生代员工现已成为职场的主力军,他们对待工作的态度、个性特点、需求特征均与以往代际的员工有所不同,他们更加关注工作、家庭和生活的平衡,更多地追求和强调幸福感,员工体验甚至已经成为吸引、保留、激发人才活力的新战略和新方向。在此背景下,组织如何留住这些新生代员工,要给他们什么样的发展空间,如何满足他们多样化的需求,不断提升他们的满意度和幸福感,就成为人力资源管理中迫切需要解决的现实问题。

第四,工作方式日益创新。在零工经济背景下,远程办公、移动工作、灵活用工、共享员工等取代了传统单一的雇佣方式。零工经济是由一组相互作用但又半自治的实体借助网络平台实现精准交易的生态化经济系统。传统上,雇佣关系是组织进行人力资源管理的逻辑前提,但零工经济下的多方参与实体之间并不存在可识别的直接雇主与雇员关系。网络平台一方面极力避免与零工建立雇佣关系,但另一方面又在工作时间、工作地点、工作效率、工作行为和产出等方面对零工行使控制权。那些在传统组织下频繁进行的人力资源管理活动已成为网络平台实现零工生态系统治理的手段,而当前对网络平台的人力资源管理实践模式及其运作机理还知之甚少。

第五,人力资源管理的外延和对象有所拓展。党的十九大提出要加快建设人力资源协同发展的产业体系,着重发展人力资源服务业。人力资源服务业作为第三产业服务业的分支,能满足组织对于成本管控和人才优化配置的需求,是一个令人瞩目的朝阳产业。过去人力资源管理的对象更多的是组织内的员工,而现在人力资源管理的外延在扩大,对象也变得多元化。此时,人力资源管理在职能边界、知识体系与内容构成等方面均与传统的基于组织内部的人力资源管理有很多区别。

上述五方面的变化需要我们重新思考人力资源管理教学的知识体系与理论框架。总体来看,人力资源管理专业建设取得了长足发展,但在人才培养目标、课程设置、知识体系、教材建设上却滞后于经济社会发展的时代需求。当前,传统商科走向了新商科,在以大数据、云计算、物联网、人工智能、区块链等新商业技术为支撑的商科专业发展背景下,人力资源管理专业人才的培养也面临着新的机遇和挑战。教育部发布的《关于加快建设高水平本科教育 全面提高人才培养能力的意见》中也特别指出,要注重新商科人才的培养。尤其是在一流专业建设和金课建设工作中,课程教材改革需要与时俱进,因为教材是专业建设的核心要素,直接影响人才培养质量。人力资源管理专业作为一门实践性、应用性很强的专业,教材建设必须紧紧把握时代发展趋势和潮流。

南京大学人力资源管理研究和教学团队一直非常重视人力资源管理专业教材编写和课程教学工作。从1991年起,我作为课程负责人开始在南京大学开设"人力资源管理"课程。2000年开始采用电子信息化教学手段和相应的教学方法。该课程后来成为南京大学重点建设课程,并于2003年入选第一批国家精品课程。多年来,我同时致力于人力资源管理专业师资的培养。作为教育部指定的人力资源管理课程师资培训基地,南京大学商学院已成功举办20届全国人力资源管理师资培训研讨会,全国几千名人力资源管理教师参加了培训。该研讨会现已成为我国人力资源管理学科领域参与专家人数众多、最具规模和最具影响力的师资研讨会,为推动我国高等院校人力资源本科专业教育以及MBA教育做出了应有贡献。为了给全国从事人力资源管理研究的学者搭建一个学术交流的平台,由南京大学商学院、华中科技大学和《管理学报》等联合发起的、由我任主席的中国人力资源管理论坛于2012年成功举办,至今已举办了8届,产生了良好的学术影响。

基于多年的科学研究、教学实践、师资培训、人才培养、同行交流等方面的经验,结合当前人力资源管理的发展变化趋势,我们精心梳理了人力资源管理专业相关教材的内容,出版了这套人力资源管理系列丛书。

本套丛书是南京大学出版社在教育部工商管理类专业教育指导委员会的支持下,邀请国内具有丰富人力资源管理教学经验的学者精心编写而成的,旨在为人力资源管理专业的师生提供一套专业、系统、前沿、理论与实践并重的人力资源管理系列教材,并为业界人士发现、分析和解决企业人力资源管理实践中遇到的问题提供分析方法和工具。

本套丛书共分十三册,包括:《人力资源管理总论》《人力资源战略与规划》《组织设计与工作分析》《员工招聘管理》《人力资源测评》《人力资源培训与开发》《员工职业生涯管理》《绩效管理与评估》《薪酬管理》《企业劳动关系管理》《创业企业人力资源管理》《国际企业:人力资源管理》《人力资源专业英语》等。本套丛书有以下五个特点:

(1) 注重体系完整性。本套丛书从人力资源管理战略的高度审视各个模块的相互联系,每个模块都有非常完整的知识体系设计,让读者能从企业经营管理的整体视角去理解人力资源管理各个模块的内容。

(2) 强调知识的前沿性。将当前外部环境的变革融入到教学内容中,如新生代员工管理、大数据、共享经济、网络型组织结构、企业大学、疫情危机下的企业人力资源管理等知识点,在本套丛书中均有所体现。特别值得一提的是,在创新创业这一时代主旋律下,人力资源管理对创业企业的存续与发展产生日益重要的影响。本套丛书基于创业企业在人力资源管理中的特殊性,编写了《创业企业人力资源管理》一书,希望人力资源管理能够真正成为推动创业企业发展的核心要素。

(3) 注重知识的实用性。本套丛书有大量的实例及案例素材,分别以开篇案例、章后应用案例等形式体现。案例教学内容从知识点的讲解出发,通过案例说明知识点的具体适用范围,从而帮助学生透彻地掌握相关知识点。学生通过对案例的分析与解读,可以将这些知识点与未来工作情境相关联,培养学生发现问题、分析问题并解决问题的能力。

(4) 融入当前企业人力资源管理新实践。本套丛书吸收了当前企业人力资源管理中的新模式、新经验,如三支柱模式、阿米巴经营模式、华为的员工持股计划、海尔集团的"按单聚散、人单合一"模式、苏宁的事业经理人制度等,在本书中均有所体现。

(5) 用全球化的视野思考人力资源管理问题。本套丛书特别设计了《国际企业:人力资源管理》《人力资源专业英语》,希望借此引发读者对人力资源管理国际化的思考。中国企业家曹德旺先生的福耀玻璃在美国开工厂遇到的工会问题以及解决措施等内容,在书中均有所介绍。

总之,本套丛书力图在人力资源管理专业知识体系和内容结构上有所创新,使读者既能够把握人力资源管理专业完整的基础理论知识,同时还能够感受到专业学科发展前沿和未来发展趋势。付梓之际,衷心希望该丛书对我国人力资源管理专业人才的培养产生积极作用。

本套丛书的出版得到了南京大学出版社的大力支持!南京大学出版社社长金鑫荣教授在该套丛书建设研讨会上提出了宝贵建议,使我们受到很多启发;南京大学出版社高校教材中心蔡文彬主任对本套丛书的出版自始至终给予了很多关心和帮助;南京大学出版社责任编辑们对本套丛书进行了精心编校。在此向他们一并表示衷心感谢!

在本套丛书编写过程中,我们力求完美,但囿于能力,存在的问题和不足之处在所难免,敬请各位读者批评指正!

南京大学人文社会科学资深教授
商学院名誉院长
行知书院院长
博士生导师

2020 年 12 月

前　言

随着以人为本的企业管理观念的深入发展以及企业竞争的白热化,当下的企业人力资源管理工作也在不断地向专业化发展。其中,作为企业的人才选拔培养与人才的合理配置的重要工具方法——人才测评理论与技术也取得了长足的发展。只有通过建立与企业自身发展目标与组织架构相适应的人才测评体系,采用高效而有效的人才测评方法,才能够为组织选拔出合适的人才,帮助企业合理配置人才,实现人岗匹配的目标。此外,从员工个人的自我认知、职业选择与规划方面来讲,人才测评也扮演着重要的判断者与指引者的角色。

本书从人才测评理论与技术出发,与人才测评的实际应用相结合进行各部分内容的编写。全书共8个章节,分别介绍了人才测评的基本概念、发展历程、原理等,岗位素质模型的概念以及构建方法,现代人才测评的主要技术:笔试测评、面试测评、心理测评、评价中心技术等,在本书的最后,也对人才测评的新技术与未来的发展趋势进行了阐述。

总体来讲,本书具有以下特色:

一是逻辑清晰、层次分明。本书首先介绍了人才测评的理论基础与基本概念,进而对各类常用的人才测评技术分别进行了详细介绍,最后以人才测评新涌现出来的技术以及未来的发展趋势作为结尾。合理的章节结构安排使得本书更具有逻辑与层次性。

二是理论与实践相结合。本书在进行理论介绍的同时也在每一章节的开篇与结尾加入了具体的应用案例供读者参考理解。让读者能够对人才测评理论与技术有直观的认识,帮助读者进行理论理解到实践应用的知识转换。

三是科学性与可操作性。想要真正认识并掌握各种人才测评技术,必须对其理论基础以及适用情景、设计思路、评价要素等多个方面进行理解。为此本书引用了国内外最新的人才测评实践经验和研究成果,同时在文中附上了各类人才测评技术的操作方法与注意事项。

四是与时俱进。和其他的人力资源管理理论技术一样,人才测评的理论与技术也不断发展出新的成果,开展新的实践。本书选择了具有代表性且新颖的实践案例,附上了一些前沿的人才测评概念新技术。

赵曙明教授担任人力资源管理系列教材的主编,本书是系列教材的其中一本。本书由周路路、王德才老师编著,同时负责全书的主体框架设计、统稿校对等工作。在本书编写的过程中,得到了尤佳、何永国等编辑老师的大力支持,使本书得以如期顺利完成。此外,在本书编写过程中,编者参阅了国内外专家学者的人力资源管理的著作或者译著,也参考了相关教材和案例资料,同时也参阅了前沿的文献来补充本书的内容。在此对他们表示崇高的敬意和衷心的感谢!但由于作者的水平有限,加上时间仓促,书中错漏和不妥之处在所难免,恳请专家、同行和读者批评指正,也期望本书能够帮助读者对人才测评有一个更加清晰的认识,对人才测评的应用有所帮助。

编 者

2021 年 3 月

目 录

第一章 人才测评导论 ... 1
1.1 人才测评的基本概念 ... 1
1.2 人才测评的作用 ... 3
1.3 人才测评的种类 ... 6
1.3.1 按测评对象划分 ... 6
1.3.2 按实施者划分 ... 6
1.3.3 按实施范围划分 ... 7
1.3.4 按测评形式划分 ... 7
1.3.5 按测评参照系划分 ... 8
1.4 人才测评的主要方法 ... 8
1.5 人才测评的前沿趋势 ... 20
1.5.1 人才测评的发展方向 ... 20
1.5.2 大数据技术在人才测评中的应用 ... 21

第二章 人才测评原理 ... 24
2.1 人才测评理论基础 ... 25
2.2 人才测评的信度 ... 26
2.2.1 信度的定义 ... 26
2.2.2 评估信度的方法 ... 27
2.2.3 影响人才测评信度的因素 ... 28
2.3 人才测评的效度 ... 28
2.3.1 评估效度的方法 ... 28
2.3.2 影响人才测评效度的因素 ... 29
2.4 对测评分数的解释 ... 31
2.4.1 原始分数、标准分数与常模 ... 31
2.4.2 常模参照解释 ... 32
2.4.3 常模样本的选择 ... 33
2.4.4 常模的表示方法 ... 33
2.4.5 效标参照解释 ... 33

第三章 岗位胜任特征模型 ... 36
3.1 胜任素质的内涵 ... 37
3.1.1 胜任素质的基本概念 ... 37

  3.1.2 胜任素质的原理 ·· 38
  3.1.3 胜任素质的三大学派 ·· 38
 3.2 胜任特征模型概述 ·· 39
  3.2.1 胜任特征模型的概念 ·· 39
  3.2.2 胜任特征模型的特点 ·· 41
  3.2.3 经典胜任特征模型 ·· 41
  3.2.4 管理者胜任特征模型 ·· 43
 3.3 胜任特征模型的构建 ·· 46
  3.3.1 胜任特征模型构建方法 ······································ 46
  3.3.2 胜任特征模型构建的流程 ···································· 48
  3.3.3 胜任特征模型构建的注意事项 ································ 49
 3.4 胜任特征模型的应用 ·· 50

第四章 笔试测评

 4.1 笔试测评概述 ·· 55
  4.1.1 笔试的概念 ·· 55
  4.1.2 笔试的功能 ·· 56
  4.1.3 笔试的优缺点 ·· 56
  4.1.4 笔试的方法 ·· 57
  4.1.5 笔试的内容 ·· 57
 4.2 笔试题型 ·· 58
 4.3 笔试试题编制 ·· 62
  4.3.1 笔试试题结构设计 ·· 62
  4.3.2 笔试试题编制 ·· 65
 4.4 笔试操作流程 ·· 69

第五章 心理测评

 5.1 心理测评概述 ·· 77
  5.1.1 心理测评的定义 ·· 77
  5.1.2 心理测评原理 ·· 78
  5.1.3 心理测评的实施 ·· 81
  5.1.4 心理测评的优缺点 ·· 81
  5.1.5 心理测验的使用要点 ·· 82
 5.2 人格测评 ·· 82
  5.2.1 人格的概念 ·· 83
  5.2.2 人格理论 ·· 83
  5.2.3 人格测验的方法 ·· 85
  5.2.4 人格测验工具 ·· 86
 5.3 能力测评 ·· 90

   5.3.1 智力测验 ……………………………………………… 90
   5.3.2 创造力测验 …………………………………………… 93
   5.3.3 能力倾向测验 ………………………………………… 94
  5.4 动机测评 ……………………………………………………… 95
   5.4.1 动机的概念 …………………………………………… 95
   5.4.2 动机的种类 …………………………………………… 96
   5.4.3 常用的动机测评 ……………………………………… 96
  5.5 心理测验的问题及对策 …………………………………… 100

第六章 面试测评 ……………………………………………………… 103
  6.1 面试测评概述 ……………………………………………… 104
   6.1.1 面试的概念 …………………………………………… 104
   6.1.2 面试的作用 …………………………………………… 104
   6.1.3 面试的类别 …………………………………………… 105
   6.1.4 面试的考察点 ………………………………………… 107
  6.2 面试试题编制 ……………………………………………… 108
   6.2.1 面试题目的编制流程 ………………………………… 108
   6.2.2 面试题目的类型 ……………………………………… 108
   6.2.3 面试试题编制原则 …………………………………… 110
   6.2.4 面试试题的获取 ……………………………………… 111
  6.3 面试操作流程 ……………………………………………… 111
  6.4 行为描述面试 ……………………………………………… 118
   6.4.1 行为描述面试的概念 ………………………………… 118
   6.4.2 行为描述面试的设计 ………………………………… 119
   6.4.3 行为描述面试的实施 ………………………………… 120

第七章 评价中心 ……………………………………………………… 123
  7.1 评价中心概述 ……………………………………………… 123
   7.1.1 评价中心的概念 ……………………………………… 123
   7.1.2 评价中心的流程 ……………………………………… 126
  7.2 角色扮演 …………………………………………………… 128
   7.2.1 角色扮演概述 ………………………………………… 128
   7.2.2 角色扮演的优缺点 …………………………………… 130
   7.2.3 角色扮演的实施 ……………………………………… 131
   7.2.4 角色扮演的评价内容 ………………………………… 132
  7.3 公文筐测验 ………………………………………………… 132
   7.3.1 公文筐测验概述 ……………………………………… 132
   7.3.2 公文筐测验的特点 …………………………………… 135
   7.3.3 公文筐测验的操作流程 ……………………………… 135

7.4 无领导小组讨论 ·· 140
  7.4.1 无领导小组讨论概述 ·· 140
  7.4.2 无领导小组讨论的特点 ······································ 140
  7.4.3 无领导小组讨论的分类和题目类型 ···························· 141
  7.4.4 无领导小组讨论的实际操作 ·································· 145
7.5 情境判断测验 ·· 151
  7.5.1 情境判断测验概述 ·· 151
  7.5.2 情境判断测验的特点 ·· 153
  7.5.3 情境判断测验的实施 ·· 153

第八章 人才测评的应用与发展 ·· 157
8.1 人才测评指标体系设计 ·· 158
  8.1.1 人才测评指标概述 ·· 158
  8.1.2 人才测评指标体系的内容 ···································· 159
  8.1.3 人才测评指标体系的结构 ···································· 163
  8.1.4 人才测评指标体系的建立 ···································· 165
8.2 人才测评在各行业中的应用 ·· 171
  8.2.1 人才测评在公务员录用中的应用 ······························ 171
  8.2.2 人才测评在企业中的应用 ···································· 175
8.3 人才测评的新技术 ·· 194
  8.3.1 脑象图测评技术 ·· 194
  8.3.2 KOMET 测评技术 ·· 197
8.4 人才测评发展展望 ·· 199

参考文献 ·· 203

第一章 人才测评导论

一位人力资源总监的感慨

为促进人力资源的整体提升与优化、开发劳动者的素质,人员素质测评技术在我国越来越受到社会各界尤其是企业的关注与使用。人员素质测评为越来越多的企业人力资源部门所接受,并在人力资源管理的各项具体工作中起到了重要作用。

A公司近期需要招聘3名技术主管和1名大区经理,由于公司内部没有人员素质测评专业人士,于是外聘咨询公司进行人员素质测评工作。

咨询公司首先进行了深入的调查,继而确定了特定职位的选人标准,并据此确定了测评工具,包括纸笔测验、无领导小组讨论、结构化面试等。两天后,咨询公司提交了最终的选拔评价报告,共评价了20人的优势与不足,并推荐4人任职。

A公司人力资源总监觉得评价结果既科学又具有说服力,故欣然接受咨询公司的建议。在随后的工作中,咨询公司推荐的这4名员工表现良好,确实符合职位的任职要求。于是,A公司决定继续与咨询公司合作,以人员素质测评为基础开展了一系列管理者领导力发展方面的反馈、辅导与培训,并取得了很好的效果。

在咨询公司随后的跟踪中,A公司人力资源总监感慨道:"以前我对人员素质测评不够了解,总觉得怎么可能用一些考试就能考察管理者的能力,就能识别人才?但是,在之后一系列的尝试中我发现人员素质测评真的很有价值。这项人力资源管理工作确实帮到了我们……"

资料来源:徐世勇,李英武.人员素质测评[M].北京:中国人民大学出版社,2017.

1.1 人才测评的基本概念

人才测评(Personnel Assessment),是现代人力资源管理与开发学科体系中的一门新兴学科,在各级、各类组织的人力资源管理中发挥着重要作用。本节我们首先明确一下人才测评的定义及作用。

人才测评是指以现代心理学和行为科学为基础,通过运用心理测验、面试、情景模拟等技术手段对各类人员的知识水平、能力及其工作技能、工作倾向、个性特征和发展潜力，进行客观的测量，从而对其素质状况、发展潜力、个性特点等心理特征做出科学的评价。

人的素质能不能得到准确的测试？为什么要进行人才测评？人才测评的目的何在？人才测评具有可操作性吗？人才测评科学吗？这5个问题与人才测评的必要性和可能性相关。要了解人才测评的科学原理，首先必须了解与这5个基本问题相关的一些基本知识。

人才测评基于以下4个方面的假设前提而存在。

1. 人的差异理论

人才测评的对象是人的素质，受先天遗传因素和后天环境的影响，这两个因素造成了人与人之间的差异。人的差异性的存在是人才测评存在的基础和前提。

（1）生理方面的差异。个体生理方面的差异体现在个体的性别、年龄和身体等方面。男女生理上的差异导致他们在从事不同的工作方面各有优势。大量研究表明，男女生理上的差别要比人们平常所认为的还要大得多。男女在认知特征上也存在着明显的差异。不同年龄的人的心理状态和身体状况会有所不同，人在不同年龄段的认知特点和行动特点也有所不同。

（2）心理方面的差异。心理差异可归结为个性倾向差异和个性心理特征差异，其中个性倾向差异包括个体的兴趣、需要、动机、信念、世界观和价值观等方面的差异。个体的能力、气质、性格等方面的差异属于个性心理特征差异。

（3）社会文化方面的差异。人具有社会属性，生活在现实社会中的人，必然是生活在一定社会关系中的人，如生产关系、亲属关系和同事关系等。由于生长与工作的环境不同、所接受的教育程度不同、所接触的文化不同、所从事的社会实践也不同，因此每个人所形成的素质也就不同。

（4）职位类别的差异。职位类别是对组织中的各种职位，按照工作性质、责任轻重、难易程度、任职资格、职位权限等因素综合划分所形成的序列等级。不同职位对任职者有着不同的素质要求，当任职者的素质水平符合职位要求时，则人事相匹，人员工作绩效就高；否则，人员工作绩效相对较低。因此，我们可以看到，职位类别的差异为人才测评提供了客观条件。

2. 人的素质稳定性

人的素质具有一定的稳定性，主要表现在3个方面：一是人的生理品质具有稳定性，个人生理方面的特征有时在相对较长的时间内不会发生太大的变动，如某个人具有好听的声音，在很长时间内不会有变化；二是人在社会文化影响下所形成的社会品质具有稳定性，如宗教信仰方面；三是人的个性特质较稳定，主要包括人的能力、气质和个性倾向等方面。

每个人都有自己的独特性。个人经过长期的社会生活，也就是后天的生活环境的影响，逐步形成了对待生活的态度和行为风格，在不同的时间和不同的地点通常会表现出相似的心理特征。比如说，一个性格很内向的人，不仅在家庭生活中比较安静，在社交场合也不会非常活跃。个人素质的相对稳定使人才测评变得有必要，如果个人素质不具备稳定性,人才测评就没有意义。

3. 人的素质的可知可测性

素质具有抽象性,它是隐蔽在个体身上的一种内在抽象的东西,但它可以通过人的行为表现出来,个人素质和行为之间存在一系列的相关性。

人的内在素质和外显行为在一个人身上是一个动态的整体系统,内在素质会通过外显行为表现出来,而外显行为又受制于它的内在素质。人才测评可以通过观察被测试者的语言行为或非语言行为(如体态行为、工作行为、生活行为等)来测评被测试者的内在素质。

4. 人的素质的可量化性

可量化性是指对事物以数字形式表示。素质测评量化,即用数字形式描述素质测评的过程,它是通过科学的测量手段来揭示素质的数量特征与质量特征,使定性测评中不便于归纳处理的行为特征信息得到统一的数学处理。

量化使素质测评的结果以分数或等级的形式表现出来,简化了对各个素质水平与差异的比较与评定,将选拔录用、资源配置、绩效考核、人员开发中的测评标准落到了实处,使测评分数与诊断评语互相结合、互相补充。

1.2 人才测评的作用

人才测评虽然不是一个新鲜的概念,但是很多企业并不知道人才测评的重要性,也忽视了人才测评在企业人才管理中的价值。

对于一些组织而言,有效的人才测评能够为所在组织避免用人风险并带来成倍的效益。随着专业化分工的日臻完善和企业对人才的日益关注,企业的人力资源管理部门的地位、角色及作用在企业中日益突出,业务部门与企业决策者对人力资源部门的专业性提出了更高的要求,因此,人力资源从业者面临着前所未有的挑战。

传统的人力资源管理以岗位为中心,岗位分析与岗位评估是人力资源管理的基础。但是,现代人力资源管理以素质为中心,关注岗位的任职者,对人员素质的测量与评价才是人才测评的核心内容。只有同时关注"岗位"要求与"任职者"的素质才能更好地发挥人力资源管理各项职能的基础性作用。以往对"任职者"的忽视,需要企业更加关注人才测评的方法与技术,真正地使得人力资源部门从事务型工作向技术型工作转移,这样人力资源管理才能更好地服务于企业组织。

人才测评是人事决策的重要工具。它在战略人力资源管理、职能人力资源管理、个体与组织发展这3个方面发挥着关键的作用(见图1-1)。

战略人力资源管理	职能人力资源管理	个体与组织发展
继任者计划 人力资源盘点 领导力开发	招聘选拔 培训开发 绩效考核 薪酬管理	员工择业与发展 团队建设

图1-1 人才测评的作用

1. 战略人力资源管理方面

战略人力资源管理是基于企业战略的未来人力资源管理策略与具体的实施规划。人才测评在战略人力资源管理层面发挥着越来越重要的角色。战略人力资源管理方面包括继任者计划、人力资源盘点及领导力开发3个部分。

（1）继任者计划。

继任者计划(Succession Planning)是指一种持续的、一贯的、有组织的程序，用以寻找、培养、支持和充实公司各个岗位的接班人队伍，以应付可预期或不可预期的职位空缺，并保证组织运营的持续性。通用公司(GE)是实行继任者计划的典型。从杰克·韦尔奇的自传中可以看到他当年是如何被选中接班的。他当时的领导雷洁·琼斯在上任不久就开始启动继任者计划。而现在的GE也在甄选未来的领导人，他们提前了七八年就开始着手，收集了35个人的大名单，每过一段时间就进行一次淘汰，选出最为合适的3个接班人选，并在最后时刻确定一个人，这是一套成型的做法。但是目前，受制于中国传统观念"传子不传贤，传男不传女"的影响，我国家族企业在继任者计划的选择上仍然存在棘手的问题。随着职业经理人市场的不断成熟，企业家在选择接班人时也会考虑合适的经理人。

继任者计划能够取得成效的关键在于继任者的素质标准设定是否科学、合理以及企业是否能够甄别出具有持续培养潜力的继任者。前者强调素质标准问题，后者强调素质测评问题。因此，人才测评在继任者计划的实施中非常关键。首先，对现在的高层领导团队（他们被认为是合格的候选者）根据公司关键领导岗位的胜任素质模型进行测评。其次，对公司的关键员工的绩效进行测评，从而确定重点培养对象。

（2）人力资源盘点。

人力资源盘点是对组织人力资源现状的认识与分析，是其他人力资源管理工作的基础。在人力资源盘点工作中，最常用的是对员工进行潜能测评。潜能测评关注的是员工比较稳定的个性和能力特征，而个性和能力是影响个人业绩的重要因素，也是影响企业核心能力是否持久并不断创新的基础因素。进行潜能测评的主要工具有：结构化面谈、心理测验和情景测验等。

（3）领导力开发。

领导力开发即领导力提升，是指通过实施一系列科学的方法与手段来实现个体领导能力的开发；比较常见的领导力开发方法包括高管领导力开发、EMBA及EDP项目等。

人才测评在领导力开发中的主要作用就是确定开发的内容,即应当培养和开发候选人的哪些能力,找到他们的能力差距以及他们哪些能力不足,从而针对性地设计领导力培训与开发项目。

2. 职能人力资源管理方面

(1) 招聘选拔。

通过人才测评,可以发现并选拔人才。在招聘过程中,为保证招聘的信度和效度,有关组织部门不仅查看履历表、申请表,进行简单的面试,而且会采用基于素质的招聘甄选方法。它采用既定的岗位标准与技能要求对应聘者进行评价,还依据应聘者具备的素质辨析其未来的绩效,据此来实施招聘甄选。

基于素质的招聘甄选将组织发展战略、经营目标、岗位需求与个人素质联系起来,在遵循有效选拔决策程序的同时,提高招聘甄选的质量。

人才测评有助于人才的合理配置。通过人才测评,企业可以为人才的合理配置提供科学依据。人力资源管理的目的是使人的价值和使用价值最大化,所以要采用科学的人才测评方法,了解个人能力与职位要求的匹配性,了解个人性格、兴趣、动机、气质等与职位发展的匹配性,了解个人工作风格与团队风格的匹配性,把最合适的人才放到最适当的岗位上,实现组织效能的最大化,这样对企业的发展将起到重大作用。

(2) 培训开发。

通过人才测评,可以为人才的培训开发提供科学依据。人才测评有利于对人力资源状况进行全面普查,了解每个人的优势与不足,从而能够有针对性地制订人才开发与培养方案。

(3) 绩效考核。

组织中的人才考核不仅要考核绩效,而且要考核员工对组织的忠诚度、对工作的投入度、对同事的态度等方面。从广义上讲,考核属于人才测评的内容。随着组织经营环境和经营目标的变化,组织需要随时掌握人力资源的状况,确保组织人才发展的需要,实现组织的经营目标。

(4) 薪酬管理。

大量调查发现,很多决策者都凭主观判断来决定下属的薪资差异,或者使用学历、资历等指标决定任职者的薪资差异,从而导致薪酬缺乏公平性,结果是不公平的薪资待遇很难被员工接受,这在一定程度上会影响员工的积极性。

绩效差异的主要原因是个体胜任素质水平存在差异。人才测评是发现绩效差异的重要方法。只有基于有效的人才测评基础上的薪酬管理,才能增强其公平性。

3. 个体与组织发展层面

(1) 个体择业与发展。

人才测评有利于个人的择业。人才测评对刚刚毕业的学生和所有职场中的人有着十分重要的意义。全面正确地了解自己的能力、性格和兴趣,发现自己的长处与短处,是个人在社会上生存与发展的基础,使用人才测评可以帮助个人进行自我认知,有针对性地做好职业生涯规划。

人才测评有利于个人的发展。通常在人才测评时会有一个指标体系(参考系)与被测评人的行为特征进行比较,以确定其素质的构成与水平。每个被测评人都有积极上进、自我荣誉、自我尊重、自我实现的愿望,人才测评可以使被测评人明确自己的优势和弱点,及时设定或调整自己的人生方向,从而有效地规划人生,避免走不必要的弯路。

(2) 团队建设。

人才测评有利于团队建设。优秀的团队不是团队中成员的简单叠加,而是取决于成员之间素质的匹配性和凝聚力的强弱等,这些都与人力资源的管理活动相联系。人才测评不但为人力资源管理中的各个环节提供科学依据,还能实现人力资源的动态管理,通过人才测评明确人员选拔、配置、考核、开发等方面的科学化程度,从而为建设一个优秀的团队提供依据。

1.3 人才测评的种类

人才测评中针对测评对象、实施者、实施范围、测评形式、测评参照系的不同会有不同的分类,本节按照不同的标准对其进行具体的分类。

1.3.1 按测评对象划分

按测评对象划分,人才测评主要可分为两种类型:以个人为中心的测评和以岗位为中心的测评。

1. 以个人为中心的测评

以个人为中心的测评是指围绕人的自然特性、社会特性和职业特性而进行的测评。人是自然与社会的统一体,人的自然性包括生理基础、本能及心理潜能,人的社会性是个体在与社会的相互作用中通过社会实践建立起来的。除了自然和社会特性外,人在社会中往往还从事着某种职业,显示出了某种职业的特性。

一个人要想客观了解自己,了解自己的能力优势、职业兴趣、适合从事的工作等,可以有针对性地选择测评工具进行系统的测评,以达到了解自己的目的。

2. 以岗位为中心的测评

以岗位为中心的测评是基于一个特定岗位的任职资格或胜任素质而进行的测评,它是在建立特定岗位的素质标准后,围绕这个特定岗位所要求的素质而开展的系列测评活动。以岗位为中心的测评一般应用于人才选拔、晋升、诊断、培训与开发等人力资源管理过程,如以市场部经理岗位为中心的测评活动。

1.3.2 按实施者划分

按实施者划分,有自我测评、他人测评、群体测评、上级测评、同级测评与下级测评等多种人才测评种类。

1. 自我测评

自我测评指由被测评者本人对自己所进行的测评活动。例如，毕业生对自己职业兴趣的测评。

2. 他人测评

他人测评指由被测试者以外的人对被测试者开展的测评活动，通常所讲的人才测评活动一般是指他人测评活动。

3. 群体测评

群体测评指由某一群体共同组织对某一类人员进行的测评。例如，常见的各种资格证书的考试，通常是由某一具体单位来组织、策划；研究生考试也涉及各种测评主体，包括命题组、审查组和阅卷组等。

4. 上级测评、同级测评与下级测评

上级测评、同级测评与下级测评的人才测评方式中，最常见的方式就是360度考核。上级测评主要根据一定考核周期内的工作成果进行测评；同级测评主要根据被测评者在工作中表现的协作能力、团队组建能力进行测评；下级测评主要根据被测评者在工作中表现的领导能力、对下属的关心和培养进行测评。

1.3.3 按实施范围划分

按实施范围划分人才测评的种类，可以从3个角度分析，即参与人员的数量、测评目的及选择的测评工具。

1. 按参与人员的数量多少

（1）个体测评是指在单次测评活动中只有一个被测评者的测评活动。

（2）团体测评是指在单次测评活动中有两个以上的被测评者的测评活动。

2. 按测评目的划分

在进行人才测评时，实施者可能有一个或多个测评目的。根据测评目的的多少，人才测评的实施范围也是不同的。例如，人才测评的目的仅仅是对晋升的候选人进行人格测评，则实施范围及测评题目仅考虑晋升这一小的范围；人才测评的目的是选拔岗位人才，则被测评者的范围会很广，在题目设置时也要考虑能够将不同的人区分出来。

3. 按选择的测评工具划分

在进行人才测评时，实施范围也会受到所选择的测评工具的影响。例如，选择360度考核方式，则实施范围要包括与被测评者有关系的所有人员；选择关键业绩考核方法，仅仅需要对其关键指标进行考核即可。

1.3.4 按测评形式划分

人才测评根据测评形式进行划分，主要包括笔试、面试、情境测评、计算机测评及操作测评5种方式。

1. 笔试

笔试是被测评者按要求在纸面上完成测评过程的方式。它可以有效测量被测评者的基本知识、专业知识、综合分析能力和文字表达能力等方面。在人才测评中笔试的方式有两种：一种是被测评者填写答题卡完成测评；另一种就是被测评者直接在卷面上完成测评。

2. 面试

面试是考官根据测评目的对被测评者提出有关问题，并由被测评者进行回答的过程。它是以考官与被测评者的面对面交谈和观察作为主要手段，由表及里测评被试者的知识、能力、经验等有关素质的一种测评方式。

3. 情境测评

情境测评是指设置一个模拟场景，要求被测评者扮演某一角色去处理各种事务、问题和矛盾，考官观察被测评者在完成任务过程中的心理与行为表现，据此来对被测评者的素质及潜力进行科学评价的测评方式。

4. 计算机测评

随着计算机、网络技术的发展，很多单位将心理测验开发为计算机软件，被测评者需要在计算机上完成测评活动，或完成人机对话。

5. 操作测评

操作测评是指被测评者在测评过程中进行实地演练，来展现被测评者的实际操作能力的测评方式。例如，招聘打字员时测试被测评者在规定时间内的打字速度，就可以称为操作测评。

1.3.5　按测评参照系划分

人才测评根据测评的参照系可以划分为常模测评和标准测评两种类型，具体如表1-1所示。

表1-1　按测评参照系划分的人才测评类型

常模测评	标准测评
常模测评是将被测评者的测评结果与对某一特定人群测评结果的平均成绩进行对比，来确定被测评者在特定人群中的素质水平。例如，用大学生的常模解释小李的计算机操作能力	在人力资源活动中，标准测评是指建立特定岗位的素质标准后，围绕这个特定岗位所要求的素质标准对被测评者开展的系列测评活动。它一般用来确定岗位的胜任程度或职业胜任程度 如确定某公司部门主管的素质标准后，对该公司所有部门主管进行测评，以判定部门主管的胜任程度

1.4　人才测评的主要方法

人才测评的工具、方法有很多，人们所熟悉的考试、职位评定等都属于人才测评的范围。常用的技术含量较高且在实践中比较有效的人才测评方法有笔试法、面试法、心理测验、评价中心、胜任素质模型和管理能力测评等。

1. 笔试法

笔试法属于一种传统的测评技术,主要用于测量人员的基本知识、专业知识、外语知识、综合分析能力、逻辑分析能力和文字表达能力等素质。笔试法在测定个人的知识面和逻辑分析能力等方面的效度较高、成本较低,而且笔试法的操作程序规范、操作方便,可以大规模地进行施测,其成绩评定比较客观,至今仍是组织进行人力资源管理时常用的方法。

笔试法自古有之,特别是隋唐时期起施行的科举制度,通过考试能够较为合理地选拔人才。在西方,一些国家也相继采用考试的方法选拔官员。1791年,法国资产阶级夺取政权后建立了自己的文官考试制度。1853年,英国政府开始酝酿文官考试事宜。

到了现代,笔试应用范围更加广泛,各种类型的选拔考试不断出现,包括高等教育考试、研究生考试、公务员考试、各种类型的资格认证考试等。笔试已经成为测试、鉴别和选拔人才的主要手段。

笔试法适用、应用的职位有专业限制的部门,如财务部门、研发技术部门等,选人的第一关就是要笔试,笔试不通过就无法进入面试。下面是一个公务员考试中申论笔试的试题。

例题: 给定材料:T市晚报刊发了一批"市民来信",集中反映了城市市民出行中遇到的问题。

市民甲:8月下旬的一天早上,我送朋友去赵家口长途汽车站,发现这里是一个Y字形路段,行驶的车辆由两条机动车道汇聚到一条机动车道上。引人注目的是,两条分支机动车道中的其中一条机动车道缓缓行驶着大量公交车,一辆接着一辆,车队一直排到Y字形车道汇流口。刘公铺桥西这一站点设置在两条机动车道之间,我和朋友便是在这一站下的车。这里下车的乘客特别多,疏散时间增加,公交车停靠的时间也就相应增加,而之后需要进站的公交车排队进站的时间也被延长。我看到排队等候进站的公交车一直都保持在5辆以上,这使路面拥挤不堪。我从刘公铺桥西站下来后沿着公交站绕了一圈,发现并没有能够穿过马路的人行横道。乘客如果想要安全地走到5米开外对面的公交站,需要反身走几百米去绕行赵家口天桥。这对于在上班时间急着换乘车辆的人来说太费时间,所以我看到绝大部分下车的乘客都径直走到站点与绿化带之间的空隙处,在大量的机动车车流之间惊险地穿过马路。这虽然存在着巨大的安全隐患,但与登上天桥再下来相比显得方便快捷得多。

市民乙:前几天上午,我去石化总公司附近的体检中心体检。事先我从公交网上查询得知,经过我家附近的16路公交车可以抵达石化总公司。乘16路车顺利抵达目的地并体检之后,我按照惯例走到回程方向的石化总公司站点等车,等了约20分钟,来了一辆16路车,却呼啸而过,并没有靠站。我先是误以为司机甩站,后来无意中看了一下站牌,发现这个站点并不停靠16路公交车。这让我有上当受骗的感觉,心情也被破坏了。一个朋友说,他经常乘公交车出行,沿江路上的清河站的58路、127路也是"有去无回"的。对这类现象,我百思不得其解:公交公司为啥让乘客有去无回?

市民丙:随着我市城市建设速度的加快,轨道交通网络不断向外延伸,远离中心城区的住宅区越来越多。但是轨道交通只解决大流量,不能完全解决住宅小区到达轨道交通车站之间的"最后一公里"问题。退回去几十年,有没有"最后一公里"问题?有。那当时是怎么解决的?一是走路,二是骑车。现在为什么没人走路了?过去走是因为经济困难,现在几块钱对绝大多数人来说都不是问题;有人想走,却发现道路坑坑洼洼或晚上黑灯瞎火,感到特别不安全。为什么现在骑自行车的少了?因为骑车的成本也不低。现在规范的小区里,自行车必须停在车库里,每月要交停车费;你想停在公交车站或者轨道交通站点,也必须交停车费,否则很容易失窃,交了钱也不一定保证不丢,此外还"受气"。现在是汽车社会,不少道路上都没有非机动车道,即使设有非机动车道,也常常被乱停的机动车占用。于是,原本可以自行解决的"最后一公里"被"黑车"填了空。在公交站点,有不少小轿车、摩托车、电动车等"黑车"聚集。由"黑车"引起的交通事故常常让人心有余悸。

问题:上述材料反映了 T 市市民出行中存在的许多问题,假定你是市交管局聘请的观察员,请就这些问题提出解决建议,呈送市政有关部门参考。

要求:

(1) 对存在的问题概括准确、扼要;

(2) 所提建议具体简明、有针对性、切实可行;

(3) 不超过 400 字。

2. 面试法

面试法是招聘测评中最普遍的一种测评方法。面试是指通过测评者与被测评者双方面对面的观察和交谈,收集有关信息,由测评者对被测评者进行评价。面试的定义可分为狭义与广义两种。从狭义方面讲,面试就是面谈测试、面对面的口试,是一个在评价者与被评价者之间进行的你问我答过程。在面试的过程中,面试官对被面试者的语言表达能力、行为、所回答问题的内容等方面进行评价,据此来评判其与特定岗位的任职资格和素质要求的匹配程度。也有观点认为面试是一个广义的概念,除了评价者与被评价者面对面直接交流这种形式之外,将被测评者置于某种特定的情景之中,要求其完成几项任务,从而根据被测评者的行为表现确定其是否具备特定岗位要求的能力、素质和资格条件的方式也属于面试的范畴。因而在这种观点下,面试也囊括了情景模拟测试等方法,而非仅指直接面谈。综合来说,面试是一种经过精心设计,采用测评者与被测评者面对面双向沟通的形式,通过倾听和观察被测评者在此过程中的语言与行为表现,来全方位了解其有关素质、能力及应聘动机等信息的一项人员素质测评技术[①]。采用面试法时,面试官可以从 4 个方面来考核应聘者,也可以概括为 STAR 面试法。

S—Situation,即某项应聘者从事过的事件所处的背景。

T—Task,即该应聘者为完成上述事件所承担的工作任务。

A—Action,即该应聘者为完成上述工作任务所采取的行动。

R—Result,即该应聘者在完成上述工作任务后得到的结果。

采用 STAR 追问法,从当时的情境、任务、行动、结果这 4 个方面了解应试者所经历

---

① 王淑红,赵琛徽,周新军. 人员素质测评[M]. 北京:北京大学出版社,2012:143.

的完整事件,旨在取得其中与一种或数种考核要素有关的信息。坚持"问准""问实"的原则,不允许应试者模棱两可、含糊其词地回答①。

由于笔试搜集的信息比较死板,难以考察到被测评者的应变能力和解决问题的能力,有时候会出现高分低能的现象。而在面试中,通过沟通交流,可以直接了解被测评者的经验、求职动机、语言表达能力、倾听能力、沟通技巧、仪容仪表仪态等方面的信息,从某种意义上讲,面试与笔试是互补的。面试的这种特性使其在人员的选聘、晋升、岗位调配等管理活动中得到广泛应用。

当我们想考察一个人的表达能力、反应能力、分析能力与控制能力时,我们的问题是:请你用3分钟的时间介绍一下你自己。

通过回答的滞后性来测评被测评者的反应能力;

通过回答的恰当性与重点性来测评被测评者的分析能力;

通过回答的逻辑性、条理性与用词的准确性来测评被测评者的表达能力;

通过回答内容与时间把握运用的适当性来测评被测评者的表达能力②。

案例一③:STAR举例——业务代表

企业需要招聘一名业务代表,而应聘者的资料上写着自己在某一年做过销售冠军,某一年销售业绩如何。

(1) 首先,要了解该应聘者取得上述业绩的背景(情形),包括他所销售的产品行业特点、市场需求情况、销售渠道、利润率等问题。通过不断发问,企业可以全面了解该应聘者取得优秀业绩的前提,从而获知其所取得的业绩有多少与应聘者个人有关,多少与市场的状况、行业的特点有关。

(2) 其次,要了解该应聘者为了完成业务工作,都有哪些工作任务(工作),每项任务的具体内容是什么。通过这些,企业可以了解他的工作经历和工作经验,以确定他所从事的工作与获得的经验是否适合现在所招聘的职位,使工作能更好地与人配合起来。

(3) 再次,了解工作任务之后,继续了解该应聘者为了完成这些任务所采取的行动,即了解他是如何完成工作的,都采取了哪些行动,所采取的行动是如何帮助他完成工作的。通过这些,企业可以进一步了解他的工作方式、思维方式和行为方式,这是招聘方非常希望获得的信息。

(4) 最后,才是关注结果,每项任务在采取了行动之后的结果是什么,是好还是不好,好是因为什么,不好又是因为什么,这些招聘方都要关注。

案例二(反例)④:有一家民营企业要招聘一位人力资源经理,老板问了3个问题:

(1) 我们公司的这个职位需要带领十几个人的队伍,你认为你带人带得怎么样?

(2) 你团队工作怎么样?因为这个职位需要经常交流、沟通,你觉得你的团队精神好不好?

---

① 侯典牧,傅家荣.人员素质测评[M].北京:科学出版社,2012:286.
② 萧鸣政.人才测评与开发:行政管理的基点[M].北京:北京大学出版社,2014:19.
③ 侯典牧,傅家荣.人员素质测评[M].北京:科学出版社,2012:286.
④ 侯典牧,傅家荣.人员素质测评[M].北京:科学出版社,2012:293.

(3) 我们公司刚刚设立这个职位,工作压力特别大,需要经常出差,你能不能适应这种高压力的工作状况?

这3个问题就是想了解候选人的领导力、团队精神和是否可以承受巨大工作压力。但是这种提问方式不好,谁都可以做出以下答案:(1) 我管理人非常好;(2) 我团队精神非常好;(3) 我非常喜欢出差。

但是除了候选人自己,别人无法知道他说的是不是实话。

3. 心理测验

心理测验是通过观察个人具有代表性的行为,依据确定的原则对贯穿在个人行为活动中的心理特征进行推论和数量化分析的一种科学手段。心理测验往往是通过人们在特定情境中所表现出来的外显行为推论其心理特质的,它具有间接性,如内向的人通常表现为安静、保守、内省、喜欢独处等行为特点。

心理测验的思想和实践可以追溯到2000多年前的春秋时期,我国古代教育家孔子在《论语》中提出"中人以上,可以语上也;中人以下,不可以语上也"。这是对学生的个别差异层次的评价,并且分为中人、中人以上、中人以下3个级别。隋末出现的科举制度可以说是现代人员选拔测验的雏形,但真正意义上的心理测验是20世纪初才发展起来的。心理测验起源于实验心理学中个别差异研究的需要。1879年德国心理学家冯特(W. M. Wundt)在德国莱比锡大学设立了第一所心理实验室,实验中发现个体的行为相互间存在个别差异。个别差异的存在引起了心理测量的需要,促进了心理测验的发展[1]。心理测验发展至今数量已达几千个,同时在世界各地得到广泛应用。它能够较好地描述并测量人员的个性特点,在各企事业单位中颇受欢迎。另外,心理测验还为学校心理健康教育的开展提供信息与服务。常见的心理测验有标准化测验和投射测验。

标准化的心理测验通常会事前确定好测验题目、测验答卷、详细的答题说明、客观的计分系统和解释系统、常模说明、测验的信度和效度以及项目分析数据等相关资料。它具有使用方便、经济、客观等特点,用于人事测评的心理测验主要包括智力测验、能力倾向测验和人格测验。

投射测验要求对被测评者进行一些模棱两可的刺激,根据被测评者的反应来分析、推断被测评者的内在心理,它主要用于对人格、动机等内容的测量。投射测验可以使被测评者隐蔽的个性特征、心理活动或态度更容易地表达出来,但它在计分和解释上缺乏相对客观的标准,所以对主试和评分者的要求相对较高。

案例一(标准化心理测验)[2]:有4个人一同等电梯,稍后电梯门打开,却有一个人没有进去,你认为这可能是因为什么?(限选一项)

分析:A. 他在等人　　B. 电梯客满　　C. 有讨厌的人在电梯中,故意错开

选择A项的人属于理智型,往往能选择有利于自己的朋友交往,但也能相当顾虑到别人的立场;

---

[1] 王淑红,赵琛徽,周新军. 人员素质测评[M]. 北京:北京大学出版社,2012:177.
[2] 萧鸣政. 人才测评与开发:行政管理的基点[M]. 北京:北京大学出版社,2014:19.

选择 B 项的人能抑制自己的情感,不会任意耍性子,即使对方无理,也会按捺住性子不发脾气;

选择 C 项的人是喜怒易形于色的人,对喜欢的人往往能和颜悦色与其相处,但情绪一不对劲就会翻脸不认人。

这是一种极为简单的问卷选择式品性测验。

又如,下面一个智力测验题:

1 元钱可打 3 发子弹,3 发都中可以奖一发。试问 5 元钱最多能打多少发子弹。

案例二(投射测验——阅读资料):TAT 主题统觉测验

主题统觉测验(Thematic Appreception Test,TAT),它是由美国心理学家默里(H. A. Murray)和摩尔根(C. D. Morgan)于 1938 年所创制的一种人格投射测验。其理论基础是默里的"需要—压力"理论。全套测试包括多张不同情境的图片(全部为黑白色)和一张空白卡片。图片的内容多为人物,兼有部分景物。

TAT 测验共由 30 张图片组成。30 张图片依被测评者的年龄和性别组合分为 4 套,分别用于男人(M)、女人(F)、男孩(B)、女孩(G)4 组。TAT 施测时,每个组测 20 张图片(19 张图片和 1 张空白卡片),图片含义隐晦。

进行 TAT 测试时,每次给被测评者一张图片(见图 1-2),要求被测评者在 5 分钟内看完,让其编制一个 300 字左右的故事。故事内容不加限制,但一般必须回答以下问题:图中发生了什么事情?事情发生的原因是什么?图中的人物在想些什么?故事的结局怎样?对于空白的卡片,则要求被测评者想象出一幅图画,然后根据图画编制故事。

因为图片内容设计暧昧不清,提供给被测评者思考的时间又很短,所以被测评者常常不自觉地把自己的愿望、态度等特点投射进去,因而可以通过被试评者所讲述的故事来深入分析其个性特点。例如,当把上幅图呈现给一位 21 岁的男青年时,他讲述了如下的故事:

"她正在收拾屋子以迎接某人的到来,她打开门,最后一遍扫视房间。也许她正在盼望儿子回家。她试图把所有的东西恢复到儿子出门时的原样。她的性格似乎十分专横,支配着儿子的生活,一旦儿子回来她还要继续控制他。这仅仅是她的控制的开始。她的儿子一定被她的专横态度所吓倒,将顺从地进入她的井然有序的生活方式之中。他将按照母亲规定的单调生活道路走下去。所有这一切都意味着她完全主宰着他的生活直到她死去……"

虽然原画面上只有一个妇女站在敞开的门口,看着房间,但被测评者的反应却暴露出他与母亲的某种关系,并引出了这一母亲支配儿子的故事。

因此,虽然个人面对图画情境所编造的故事受当时直觉的影响,但被测评者在编造故事时常常是不自觉地把隐藏在内心的冲突和欲望等穿插在故事的情节中,借故事中人物的行为投射出来。主试如果能对被测评者所编的故事善加分析,便可了解其心里的需求、动机等特点。

图 1-2 主题统觉测试示例

4. 评价中心

评价中心是包含多种测评方法和测评技术的综合测评系统。它起源于德国心理学家1929年建立的一套用于挑选军官的非常先进的多项评价程序。其中一项是对领导才能的评价,测评的方法是让被测评者指挥一组士兵,他必须完成一些任务或者向士兵们解释一个问题。在此基础上,评价员对他的面部表情、讲话形式和笔迹进行观察。评价中心在我国的历史可以追溯到公元前21世纪尧对舜的德才考察。从我国古代与现代的情况来看,主要是以此代替或简化实践考察的形式,来测评考试者的实际工作能力,但是更直接的原因则是源于管理能力的测评[①]。评价中心的迅速发展始于第二次世界大战后,是现代人事测评的一种重要形式,它被认为是一种针对高级管理人员的最有效的测评方法。

评价中心在测评时表现为一项人事评价过程,它由多个测评者针对特定的目的与标准,使用多种主客观的评价方法和测评技术,对被测评者的综合能力进行评价,为组织人员选拔、人才鉴别、岗位调整和绩效考核等提供服务。因此,评价中心是以测评管理素质为中心的标准化的一组评价活动。它是一种测评的方式,不是一个单位,也不是一个地方。在这种活动中,包括多个主试采取多种测评方法对素质测评所做的努力,所有这些努力与活动都围绕着一个中心,即管理素质的测评[②]。

评价中心技术有两种功能:其一是用于筛选人员,重点在于为空缺职位选拔合适人选;其二是由于员工职业发展而培训开发在职人员的能力,重点在于考察员工哪些方面有优势,哪些方面还有欠缺,据此进行培训以克服缺陷,因此评价中心又被称为评价与开发中心[③]。

评价中心源于情景模拟,在一次评价中心中会包含多个情景模拟测验,但它又不同于简单的情景模拟,它是模拟技术、投射技术和面试技术等多种测评技术的有机结合。情景模拟是根据被测评者担任的职务和测试目的,编制一套与实际情况相似的测试项目,将被

---

① 萧鸣政.人员素质测评理论与方法[M].北京:北京大学出版社,2011:175.
② 萧鸣政.人员素质测评理论与方法[M].北京:北京大学出版社,2011:176.
③ 胡月星.评价中心与结构化面试[M].银川:宁夏人民出版社,2007:6.

测评者安排在模拟情景中去处理可能出现的各种问题,它是用多种测评方法来测评被测评者的能力和心理特征的方法。情景模拟的方法有无领导小组讨论法、角色扮演和文件筐测试等。

管理游戏是评价中心常用的方法之一,它是以完成某项"实际工作任务"为基础的标准化模拟活动,个人或团队在管理游戏中领取自己的任务,测试者通过管理游戏来观察被测评者的实际工作能力。管理游戏最初被用于模拟军事和政治决定,在保险公司、工业、政府部门以及一些非营利组织中被广泛地应用。管理游戏是一种社会性的游戏,它通常经过严密的组织,要求参与者必须能严格遵守游戏规则,进而达到某个具体的目的。由于其形式活泼,将深刻的道理寓于有趣的游戏中,能使参与者受到很大的启发,而且通过实际解决问题的过程,使得参与者的特定素质也在活动中得到体现,因此,管理游戏被越来越多地用于人才的培训与选拔。

在评价中心技术中,管理游戏就是作为一种人才测评的方法来使用的。它是在管理或培训的情景中引入游戏的方式来模拟真实情景的一种测评方法,通常是通过游戏活动来考察参与者的沟通、组织、协调、决策以及合作能力等素质。它是一种以完成某项"实际工作任务"为基础的标准化模拟活动,通过活动观察与测评被测评者的实际管理能力。整个过程充满趣味性,情景模拟性强,因此,管理游戏是一种非常有效的人才测评方法。依据所要解决问题的方向,可以将管理游戏分为:会议游戏、销售游戏、创造力游戏、破冰游戏、客户服务游戏、团队建设游戏、压力缓解游戏、激励游戏等。其特点是:第一,管理游戏的目标明确而单一,针对性很强;第二,管理游戏活动可以是一种群体的、团队的活动,可以使团队成员间相互积极配合,可以振奋团队的精神,加强团队的团结;第三,通常管理游戏操作性很强,强调问题解决的能力,模拟内容真实感强;第四,可以激发被测评者潜在能力和创新精神;第五,管理游戏的参与性强,易于掌握[①]。

其中,如图1-3所示为管理游戏的示例。

团队精神

(1) 被测评者分为两组。
(2) 每组先派出两个人,背靠背坐在地上。
(3) 两人双臂相互交叉,合力使双方一同站起。
(4) 依此类推,每组每次增加一人,如果尝试失败需再来一次,直到成功才可再加一人。
(5) 测评者在旁观看,在规定时间内选出人数最多且用时最少的一组为优胜。

图1-3 管理游戏示例

---

① 胡月星.评价中心与结构化面试[M].银川:宁夏人民出版社,2007:93-94.

管理游戏能够帮助被测评者挖掘解决问题的技能,帮助其将注意力集中在制订公司的规划上,它可以用于开发领导能力、培养团队合作精神,是一种有效的人才测评手段。管理游戏的优缺点如表1-2所示。

表1-2 管理游戏的优缺点

类别	特点	内容
优点	集中考察被测评者的多种能力	被测评者在游戏中参与问题的解决,集中反映了多种能力素质
	形式活泼,仿真性、趣味性强	管理游戏模拟内容真实感强,可以使被测评者从中受到启发;游戏的趣味性可以激发被测评者的潜在能力
	测评效度高	在游戏中被评价的行为表现会更加真实,可以减少掩饰的机会,提高测评的效度
	能够突破实际工作情境中时间与空间的限制	有些行为在实际工作中的发生频率会相对较少,但在管理游戏中短短的时间内就会发生
缺点	测评效果难于观察,对测评者要求较高	在游戏中成员为完成任务会来回走动,有时会产生混乱状态,需要测评者有很高的水准来保证结果的客观性
	花费时间	管理游戏的组织与实施通常要花费很长的时间来准备和实施
	压抑了被测评者的开创性	游戏会使决策者从一个既定的决策表中进行决策选择,会使富有经验的被测评者难以发挥其创新性

5. 胜任素质模型

当今激烈的国内外市场竞争在实质上是人才的竞争,人力资源管理是影响一个公司经济效益的重要战略因素,而其能否在企业中发挥重要作用,很大程度上取决于企业人力资源管理人员的胜任素质;换言之,企业人力资源管理人员的胜任素质直接决定企业人力资源管理的成效,甚至企业现在和未来的发展[1]。

1973年,哈佛大学教授麦克利兰发表了名为《测量胜任素质而非智力》的文章,首次提出了胜任素质的概念。他认为学习成绩不能预测职业的成功,智力测验和职业倾向测验也不能用来进行工作成就预测。而个体的态度、价值观、自我形象、动机等潜在的深层次特征,才是能真正区分绩效优异者与绩效普通者的关键因素。这篇文章发表之后,引起了人力资源管理领域许多学者的研究兴趣,也标志着胜任素质理论研究和应用的开端[2]。

麦克利兰的冰山素质模型对岗位胜任素质的构成要素进行了形象的描述,如图1-4所示。

---

[1] 侯典牧.人员素质测评[M].北京:科学出版社,2012:190.
[2] 侯典牧.人员素质测评[M].北京:科学出版社,2012:190.

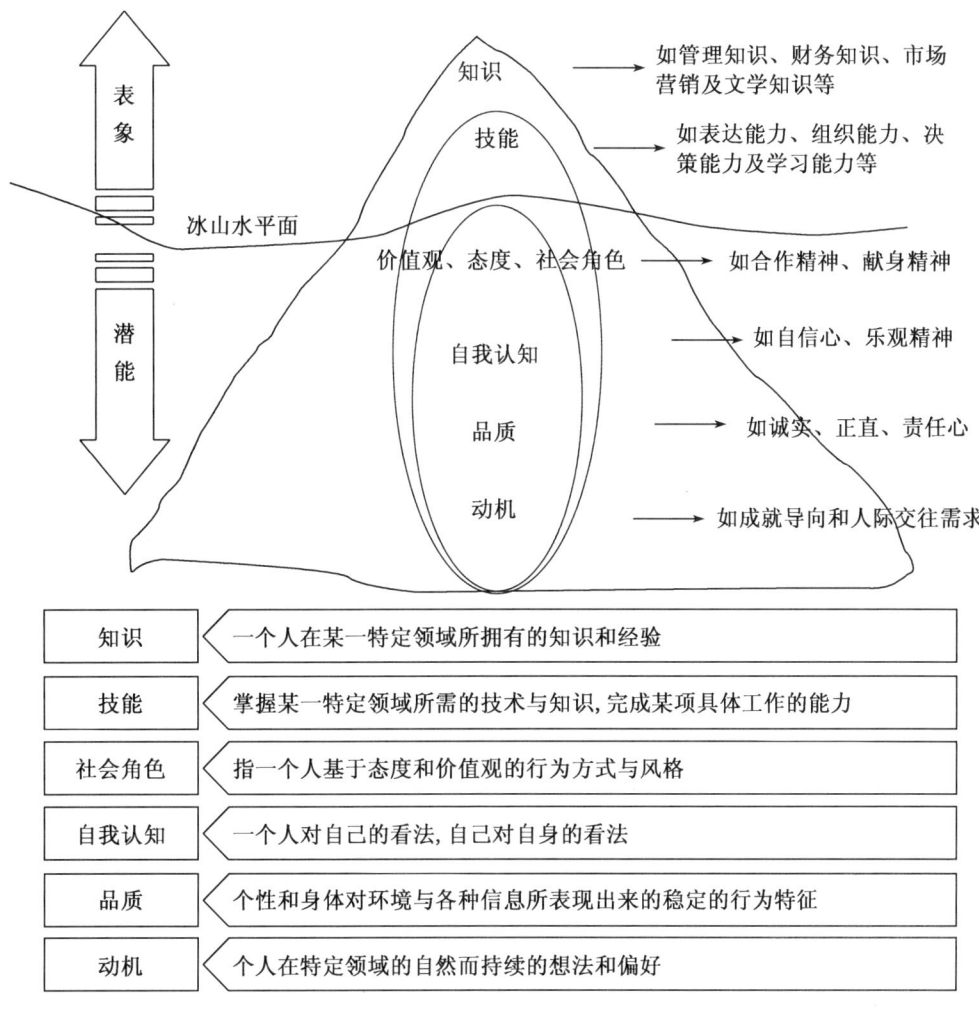

图1-4 冰山素质模型

"冰山以上部分"包括基本知识和基本技能,是外在表现,是容易感知、判断、测量与培养的部分,但它不能预测或决定个人是否在工作中会有突出表现。"冰山以下部分"包括社会角色、自我认知、品质和动机,是人内在的部分,它与高绩效是相关的。

表层的知识和技能,相对易于改进和发展,培训是最经济有效的方式。核心的动机和特质处于人格冰山的最底层,难以评估和改进,所以它是最有选拔的经济价值的。自我概念如自信,位于表层和底层中间,虽然较难改变并且需要更多的时间,但仍可以通过培训、心理治疗或以曾经有过的成功经历来改善[①]。

胜任素质模型自诞生之日起就被应用到人力资源工作的各个方面。实践证明,胜任素质模型可以提高企业的人力资源质量,提升组织的竞争力,还能推动企业发展战略的实现。

---

① 侯典牧.人员素质测评[M].北京:科学出版社,2012:192.

 阅读资料[①]

万科的人才体系

万科企业股份有限公司(以下简称"万科")的人才管理模式一直为中国企业津津乐道,如今的万科已经不仅仅是地产行业的领军企业,而且成为中国企业人才管理的楷模。一直以来,万科以"人才是万科的资本,是万科的核心竞争力"为用人理念,从尊重人开始,为优秀的人才创造一个良好的发展环境,这已经深深地印入了万科的企业文化。

万科能够成就自己的人才体系是靠着一整套人才管理体系,而这也正是人才管理时代所必需的管理理念,与国内众多企业相比万科已经超前进入人才管理时代,与世界前沿的人才管理相对发达的企业看齐。

进入人才管理时代,企业对于人才的定义有了更加清晰明确的概念,就此,万科制定了"万科人"的标准:岗位胜任素质评估模型。该模型包括素质模型和测评工具两部分内容,前者为万科需要什么样的人才提供了标准,后者用来衡量一个具体的人符合标准的程度,测评报告将为最后的录用及升迁结果提供参考。

万科总经理郁亮对这一量化评估标准甚为推崇,认为它将有利于万科的人才培养和班子配备,并指示人力资源部的工作以这套工具为基础。事实证明确实如此,岗位胜任素质模型广泛地应用于万科的招聘、培训、职业生涯规划、人才选拔等多个领域。它是对已经在岗的人的要求,也是用来培养未来职业经理人的方向,还成为招聘的"模子",为万科挖掘企业需要的人才减少寻找成本,更有助于员工通过"标准"有意识地培养自己尚不具备的特质。

应用基于胜任力的人才管理体系是人才管理阶段的显著特征,因此,如何界定人才成为企业人才管理中的重要环节。一方面,人才通过上述过程得到评估和发展,以提升他们的发展潜力和岗位适配性;另一方面,人才的成长发展也支撑着人才管理各个模块的效能,为企业创造源源不断的动力。

6. 管理能力测评

管理能力是企业员工在日常工作中所表现出来的工作能力,它是员工独立从事各项工作、解决实际问题,保证任务顺利完成的基本条件。管理能力作为一项基本技能,企业内每一位员工都应当具备。管理能力是客观存在的,并且人与人之间的管理能力也不完全相同,存在高低强弱之分,同时管理能力对于岗位的重要程度也不尽相同。通过一段时间的工作观察,根据一个人的工作表现和业绩,能够判断出这个人的能力。通过一系列科学的方法和手段,同样可以了解一个人某些方面的能力。这也是测评所要达到的目的。管理能力测评的题目一般采用选择题的形式,题目设计主要采用现实描述和情景模拟两种方式。

---

① 侯典牧.人员素质测评[M].北京:科学出版社,2012:194.

(1) 现实描述。

这种类型的题目会询问被测评者在日常生活工作中的行为举动和心理感受等。通过被测评者的回答,可以得知被测评者在实际情况下会做出如何的反应和行动,根据这些反应和行动分析出被测评者相对应的能力水平或行为倾向。

例题:在对待朋友的生活、工作等诸多方面,我喜欢:

A. 只赞扬他(她)的优点

B. 只批评他(她)的缺点

C. 因为是朋友,所以既要赞扬他(她)的优点,也要指出他(她)的不足

D. 因为是朋友,彼此很熟悉,所以不需要指出他(她)的优点或者是缺点

这道题目考查的是被测评者人际交往能力。被测评者依据实际生活中怎样与朋友交往,如何对待朋友的优缺点等的情况,针对题目的问题,选出在遇到这样或那样的事情时自己会采用的处理方式。

(2) 情景模拟。

这种方法在题目设计上一般会采用以下两种方法。

① 题目中假定被测评者的身份或者职位,如经理、销售人员和行政人员等,(假定的身份通常都是被测评者准备申请的职位)然后用文字描述一个场景或者一个冲突矛盾,需要被测评者亲自处理,被测评者根据题目设定的身份和描述的情景,进行分析判断,最后从题干后的 4 个选项中找到一个与自己想法相吻合的处理方式。

例题:甲是您公司销售部门经理,他直接向您汇报。他的部门总会错过一些销售计划,而且他每月的报告总是迟交。您与甲确定了一个时间进行面谈。但是,当您按约定时间到达他办公室时,甲却不在。他的秘书告诉您,几分钟前,甲的一个销售主管来找他,并抱怨有的员工迟到,工作效率不高。甲就同这个主管对部门员工进行了一次鼓舞士气讲话,并且强调了期望的工作业绩。当甲回来时,您已经等他半个小时了。

您将如何指出甲工作中的偏差?

A. "我知道,作为管理者你已经干得很不错了,但是还有一点小问题我要给你提出来,这是一些计划安排和时间管理方面的问题,或许它不是很严重。"

B. "许多人认为你的工作能力有问题,所以你的部门产生许多问题。他们认为要解决这些问题,主要还是你要提升自己的能力。"

C. "你工作表现很差,体现了你能力的不足,可以看出问题的根源在你身上。你应该好好反省自己,不断完善自己。其实我觉得你还是很有前途的。"

D. "最近你们部门计划延后,部门报告迟交。我担心,这样下去会对整个营销战略造成影响。你应该进行更好的授权并进行有效的时间管理。"

② 题目描述一个人在某个特定场景或是某段时间的行为,被测评者在仔细认真阅读材料后,根据要求,回答一些与题目提供的那段材料相关的问题。

例题:甲是某企业生产部经理。一天早上,他进入办公大楼,在去往办公室的途中,想到要在今天制定出新的生产流程。当他准备分解这个项目的目标与过程时,库房主管找到他说人手不够,要求给他增派人手,甲答应后,来到办公室。甲按照惯例询问每一个领

班生产情况并确认下一个生产任务,又给库房调配了人手。这时已经到午饭时间,甲吃过午饭后,休息了一下,回到了办公室。这时一个领班找到甲,抱怨新员工工作积极性不高。甲给了这个主管几条建议将其送走,接着就参加了一个会议。会议结束后,就到了下班时间,甲感觉今天很繁忙又只是在例行公事。

你认为甲管理中的问题是什么?

A. 缺乏授权,没有日程计划,没有给自己一个可以不受打扰的工作时间
B. 没有日程计划,没有充分利用时间,对于没有预约的打扰未能拒绝
C. 没有日程计划,没有充分利用时间,没有让员工针对自己的问题提出建议
D. 缺乏授权,没有日程计划,未能有效率地管理会议[①]

1.5 人才测评的前沿趋势

1.5.1 人才测评的发展方向

市场对人才资源的重视和调配重用,使得人才测评在企业中有广阔的施展空间,人才测评需求更加促进了人才测评技术的发展和优化。传统的人才测评中存在一定的主观性和随机性,测评结果可能存在偏差。因此人才测评技术也一直走在人力资源技术改进的前沿,新的技术应用、新的测评方法层出不穷。专门从事人才测评研究的研究机构、提供专业人才测评服务的企业也在不断涌现。当下人才测评发展主要在以下四个方面进行改进,如图1-5所示。

(1) 改变测试视角,优化测试目的和功能。目前大部分人才测评的角度是用过去的成就和经验来考察是否为合格的人选,即过去判定现在。而人才测评的选拔是为了选拔出对岗位胜任的员工,过去不能完全代表未来,但是潜力却是预测未来的重要因素。人才测评以后的测试主体将具有前瞻性,更重要的是发现人才的潜力,并且可以为之提供培训与开发。

(2) 以定量分析为主,定性分析为辅的量化标准。人才测评技术的科学化和发展需要引入更多定量分析的方法,在收集大量数据的基础上,采用大数据技术和统计分析方法。在高校人力资源管理中,人才的招聘和绩效考核都要结合目标管理性质的业绩考核,明确测评目标,去除模棱两可的笼统评价,最终进行系统准确的分析。

(3) 全方位多角度的评价。单一的纵向评价,即上级评价下级,容易因为各种因素影响评价结果的公正性,跟测评者的真实情况相差甚远,从而错失优秀的人才。因此,在测评过程中在保障固定的程序的前提下,需要辅助性地增加多角度的考察和测评,提高测评结果的可信度,而在信息收集的过程可能会有意外的收获。

(4) 改变评价方式,在沟通中开展。单向测评中的压力存在一方面可以激发人才的

---

① 白桦.管理能力测评的效标效度研究[D].北京:北京邮电大学,2009,2:15-18.

潜力,避免测试中有意的矫饰和掩盖,但是不同程度地影响测试者的发挥。在测评结束后,需把测试结果对被试人员进行反馈,在面谈沟通中提出指导和建议,收集被测评人员对人才测评程序的感受,高校人事部门的角色更为温和,与被测评人员之间是平等的、信息透明的共赢关系,测评双方都在沟通中进一步提高和改进。

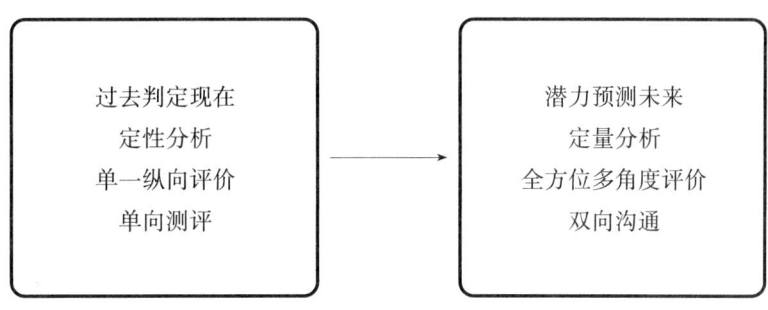

图1-5 人才测评的改进方向

1.5.2 大数据技术在人才测评中的应用

受主观因素影响判断,目前大多数人才测评主要采取了专家评估、综合考评等方式进行,供给需求预测方法则包括人员替换图、马尔科夫模型等。在预判员工的成长曲线、离职倾向等方面操作较为困难。而此类方法尤其应用于绩效考核时常会出现首因效应、像我效应等误区,受控程度弱导致测评结果受人的主观影响较多。随着人力资源基数逐年增大且处理方法粗糙,很难从综合角度评价人才素质,且管理效率逐渐下降,面对当下的信息时代,需要进行自我更新,合理结合现代化工具。然而目前可视化难以实现,如数据量大、统计分析过程迭代复杂的图表式方法,在当前的数据可视化复杂结构数据处理技术盛行的情况下略显繁杂,难以实现趋势预测与现实的高拟合度。

大数据技术需要对人、资源进行数据化,从而相互匹配进行数据挖掘。基于人岗匹配理念,数据化的对象即人与岗位:首先将人数据化,从而清晰地了解人的行为特征、绩效表现等,如表1-5所示。再将岗位数据化,明确每个岗位需要什么样的人,进而使组织结构、业务流程、岗位系统不再成为员工释放能力的边界。

表1-5 人才测评大数据类型

数据类型	主要指标	大数据类型
基础数据	年龄、学历信息、专业、工作职务、年限、岗位级别	结构化数据为主,少数为半结构化或非结构化数据
能力数据	培训经历、培训考核情况、解决问题效率、受到奖惩情况等	半结构化和非结构化数据为主,可用度高
效率数据	工作任务完成效率、单项任务完成时间、工作失误率等	多为结构化和半结构化数据
潜力数据	工作效率提升、业绩提升、收入涨幅、职称提升速度等	多为结构化和半结构化数据

然后,将培训资源数据化,使员工获得定制化、个性化、科学化的培训,降低员工培养成本,提升员工培养效率。最后,将激励资源数据化,使每名员工获得的激励都符合其需求,在同等成本下,将薪酬、奖励的感知放大。

1. 大数据下人才测评方法步骤

(1) 构建职位胜任能力评价矩阵。五维度评价矩阵中每个能力要项都包含数个可以量化的评价子项。可以结合人才测评中所需个人数据、岗位数据、培训数据、激励数据进行量化评价,从而满足各方面要求,构造职位胜任能力评价得分矩阵。

(2) 设立职位胜任能力权重系数矩阵。每个评价要项对胜任能力的影响度不同,因此需要事先设立职位胜任能力权重系数矩阵,以确保能力评价的准确性。确认 Q_{ij} 为第 k 个职位在第 ij 个评价要项的权重系数。

(3) 计算求职者特定职位胜任能力得分,筛选合适人选。根据特定一个职位的权重系数对求职者的五个维度基本能力评价分值进行加权调整后,利用公式可以得到求职者在这一特定职位的胜任能力评价得分。面向同一职位的多个求职者胜任能力的得分矩阵可以形象地用雷达图来表示,图形中远离中心的求职者能力更胜一筹。

思 考 题

1. 人才测评的定义是什么?
2. 人才测评的作用有哪些?
3. 按照测评对象划分,人才测评可以分为哪几种?
4. 比率智商和离差智商的区别是什么?
5. 简述古人的人才测评思想有哪些。
6. 简述心理测验发展的阶段。
7. 人才测评的误区有哪些?
8. 人才测评的未来趋势有哪些?
9. 人才测评的方法有哪些?

案例讨论

H公司的招聘

H公司成立于2000年,成立12年来,该公司业务得到了一定的发展,市场逐渐扩大,在行业中逐渐站稳了脚跟。公司还新增加了一些新产品的制造业务,同时也增设了相应的新岗位,如新产品的制造部经理、技术主管等。人力资源部的刘经理向王总提出了人员招聘的需求,得到了王总的支持。

刘经理想要借助这次机会为公司引进一些优秀的外部人才,为公司新产品的生产制造注入新的活力。人力资源部抽调了一些工作人员,再加上一些重要部门的主管,组成了招聘小组,开始招聘工作。这次招聘与以往不同的是,刘经理认为公司要获得持续的竞争优势,并能长久地发展,必须要招聘一些知识层次较高、工作经验丰富、能力素质都很优秀的人才加入公司中来。

在招聘工作结束后,新员工进入工作。但是在试用期间,新员工的表现并不理想。许多刚刚应聘的人员提出了换岗,甚至有些新员工干脆主动放弃这个工作机会。人力资源部的刘经理对此感到非常困惑。新招进来的员工一共有6个,基本上都有两年以上制造业的工作经验。从学历上看,其中有3个博士、2个硕士、1个本科生,他们都被安排在新产品制造的不同岗位上,公司提供的薪酬并不低,公司领导对他们的工作基本上持满意的态度。其次,公司的工作环境也比较理想。所以,对于新员工主动提出的辞职,刘经理陷入了沉思。他找来了部门主管,询问了新产品的制造情况,发现岗位设置并不是很合理,尤其是岗位对任职者的需求和实际任职者的能力之间存在较大的差异。新招聘进来的员工具有良好的专业背景,并且拥有相关的工作经验,他们的能力都超过了这些岗位对员工的技能要求。因此,很多人认为这些工作对于他们并没有挑战性,工作成就感很难获得,所以提出了辞职的要求。刘经理认为应该再认真思考一下这个问题,要如何才能实现公司人才"人岗匹配,人尽其才"?

资料来源:改编自:赵中利,曹嘉晖.人力资源管理:理论·实务·工具[M].南京:南京大学出版社,2013:165-166.

思考题:

1. H公司在招聘过程中出现了什么问题?
2. 要保证招聘的有效性,企业在选拔人才的过程中如何对人员素质做出正确的评估和预测?

第二章 人才测评原理

引导案例

名企招聘讲究"人职匹配"

零售业巨子沃尔玛连续两天在中山西路人才市场摆开擂台,为即将开业的上海五角场店招募各类基层员工。而UPS也现身航运物流人才市场摆擂大招"分拣操作工"等。两家名企都在招聘过程中不约而同地传递出"人职匹配"的理念。

沃尔玛张榜公布的十余项职位大多只需要具备"高中学历以上"即可,与管理人员职位不同,基层员工大多需要的是动手能力和实践技能。诸如"资产保护部防损员"和"索赔文员"是沃尔玛招聘启事上"人无我有"的职位名称。据工作人员介绍,前者职责为"维护安全有序的公司交易和工作环境,保护商品和公司财产不受损失",通常这一职位在其他零售企业中被简单归入"保安"职责,而在沃尔玛,"防损员"还需具备"查账"等技能。"索赔文员"较前者学历要求虽有提高,却也止于"大专学历以上",招聘条件很实际、具体地注明"需具备票据、索赔、条码等方面工作经验"。

现场一位名校珠宝鉴定专业的应届高校毕业生踯躅场外,对照招贴上的"沟通协调能力、团队精神"等软指标反复自问,仍心生疑虑。据称,沃尔玛将对新进员工进行为期两月的培训,而这位毕业生虽已做好了当"营业员"的心理准备,却仍对应聘成功与否缺少足够的把握。而外企用人讲究的是实效,在一名毫无经验的初出茅庐者和拥有成熟行业经验者之间,取舍标准不言自明。

桌上堆积了厚厚一叠硕博士学历人才简历的UPS现场招聘人士也说:"'最好的未必是最合适的',应届生大多冲着名企或品牌的魅力和光环而来,殊不知UPS的雇佣理念是需要'终身为之服务'的雇员,这一点高学历人才未必能做得到。而且类似当天招聘职位,只需要高中学历、勤奋等等就行了,本科学历当然可以做,但却是一种人才浪费,硕博士人才冲着名企光环来应聘一线岗位是一种不理智的盲目行为"。

改编自:名企招聘讲究"人职匹配",人才市场报,2006.10.

2.1 人才测评理论基础

人才测评的建立和发展与其理论基础的丰富和完善密不可分。个体间差异、职位间差异以及素质可测量让人才测评的实用性和可行性得以体现。人才测评作为一种心理测验，主要是对人的心理特征的测量与评价，离不开心理测量学的理论支撑。另外，人才测评最重要的就是为组织寻求适合组织、适合岗位、适合团队的员工，因此组织行为学理论也是人才测评理论的重要基石。

1. 个体差异论

人才测评的本质是对候选者素质做出定量的评价和定性的分析。候选者素质是个体在遗传、环境与个体主观能动性等因素交互作用下形成的整体品质，由于因素的影响千差万别，其造成的差异性体现在个体素质的能力与表现上。因此，通过个体的行为方式、工作绩效等外显活动，可以测量到不同人的个体素质。因此，个体差异论为人才测评的产生与发展提供了必要的前提基础。

2. 职位差异论

任何组织都会依据组织结构和组织战略目标来设置工作岗位，不同类别的职位构成组织存在的结构框架。每个职位都有自己的工作任务、工作职责和工作环境。因此，不同工作岗位对人的素质要求也不尽相同。职位类别虽然存在很大差异，但是岗位本身是稳定的，这就需要因岗设人，而非因人置岗。基于职位差异的客观性，组织就需要对不同岗位的员工做出能力和素质的甄别和分类，以满足不同工作岗位胜任力和组织特性的要求。因此，职位差异论为人才测评工作中人—岗匹配提供了前提条件。

3. 素质可测论

人力资源素质是独特个体的内部条件和属性构成，是一种隐蔽的客观存在，具体表现为内隐的心理现象和外显的行为方式。人的心理活动离不开环境刺激，通过环境的刺激，个体内隐的心理现象会通过外部行为方式而间接表现出来。因此，个体素质的内隐性与外显性决定了人力资源素质测评的间接性和可能性，而人才测评就是探测这种内隐性的基本途径之一。此外，先进的电子计算机技术为人才测评的数据处理和分析提供了软件支撑。这样，人才测评从研究对象到研究工具均具备了科学性和操作性，人的素质也由"可测评"变成了"能测评"。

4. 心理测量学基础

人才测评体系的建立深受科学主义心理学的影响，其理论基础和方法手段与心理测量学的研究成果有着密切关系。在心理测量发展史上，经典测验论、项目反应论和概化理论是具有重要影响的三种测量理论。目前我国大多数测验方法和技术均是建立在经典测验理论基础之上的，这其中包括能力测试（如智力测试、能力倾向测验）、个性测试（如投射测验、情景测验）和职业兴趣测试（如霍兰德的职业倾向测验）。但是，传统的经典测验理论本身具有很大的缺陷。项目反应理论和概化理论的出现进一步提升了心理测量理论的真正价值,其中概化理论是将因素实验设计及其分析、方差分量模型等统计工具应用到测量学,拓宽了经典测量理论中的信度。不过,目前在我国,对项目反应理论和概化理论的研究和应用还比较少,因此,这两种理论在人才测评实践领域其应用水平也不高。尽管如此,人才测评领域通过借鉴心理测量学的最新研究成果,也将有利于巩固和创新人才测评体系的理论基础。

5. 组织行为学基础

组织行为学方面的学科基础主要体现在以下方面:

(1) 人与人的匹配。无论组织结构是职能式还是事业部式,员工在实现组织整体目标的过程中都需要高度的协调和配合。管理者要按组织的客观要求,从组织成员间和谐与匹配出发,构建员工之间能互相弥补并能放大每个员工素质功效的高效团队,使组织成员在知识技能、个性、职业兴趣等方面达到协调互补,从而实现整体功能大于局部功能之和的效用。因此,通过人才测评的实施,可以充分了解每个员工的素质特征,进而能够更好地配置人员,达到组建高效工作团队的目的。

(2) 人与工作的匹配。不同工作岗位对从业人员的素质要求不同,不同员工的从业能力也不尽相同。因此,人才的有效使用就是把合适的人放在合适的岗位上,实行人岗匹配。依据Holland的"人格类型—职业类型匹配"理论,人力资源测评旨在达到员工人格类型和工作环境类型的合理匹配,保证员工的个性特点与职位发展相适应,从而实现人与工作的科学配置,达到人力资本效益的最大化和组织效益的最大化。

(3) 人与组织的匹配。随着全球经济一体化的发展,组织的人力资源呈现出多元化的趋势,员工文化背景、信仰和价值观等均存在一定程度的差异。但是,作为个体的员工在价值观的认同的上必须和企业自身的核心价值观一致,这样才能增强组织凝聚力,保证组织成员目标一致性,否则即使达到了人与工作间的匹配,也不一定能够带来组织的高效产出。通过人才测评的实施,可以对个体的价值观、个性等心理特征有更深层次的理解,从而能够更好地实现人与组织的匹配。

2.2 人才测评的信度

2.2.1 信度的定义

信度(Reliability)是指测评结果反映所测素质的可靠性和稳定性,一般多以内部一致性来表示该测评信度的高低。由于测试时会有多种因素对测试结果产生影响,使得结果可能偏离真实的情况,因此需要计算信度来衡量测评的准确程度。

进行人才测评时,若对同一特质进行若干次测评,其测得的每一次结果都不可能完全一致,这是测量误差的影响。一般来说,人才测评的误差可分为两种,一是随机误差,二是系统误差。随机误差是指由偶然因素引起的无规律的误差,导致测评结果围绕某一个值产生不一致、不稳定的变化。系统误差是由于测验工具本身引起的有规律的变化的误差,导致测评结果偏离真值,其特点是测量结果向一个方向偏离,且其数值按一定规律变化,具有重复性和单向性。

通常情况下测评信度不能低于 0.70。当信度大于 0.70 时该测评可以用来进行团队间的选拔比较;当信度大于 0.85 时该测评可以用于鉴别个人的各类特征。实践中能力测验、知识测验的信度需要在 0.90 以上,而人格测评、成就动机测评、领导力测评等测评则普遍要求信度在 0.80~0.85。在实际操作当中可以引用已经发表的相同种类的测评的信度作为参考依据。

2.2.2 评估信度的方法

1. 再测信度

再测信度指以同样的测评与选拔工具,按照同样的方法,对于相同的对象再次进行测评与选拔,所得先后结果的一致性程度。再测信度的两次测评使用的是同一个测评工具,同一种测评方式,但较难把握的是两次测评间隔的时间长短。时间间隔过长,被测者特征将随时间的增加而发展变化,由此计算的稳定系数将失去意义;若时间间隔过短,又可能产生记忆与练习效应,这也将影响稳定系数。一般来说,时间间隔不应是固定不变的,不同性质的人时间间隔应有区别,通常为 1 至 3 个月之间。在进行测评结果报告时,应报告两次测评的间隔时间以及在此期间内被测者的相关经历。

2. 复本信度

复本信度是指测评和选拔结果与另一个等值测评和选拔结果的一致性程度。所谓等值,是指在测评内容、效度、要求、形式上都与原测评一样,其中一个测评可以看作是另一个测评的近似复写,即复本。如果两个复本测评相距一段时间分两次实施,则在鉴定复本信度的同时还可鉴定再测信度,可见它应用范围的广泛。鉴定复本信度,首先要编制等值的复本。编制严格平行的复本难度较大,这也是制约复本信度的主要因素。此外,复本信度虽能较好地克服再测信度的练习、记忆效应,但原测评中的一些技能技巧也会产生迁移效应。

3. 内在一致性信度

内在一致性信度指所测素质相同的各测评项目分数间的一致性程度。若被测的第一个项目的分数高于他人,在第二个项目的分数还高于其他人,在第三个项目的分数仍高于他人……且这些测评项目所测评的是同一素质,那么有理由认为测评与选拔结果较可靠。再测信度与复本信度都需要组织两次测评,而内在一致性信度只需要进行一次测评,增加了人员测评的可操作性,同时也为实际工作带来了极大的方便。

4. 评分者信度

评分者信度指多个测评者给同一组被测样组进行评分的一致性程度。测评与选拔结果的差异程度来自两方面:一是被测评者自身,二是被测评者及其测评。信度主要是对后者的度量,测评者及其测评的无关差异越小,测评与选拔结果就越可靠。测评者的评分是引起主观性测评结果差异的主要原因。客观性测评是利用计算机评分,不受主观因素影响,不存在评分误差。

2.2.3 影响人才测评信度的因素

对信度造成影响的因素主要有三类,分别是样本团体的性质、测验的长度和测验的难度。因此不仅在解释信度时要充分考虑这些因素,还要在测评实施过程中要尽量避免这些因素的影响。

1. 样本团体的性质

样本团体的性质对信度的影响主要有以下三个方面:

(1) 样本团体的分数分布。任何以相关系数表示的信度系数都会受样本团体分数分布的影响。分数分布越广,信度系数就会越高;分数分布越窄,信度系数就会越低。

(2) 样本团体的异质性。信度系数还会受到样本团体异质性的影响。一般来说,取样团体的异质性越大,信度系数就相对越高。

(3) 不同团体间能力水平的差异。测验所施测的团体的平均能力水平的不同也会对信度产生影响。例如,在斯坦福—比奈量表中,不同年龄组的信度从 0.83 到 0.98 不等。因为对于年幼的团体,他们的平均能力水平低,他们的分数基本上是凭猜测获得的,其靠猜测的测验结果总是不会很稳定的,所以信度值较低。这种情况导致的信度偏差,很难用一般的统计公式来校正,只有通过对各种年龄及能力水平的检验来确定。

2. 测验的长度

信度还会受测验长度,或者说题目数量的影响。一般来说,测验越长,信度值越高。一方面,测验越长,题目取样或内容取样就越充分,结果就越可靠。另一方面,较长的测验也不容易受到猜测的影响。在增加测验长度时要注意,只有新增题目和原题目在性质上相同时,才能延长测验长度,丰富测评内容,达到提高信度的效果。

3. 测验的难度

测验的难度也会对信度产生影响。如果一个测验的难度太低,测验分数会在高分段集中;若是难度太大,所有分数就会集中在低分段。测验的难度过高或过低都会使测量到的分数分布不均,导致信度降低。一般来说,当所有应试者的平均分为测验总分的一半,并且分数从零分到满分均匀分布时,测量的信度最高。

2.3 人才测评的效度

效度(Validity)即有效性,它是指测量工具或手段能够准确测出所需测量事物的程度。效度是指所测量到的结果反映所想要考察内容的程度,测量结果与要考察的内容越吻合,则效度越高;反之,则效度越低。效度分为 4 种类型:表面效度、内容效度、构念效度和经验效度。效度比信度有更高的要求,信度是效度的必要条件,没有信度的测量工具就谈不上具有效度,但信度高的测量工具未必具有高的效度。

2.3.1 评估效度的方法

测评效度就是人才测评的有效性,是对于人才测评和选拔质量的检验,对于测评、选拔、反馈有重要的指导和改进价值。效度的具体内容主要包含以下几个方面：

1. 表面效度

表面效度指测试应达到的卷面标准，即一套测试题从表面看来是否是合适的。例如，若一次阅读理解力的测试包括许多被测评者没有学过的方言词汇，则可认为这次测试缺乏表面效度。表面效度是测试出被测评者正常水平的一种保证因素。

2. 构念效度

构念效度是指理论中的抽象概念在多大程度上在实际研究中成功地进行了操作化，即操作变量在何种程度上体现了它想要体现的理论概念的真正含义。构念效度通常用聚合效度和区别效度来评价。

3. 内容效度

内容效度指一套测试题是否测试了应该测试的内容或者说所测试的内容是否反映了测试的要求，即测试的代表性和覆盖面的程度。例如，如果某一套发音技能测试题仅仅考查发音所必须具备的某些技能，如只考单一音素的发音，而不考查重读、语调或音素在词语中的发音，那么，该测试的内容效度就很低。

确定内容效度的方法通常是由专家根据测验题目和假设的内容范围做系统的比较判断。如果专家们认为测验题目恰当地代表了所测内容，则测验具有内容效度。这种方法的主要问题是：缺乏一种数量化指标来描述内容效度的高低；不同专家的判断可能不一致；如果测验内容范围缺乏明确性，会使效度的判断过程发生困难。

4. 区别效度

如果使用同一测量工具测量（理论上认为）两个不相关的构念，结果发现这两个构念的实际测量结果确实不相关，那么则称该测量工具具有区别效度。例如，理论上讲，"英语能力"和"数学能力"这两个构念不相关。对于"考试"这种测量工具，如果英语考试成绩与数学考试成绩不相关，则说明，"考试"这种测量工具具有区别效度。

5. 聚合效度

聚合效度反映使用不同方法度量同一概念所得出的度量结果之间的一致性。例如，测量学生的英语能力（构念），有两种测量方法，一是英语六级考试，二是英语课上老师根据学生上课的长期表现的打分。如果两种分数具有较高的相关系数，则说明这两种测量方法都具有聚合效度。

6. 经验效度

经验效度是一种衡量测试有效性的量度，通过把一次测试与一个或多个标准尺度相对照而得出。经验效度可分为两种：一是共时效度，即将一次测试的结果同另一次时间相近的有效测试的结果相比较，或同教师的鉴定相比较而得出的系数；二是预测效度，即将一次测试的结果同后来的语言能力相比较，或是同教师后来对学生的鉴定相比较而得出的系数。

2.3.2 影响人才测评效度的因素

测验这一过程中的各个因素、样本团体、效标是主要对人才测评效度产生影响的三类因素。

1. 测验的因素

凡是能造成测验结果误差的因素,都会影响测验的效度。一个测验的效度高低,很大程度上取决于该测验受无关因素影响的程度。受无关因素影响越小,则效度越高。测验过程中测验题目的质量、实施实验时的干扰、应试者自身情况、测验的长度都是影响人才测评效度的因素。

(1) 测验题目的质量。

题目的指导语是否明确、试题的表达是否清晰、试题过于简单或困难、题目中是否出现无关内容、试卷设计的合理程度、题目数量、试题的安排和组织是否恰当、试题与测验目的是否相匹配等因素,都会对测验的效度造成影响,如果上述测验题目因素的质量不佳,则会导致测验效度降低。

(2) 实施测验时的干扰因素。

测验的环境太差、应试者不遵从指导语、计分错误,都会使测验的效度降低。对于效标效度,效标获取的时间与测验时间相隔越长,测验结果与效标的关系受无关因素的影响就越大,所求得的效度必定越低。在上述因素的影响下,测量分数将不能准确反映测量内容,其中也掺杂了与测评无关因素的干扰造成的结果波动。同理,由于实施测验时的干扰对造成测评分数的变动,因此这些因素同样也会对测评效度造成影响。

(3) 应试者的影响因素。

应试者的思维、测验动机、情绪和身心状态都会对测验的结果造成影响。

(4) 测验的长度。

一般来说,增加测验的长度通常可以提高测验的信度,而效度系数能否达到最大值也受信度的影响,因此,增加测验的题目往往也能提高测验的效度。不过,效度增加的前提是这些增加的题目必须与测量的目标相关。

2. 样本团体

效度的计算往往是通过对样本团体的分数进行各种分析而得到的,所以样本团体的性质也会对测验的效度产生影响。这种影响体现在三个方面:

(1) 同一测验对不同的团体所测量的功能可能是不同的。举个具体例子,当试卷中出现一道数学计算题,对于没有接触过这种题型或接触很少的测验者来说这是对于他数学逻辑能力的考察,而对于接触过的测验者来说,则更多考察到他的计算能力和记忆力。因此在评价效度时,我们要力求使样本团体的性质与所要测量的团体的性质尽量相似,这样所求得的测验效度才会较高。

(2) 对于同一个测验,样本团体的性质不同,效度也会有较大的差别。样本团体的性质包括年龄、性别、教育水平、智力水平、动机水平、职业等有关特性。同一测验对不同性质的团体可能有不同的预测能力,这些对测验效度产生影响的因素被称为干涉变量。在进行效度分析时,必须将影响效度大小的干涉变量找出来。美国测量学家吉谢利提出一种确定干涉变量的方法,其步骤如下:

① 用回归方程求得每个人的预测效标分数,将其与实际效标分数相比较,可以得到

差数 D,如 D 的绝对值很大,说明测验中可能存在干涉变量。

② 根据样本团体的构成分析,选择不同的对照组,分别计算效度,从而找出干涉变量。

③ 根据干涉变量将样本团体分为高预测性和低预测性两个亚团体,从高预测性团体获得的测验的效度较高。

(3) 样本团体的异质性对效度也会有影响。用相关系数表示的效度系数会受到样本团体的分数分布的影响。如果其他条件相等,当样本越趋于同质,则效度越低;反之效度越高。

3. 效标

效标是测验的外在因素,不会引起测验误差。但作为衡量测量结果有效性的标准,效标本身应能够有效测量出人们所想检验的特征,这一功能称为构念效度。这样才能真正反映出想要测量的指标的有效程度。一个好的效标应该满足以下标准:

(1) 效标必须能最有效地反映测量目标,即效标测量本身必须有效;
(2) 效标必须具有较高的信度,稳定可靠,不随时间等因素而变化;
(3) 效标可以客观地测量,用数据或等级来表示;
(4) 效标测量的方法简单,省时省力,经济实用。

2.4 对测评分数的解释

人员素质测评分数的解释和实施测评分属于两个阶段,是两个相互独立的过程,也就是说,在人才测评当中,测评过程和解释测评分数是分离开来的。实施人才测评能够收集到被测者在测试过程中的外在表现和内在特征,而测评分数的解释则是利用人才测评所收集到的信息来对被测者个人特征、素质做出评价。

2.4.1 原始分数、标准分数与常模

通过实施测评,并按照测评量表上的计分方法进行计分,所得到的分数就是原始数据。即原始数据就是通过将被试者的反应、回答与分数标准相比较而直接获得的分数。原始分数不是直接用于理解或评价的数据,它需要经过转换与比较才能用于评价被测者。

在进行人才测评时往往需要将被测者在素质测试中所获得的分数与经过研究而获得的分数基准来进行对比,由此来判断被测者获得的分数的高低,即需要一种作为标准的分数作为基准线来说明测评分数的含义。这个基准分数就是常模(norm),它反映了测评总体的分数分布及其特征。通过将原始分数与常模进行比较,可以转换成等值的标准分数。例如某个被测者的智商分数为 115,分数 115 的含义即该智商分数比中等智商分数 100 分高出了一个标准差,根据常模可知,115 所对应的百分等级为 84%,即该被测者的智商分数超过 84%的人。这样通过将测评的原始分数与常模对照,进而得到可供比较的标准分数的过程,就是对测评分数的解释过程,称为测评分数的常模参照解释(norm reference explanation)。

2.4.2 常模参照解释

常模有很多种类,对应于不同种类的测评方法。其中最为常用的是百分位常模和标准分数常模。

1. 百分位常模

百分位常模包括百分等级、四分位数和十分位数。

(1) 百分等级。百分等级是应用最广泛的测评分数解释方法,其概念也容易理解:把一个总体的所有分数从小到大进行排列,然后分为100等份,每个等份所对应的百分数就是这个分数的百分等级。也即是说一个测验分数的百分等级是指在常模样本中低于这个分数的人数百分比。将所有分数分为100份的分数间隔叫作百分位数。

百分等级的计算关键在于确定在常模团体中分数低于某一特别分数的人数比例,分两种情况:

一种是未分组资料的百分等级计算,公式为:

$$PR=100-(100R-50)/N,$$

其中,R 是原始分数排列顺序数,N 是总人数(样本的总人数)。

另一种是分组资料的百分等级计算,虽然计算方法不同,但其百分等级的意义与未分组资料一样,公式为:

$$Pr=100[Fb+f(X-Lb)/i]/N$$

其中,Pr 为百分等级;X 为给定的原始分数;f 为该分数所在组的频数;Lb 为该分数所在组的精确下限;Fb 为小于 Lb 的各组次数的和;N 为总次数;i 为组距。

(2) 四分位数和十分位数。和百分位数的含义类似,四分位数和十分位数在应用时会将结果分为四等份或十等份,常用于不需要过细区分的时候。计算分位数的方式与百分位数相似。

2. 标准分数常模

标准分数常模也是常见的常模类型之一,它是一种具有等距单位的分数。常用的标准分数有 z 分数和 Z 分数。

(1) z 分数是指以标准差为单位所表示的原始分数与平均分数之间的差距,公式为:

$$z=(x-\mu)/\sigma;$$

其中,x 为某一具体分数;μ 为平均数;σ 为标准差。

从公式可以看出,z 分数也就是某一分数与平均数的距离。

通过公式:

$$Z=A+Bz;$$

可以将 z 分数转化为 Z 分数。其中 A、B 是常数,因此转换为 Z 分数没有改变 z 分数本来的性质。这样的转化是为了避免负数、小数给数据带来的影响。例如韦克斯勒的离差智商公式:

$$IQ=100+15(X-M)/S;$$

就属于 Z 分数,其中 X 为某人实得分数;M 为某人所在年龄组的平均分数;S 为该年龄组分数的标准差。

2.4.3 常模样本的选择

在确定和选择常模样本时,需要注意:
(1) 常模样本须能够代表所测群体;
(2) 样本大小需要适当,不要过大或过小;
(3) 常模可能会因为各种因素而发生变化,所以要注意常模的时效性。

2.4.4 常模的表示方法

常见的常模表示方法有以下两种:

1. 转换表

由原始分数表、相对应的导出分数和对常模团体的具体描述三个要素组成。复杂的通常要包括几个分测验或几种常模团体的原始分与导出分数的对应关系。测验的使用者可利用转换表将原始分数转换成导出分数,也可根据给出的导出分数找出相应的原始分数。如比纳智力量表,其常模就是这种转换表,只要知道原始分数,就可以查出相应的智商分数。如在中国比纳智力量表中,如果一个刚刚10岁的儿童答对35题,那么根据转换表显示,其智商为131。

2. 剖析图

剖析图是用图形来表示原始分数与导出分数之间关系的模式图。一般来说,从图形中很容易看出测评的标准分数所处的位置。如韦克斯勒智力量表的解释是通过智商分布图来表示的,图上既有标准差分数,也有智商分数,还可看出智商的百分位数。

2.4.5 效标参照解释

效标参照解释分为内容参照分数解释和结果参照分数解释两类。

1. 内容参照分数解释

内容参照分数(content reference score)的测量目的是确定被试者对某项确定的材料内容或技能的掌握和熟悉程度。比较的对象不是其他人,而是所掌握内容的多少。

2. 结果参照分数的解释

结果参照分数(outcome reference score)是将效标材料直接结合到测评结果的解释过程而进行评价的分数。结果参照分数解释的常用表示方法是期望表。期望表说明了一个给定的原始分数或分数等级获得不同效标分数或等级的可能性有多大。

现代人才测评当中,无论采取怎样的解释方法,都可以借助特定的软件来完成,只要被试者按程序完成测试,就能够直接得出各种分数,并且还会得出对有关分数的解释性结果。在一些专业测评公司推出的测评软件中,包含几十个成套测评,都可直接得出结果和有关的解释,操作都可在计算机上完成,给人才测评带来了便利,也提升了测评的科学性。

思考题

1. 人才测评的理论基础有哪些?
2. 影响信度的因素有哪些?
3. 影响效度的因素有哪些?
4. 信度和效度之间具有什么关系?
5. 怎样解释测评分数?
6. 常模参照解释有哪些方法?
7. 常模的表示方法有哪些?
8. 效标参照解释有哪些?

案例讨论

S公司的校园招聘

某汽车公司(S公司)自2006年4月开始使用NormStar的"标准之星"在线测试,当时主要用于校园招聘和普通岗位的社会招聘。经过一年的愉快合作,该公司逐步认识到了NormStar在线测评系统给自己带来的益处,于是在2007年3月,与NormStar建立了长期的战略合作伙伴关系,进一步深化了双方的合作。2007年增加采购了经理人测评、普通工人招聘测评等全系列产品。2008年4月,该公司再度牵手NormStar,深化双方合作,全面使用NormStar在线测评系统进行人才选拔,包括校园招聘、社会招聘、经理人测评三大类产品。这是该汽车公司连续第三年采购NormStar测评产品,从而建立了更加深入而全面的合作。

目前,该公司采购的在线测评主要用于外部员工招聘。涉及的岗位系列包括销售、营销、技术研发、客服、财会等,涉及的层级包括一线工人、新进大学生、各级管理干部等。到目前为止,已经测试的人数达到8 600人。NormStar的在线人才测评系统为该公司的人员招聘和选拔找到了针对性强且快捷有效的良方。

S公司在全国拥有三大生产基地,具备年产45万辆整车和64万台发动机变速箱的生产能力。该企业近年来发展形势良好,以"80后"的白领为主要消费客户群,该品牌的主要特色是结合时尚元素,融入年轻活力。为了不断扩大市场份额,S公司通过战略结构调整,推进管理与技术理念的创新,并积极推广各类营销模式,扩大市场影响力,目前生产经营已呈现出良好的发展态势,产销稳步增长,经营质量明显提升。2010年,S公司销售收入达到400亿元,并确立了品牌、产品、质量领先、自主研发、成本竞争等发展战略。

S公司通过几大招聘网站获得的学生简历数达20 000份,应聘学生遍布全国各地。公司人力资源部只有3个人,要完成简历筛选、面试工作是不可能的,即使临时抽调部分人员也难以完成。每天不停地面试,使招聘人员很疲劳,没有时间详谈,对应聘者把握不准;学生觉得该公司对他们不重视,影响了公司的形象。于是2006年,公司在原有流程的基础上引入了在线测评环节。

案例来源:改编自:苏永华.人才测评案例集[M].北京:中国人民大学出版社.2011:14-16.

试思考:

1. S公司为什么要引入NormStar在线人才测评系统?
2. 通过与NormStar的深入合作,给S公司带来了哪些好处?

第三章 岗位胜任特征模型

引导案例

DHL 岗位胜任特征模型的构建

中外运—敦豪(DHL)国际航空快件有限公司是中国对外贸易运输集团总公司和敦豪国际航空快递公司联合成立的航空快递公司。在公司调整过程中,为了选拔优秀而且适合公司文化背景的人才,DHL 采用了一些先进的管理理念和人员甄选技术,基于胜任力的人员选拔方案是其中的一种主要的选拔方式,力图做到人职匹配。

首先,DHL 根据自身的企业文化和业务发展,建立起了符合公司自身特点的岗位胜任力模型。胜任力是从品质和能力层面论证个体与岗位工作绩效的关系,是个体的态度、价值观和自我形象、动机和特质等潜在的深层次特征,是将某一工作中表现优秀者和表现一般者区分开来的基础。在建立岗位胜任力模型时,DHL 分成两步进行:第一步,以岗位说明书和著名咨询公司 HAY 为其量身定做的职位评估系统为主要依据,参考原有胜任素质,归纳总结岗位关键胜任要素,形成岗位胜任力模型框架;第二步,通过管理访谈、管理层研讨,对模型框架做有针对性的调整和修正,并细化胜任特质的典型行为;在初步的胜任力模型基础上,形成评估要素列表,制订评估框架并选择、组合评估方法,从而建立起完整的胜任力模型。

其次,根据胜任力模型评估各个岗位应该具备的能力。通过外部专家、内部管理人员以及需评价岗位的直接上司、在岗人员及其下属共同对该岗位所需要的胜任力水平做出评估,同时,参考同类组织对相应岗位的要求,建立 DHL 所有岗位的胜任力标准。

第三,通过对公司的管理诊断和评估,建立发展评价中心,并运用于选拔和招聘公司所需要的员工。DHL 聘请专业咨询机构,并广泛地运用到内部人力资源评估、人事决策等管理事务中,取得了良好的效果。DHL 的发展评价中心包括心理测验(包括能力倾向测验、职业兴趣测验、动机测验、管理风格测验)、情境模拟(包括文件筐、无领导小组讨论、角色扮演、管理游戏、案例分析等)和专家面谈(包括结构化面谈、半结构化面谈和非结构化面谈)。

最后,根据所建立的胜任力模型和发展评估中心对现有人员进行评估。DHL 应用已经建立的发展评价中心,对现有关键岗位进行人员素质评估,根据胜任力模型和参照标准,在胜任力的各个维度上进行比较,对不能达到任职要求的人员进行了调整和有针对性的培训。从而保证了组织调整的顺利完成,并建立起了自身独立的人才选拔系统,将岗位胜任力变成企业的核心竞争力之一。

资料来源：MBA 智库百科：中外运敦豪国际航空快递有限公司. https://wiki.mbalib.com/wiki/中外运敦豪国际航空快递有限公司.

3.1 胜任素质的内涵

3.1.1 胜任素质的基本概念

胜任素质，又称为能力素质，是在组织管理中驱动员工做出卓越绩效的一系列综合素质，是员工以不同方式表现出来的知识、技能、能力、职业素养、自我认知、特质和动机等的素质集合。

将胜任素质用于实践的第一人是哈佛大学教授麦克利兰。20 世纪 70 年代初，麦克利兰应美国政府邀请，为其设计了一种能够有效预测驻外联络官绩效的方法。首先，他采用行为事件访谈法收集到第一手材料。然后，比较并分析工作表现优秀者和一般驻外联络官的具体行为的差异项。最终，提炼出了驻外联络官胜任工作和能做出优秀绩效所应具备的能力和素质。

作为一种构念，胜任素质具有以下特征：

（1）胜任素质与绩效水平相联系，任职者在胜任素质上的差别体现在工作绩效上的差异。

（2）胜任素质的本质和基础是个体特征的综合表现，是由胜任特征要素构成的，包括个体的知识、能力水平以及心理活动过程，三者是缺一不可的有机整体。

（3）胜任素质是可以观察、分级并测量的。无论是什么类型或者表现形式的胜任特征要素，一定是可以借助某种测量工具对其加以测量的，否则也就失去了对于现实的意义。

（4）胜任素质能够引起或预测优劣绩效的因果关联。胜任素质的深层次特征显示了个体的思维方式和行为特征，具有跨情境和跨时间的相对稳定性。在人力资源管理中，胜任素质并不是对个人所有素质特征要素的简单加总，而是关注那些与岗位要求及管理绩效有因果关系的个人素质特性，以达到能够预测多种情境或多样工作中人的行为特征的目的。

（5）胜任素质作为参照效标而存在。胜任素质是能够衡量个人在特定环境下完成工作所需的知识、技能、性格、动机等深层次特征的参照效标。参照效标是胜任素质定义中最关键的一个方面，是衡量某素质特征预测现实情境中工作/绩效优劣的效度标准。如果一个素质的特征不能预测一些有意义的差异（如绩效方面的差异），则其就不能称为胜任素质。

胜任特征模型现已被应用到人力资源工作的各个方面。实践证明，它不仅可以提高组织的人力资源质量，提升组织竞争力，还能推动组织发展战略的实现。

3.1.2 胜任素质的原理

(1) 人的差异性。

胜任素质的主体是人,只有人的素质存在区别时,胜任素质才有现实的客观基础。如果每个人的素质没有区别,千人一面,那么就无胜任素质可言,也不需要进行人才测评了。由于受先天因素、后天自然和社会因素的影响,人的差异是客观存在的,表现在性别、年龄、外表、体能、能力、技术/知识、动机、特质等方面。

本章所探讨的胜任素质是与个人完成一定的工作任务相联系的素质。从人们完成工作的效果和效率可以看出人的素质特征是不一样的,同一工作,不同的人去做会有不同的效率。

(2) 岗位、工作的差异性。

胜任素质的另一客观基础是不同的岗位具有差异性。由于社会分工的存在,各工作任务之间必然存在差异性,如大学教师与大学校长的工作存在着明显的差异。

一方面,由于各工作岗位的工作内容、工作权利、工作责任的不同,就会对完成这些工作的人有着不同的要求,不同岗位的工作需要拥有相应素质特征的人来承担。

另一方面,每个人的个性特征和兴趣爱好是不一样的,这使得每个人适合做和喜欢做的工作有着一定的区别。个人可以根据自己的实际情况在千差万别的工作种类中进行挑选,以展现自己的特长,发挥自己的实力。

(3) 胜任素质的动态性。

胜任素质是与一定的环境和一定的岗位、工作任务相联系的。人具有主观能动性,表现为人们在认识世界和改造世界的过程中有目的、有计划、积极主动、有意识的活动能力。人的主观能动性表现在"想""做"和"精神状态"3 个方面。

社会的不断发展,外界环境的不断变化,使得人的主观能动性得到加强,促进了人们素质的提高,有利于人们素质的全面发展。岗位、工作任务是处于一定的宏观环境、行业环境、组织环境中的,因此岗位要素会随环境的变化而不断地发展变化。变化后的岗位胜任素质要求该岗位员工的素质能够适应环境的动态调整。所以说,胜任素质具有动态性。

因此,在实践中,人员的胜任素质与岗位的胜任素质、组织的环境特征是密不可分的,这三者集合的交集越大,员工的绩效越高。

3.1.3 胜任素质的三大学派

1. 认知学派

认知学派的研究主要集中在高等教育领域。行为主义学派和通用性学派都运用工作绩效来验证胜任素质的有效性,而认知学派则以语言学的研究为代表,它不同于与工作绩效相关的胜任素质,而是研究相关人员的语言胜任素质,认为语言是人员各项特征的综合体现。其代表人物乔姆斯基认为"语言的胜任素质是一种深层次的结构模型,而不是行为性的言语和动作的总和。言语的表现不仅需要言语的胜任素质,还包含一系列的文化规范及基本的语言规则;发音清楚、说话流利并不等于口才好,言语表现不好也并不是说不具有语言的胜任素质"。认知学派总结指出,胜任素质是指个人所知道的,在理想状态下能够做到的,而工作绩效是指在实际现存的环境中所能做到的。所以他们认为是教育赋予人们知识,还培养了人们构造知识和认知技能的能力。

2. 行为主义学派

行为主义学派主要从事培训领域的胜任素质研究。以预测工作绩效为目的,从完成岗位单一任务的方式与过程入手,在方法上主要依赖于任务分析,即通过结构化的观察得出具体的胜任素质,把胜任素质的构造完全看作是一个纯粹的技术过程,只注重对胜任素质的技术性描述,而忽略政治以及社会维度的规范性成分。另外,行为主义学派关于胜任素质分析的缺点在于它分离了员工与工作,从而没有能够有效地观察与测量员工在工作过程中所表现的胜任素质,因此其分析不够全面和深入。

3. 通用性学派

通用性学派对胜任素质的研究主要集中在管理教育领域。行为主义学派的研究主要关注如何确保所有的职业人员都能够胜任所需要完成的工作,侧重于方式,而通用性学派的胜任研究着眼于什么使职业人员能够成为胜任的工作人员,侧重于目标。因此,通用性学派研究员工能够顺利完成各项工作任务的特征,但它过于以工作绩效为目标,缺乏对胜任素质内在结构的考虑。

3.2　胜任特征模型概述

3.2.1　胜任特征模型的概念

胜任特征模型(Competency Model)是指担任某一特定的任务角色所需要具备的胜任素质的总和,即针对该职位表现优异者的要求集合起来的胜任特征的结构。胜任特征模型能够展现胜任素质概念,是用于人才测评中胜任力测评的主要方法。

胜任特征模型主要包括的三个要素,即胜任特征要素的名称,胜任特征要素的分级说明和胜任特征要素的权重。除了以上三个要素外,还要对胜任特征模型的建立进行说明,阐述建立胜任特征模型的目的,建立模型的总体思路,以及胜任特征模型特征在企业中的应用等方面的内容。

1. 胜任特征要素

胜任特征要素通常通过对某岗位进行工作分析的方式来获得,它涵盖了能够胜任该工作所需要具备的各类基本要素和核心要素。通常含有知识、技能、社会角色、自我认知、品质、动机等方面的内容,具体需要会根据企业或岗位的需求和实际情况进行调整,如下表3-1所示。

表 3-1 某公司某岗位胜任特征要素(部分表格)

胜任特征	胜任项目	胜任内容
知识	公司知识	公司业务知识(业务分类、产品分类、收费标准、收费方式等)
		公司各部门职能、负责人、联系方式等
	客户知识	目标客户群、客户购买心理、客户满意理念等
技能	基本技能	使用计算机、网络的熟练程度,商务礼仪知识,电话沟通技能等
	受理业务的技能	13项业务受理技能(见销售岗岗位制度)和相应的设备使用技能
	业务推广的技能	激发购买欲望技巧、促成交易技巧、处理异议技巧
⋮	⋮	⋮

2. 胜任特征要素的分级说明

不同的岗位、不同的组织、不同发展阶段所需胜任特征模型中的各类要素的水平是不同的,而且不同的人、组织对于同一个素质能力指标的理解也不尽相同,如果没有对胜任特征要素进行分级,并通过描述具体行为来规定分级的统一标准,就会产生理解偏差。因此对胜任特征要素的分级说明是十分有必要的。如表 3-2 所示即为胜任特征要素分级说明的示例。

表 3-2 激励和关心下属的等级说明

激励和关心下属:通过给予下属正向激励,发展和提高下属的能力	
等级	说明
一级	1. 与下属沟通不足,对下属的指导和建议较少 2. 不能很好地了解下属的需求,很少为下属的工作和职业发展提供指导
二级	1. 能与下属就其工作表现进行沟通,并给予适时的反馈和适当的指导 2. 当下属遇到问题时,能积极提供帮助,并协助其解决难题 3. 了解下属的职业、工作发展需求,并为其制订合适的培训计划
三级	1. 对下属的工作及时地提供正确的反馈与指导 2. 能够准确判断下属的技能水平,根据下属的不同特点,制订相应的发展计划 3. 为下属提供发展和学习的机会、工具、辅导以及各种资源
四级	1. 为下属创造合适的发展空间 2. 作为下属的职业生涯发展的导师和教练,真正以开发下属潜能为己任

3. 胜任特征要素的权重

权重表现了该胜任特征要素在胜任特征模型所有素质中的重要程度,通常以百分比的形式呈现,以便有针对性地使用胜任特征模型。

一个合格的胜任特征模型应符合以下三个要求:

(1) 关注引起或产生高绩效的关键性因素。

(2) 与组织的愿景、战略、价值观紧密相关。

(3) 胜任特征模型形式简单、通俗易懂、能够被组织成员接受,以便能够将其融入工作实践中转化为员工的自觉行动。

3.2.2 胜任特征模型的特点

对于不同的时期、不同的企业、不同的行业,其所需要的胜任特征模型也各不相同,需要根据实际情况对胜任特征模型中的要素进行调整。因此胜任特征模型具有以下三大特点:

(1) 具有行业特色。胜任特征模型反映了某行业对各岗位人员的素质要求,具体表现为对知识和技能的掌握、运用能力、对客户的认知程度等。

(2) 具有企业特色。由于各企业的企业文化、企业战略和经营目标的差异,胜任特征模型针对不同的企业有不同的内容,它反映的是单个企业对特定岗位、特定人员的要求,该要求可以细化到行为方式的各个等级。

(3) 具有阶段性特征。在企业成长的各个时期对员工有不同的胜任素质要求,所以说胜任特征模型是与企业的发展相联系的,随着企业的经营目标、经营策略或经营环境的变化而改变。

3.2.3 经典胜任特征模型

1. 冰山模型

20世纪70年代美国著名心理学家麦克利兰(Mcclelland)在《测量胜任力而非智力》一书中最早提出"胜任特征"概念,指出传统的智力测验、性向测验方法对于预测工作成败并不能提供有效帮助。倡导使用胜任特征模型代替传统的智力测验,作为预测工作绩效的方法。他将胜任特征分为6种:动机、个性、自我形象、价值观、知识和技能,并指出这6项胜任特征对于工作绩效具有重要影响。6项特征分别处于冰山的水上部分和水下部分:"冰山水上部分"包括基本知识、基本技能,是外在表现,是容易了解与测量的部分;而"冰山水下部分"包括社会角色、自我认知、品质和动机,是人内在的部分,如图3-1所示。

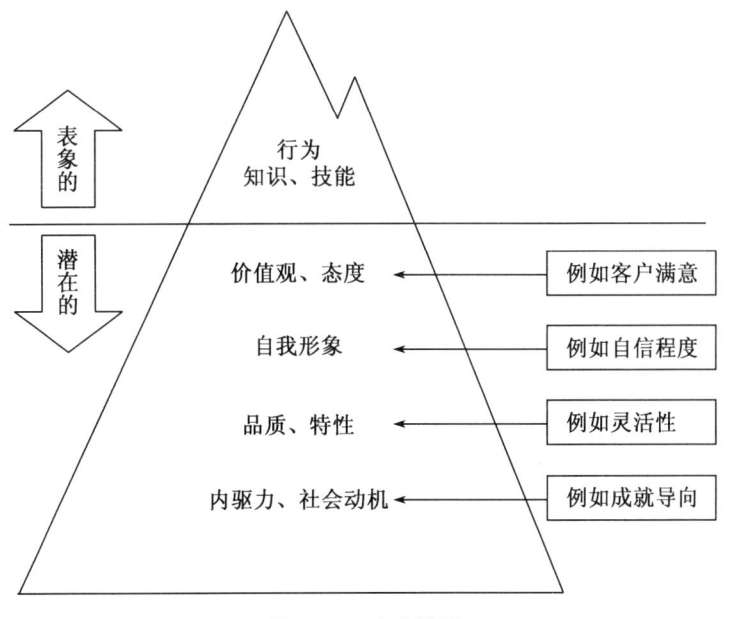

图3-1 冰山模型

（1）知识。知识层面不仅包括员工从事某一职业或某一领域工作所必须具备的专业知识，如物业管理、人力资源管理、生产运营管理等学科的专业知识，还包括员工在某一组织中工作时所必须掌握的一些相关信息，如公司的基本简介、产品知识和客户信息等。

（2）技能、能力。技能是指员工掌握和运用某项知识来完成具体工作的技术或能力，如计算机操作技能、财务分析能力等。能力是个性心理特征之一，是指员工天生具备或在外部环境影响下不易改变的特质，如人际协调能力、问题分析能力、市场拓展能力、判断推理能力等。

（3）社会角色。社会角色是与个人的某种社会地位、身份相一致的一系列权利、义务的规范和行为模式，是人们对有特定身份的人的期望，如团队合作精神。

（4）自我认知。自我认知是指个人对自己行为和心理状态的洞察和理解，主要包括自我观察和自我评价两个方面。自我观察是个人对自己的感知、思维和动机等方面的觉察能力；自我评价是个人对自己的行为及人格特征等方面的判断与评估能力。具有较强自我认知能力的人能够积极地调整自己的行为和心理状态，以达到胜任本岗位工作的要求。

（5）品质。品质是个体特性以及个体拥有的对情境或信息的持续性反应，是由于个人的某种倾向而导致的某些行为，可以用描述个人人格特点的描述词进行描述，如自信、和蔼可亲等。

（6）动机。动机是个人对某种事物或某个时间持续渴望，进而付诸行动的念头。它会指导个人选择有利于目标实现的行为方向前进，对个人追求或避开某事物、开始或停止某活动具有推动作用。

美国学者斯潘塞在总结前人研究成果的基础上从特征的角度将其冰山模型中的6个层次改为了5个层次。该模型的水上部分为知识和技能，水下部分为自我概念、品质和动机。

相对来讲，知识和技能是裸露在水面上的表层部分。这部分属于基准性素质，是对员工的基础素质要求，是很容易被测量、观察和模仿的，但不能把组织中的优秀者与一般者区别开来。这部分的素质是可以通过培训获得的。

自我概念、品质和动机等属于潜藏于水下的深层部分的素质，属于鉴别性素质，是区分绩效优异者与一般者的关键因素：职位越高，该部分发挥作用的比例就越大。与基准性素质相比，鉴别性素质不容易被观察和测量到，难以对其进行改变和评价。这部分素质很难通过培训获得。

2. 洋葱模型

美国学者R.博亚特兹（Richard Boyatzis）和斯潘塞（spencer）等人对麦克利兰的素质冰山理论进行深入研究后提出了"洋葱模型"，如图3-2所示。

洋葱模型很好地展示了胜任特征各要素可被观察和测量的程度，模型中由内而外依次是动机、个性、自我形象、价值观、社会角色、态度、知识、技能等，一个人的动机、个性等内在要素难以评价和后天习得，知识、技能等外在要素则容易评价和培养。动机指的是一个人想要做某件事情而在心理上形成的思维途径，是人内心的一种驱动力。动机会推动

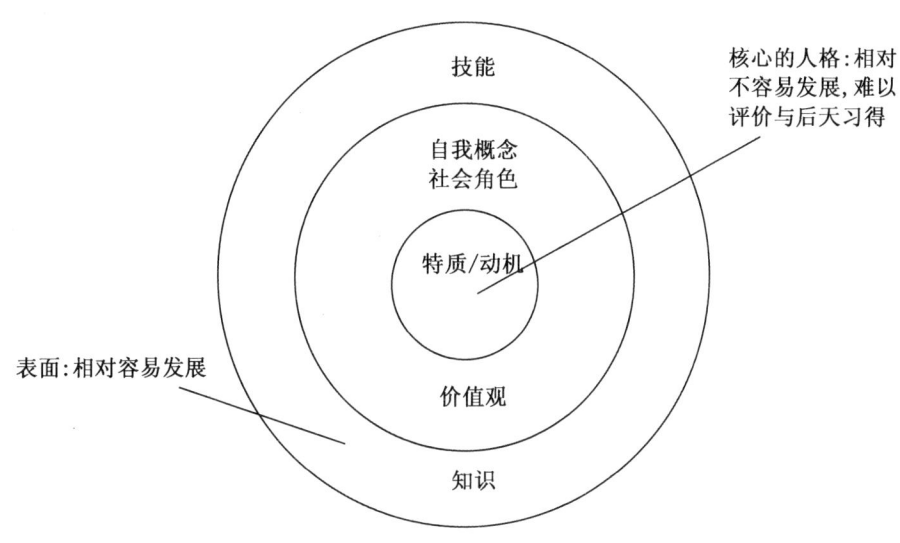

图 3-2 洋葱模型

并指导一个人的行为方式选择,使人朝着目标实现的方向不断前进。动机是最难改变的胜任特征,因为它在人生的早期就已成形。不过动机未必完全不能改变,在内外力的作用下,动机还是可以改变的,只是难度较大。

个性指的是一个人的整体精神面貌,即具有一定倾向性的心理特征的总和。改变人的个性需要相当的努力和较长的时间,因此个性也是不容易改变的。

自我形象是对自身的评价和看法,一个人对自身进行评价主要是将自己和别人进行比较,比较过程中所持有的标准就是一个人的价值观。

社会角色指的是与人们的某种社会地位、身份相一致的一整套权利、义务的规范与行为模式,是人们对具有特定身份的人的行为期望。

态度是人们在自身道德观和价值观的基础上对事物的评价和行为倾向,是对外界事物的内在感受。一个人的态度是动机、个性、自我形象和价值观综合外化的结果,也根据环境的变化而变化。

冰山模型和洋葱模型本质是一样的,但洋葱模型更加突出各胜任特征可被观察和测量的层次性。以上两个模型共同认为内在的动机、个性等胜任特征是难以直接观察测量的,但这些内在胜任特征可以通过不同的行动方式表现出来。胜任特征对一个人的行为具有驱动效果,这种驱动效果也为我们尝试从个人行为入手来测量内在特征提供了有效的切入点。

3.2.4 管理者胜任特征模型

国内外许多学者提出了管理者的通用素质模型。McClelland 等使用工作分析法、行为事件访谈的系统方法,经过多年的研究和实践,提出了 20 多项管理者胜任特征,如获取信息、分析式思考、概念式思考技能、策略思考的技能、人际理解和判断的技能、帮助/顾客导向的技能、影响他人的技能、知觉组织的技能、培养他人的技能、指挥技能、团队工作和协调技能、团队领导技能等。

Boyatzis(1982)评价了22个组织42个不同的管理岗位2 000人的22个特征建立的管理者胜任素质通用模型,如表3-3所示。

表3-3 管理者胜任素质通用模型①

目标与行动管理群	指导属下群	领导群	专注他人群	人力资源群	专门知识
效率导向	启发他人	自信	自我控制	运用社会化权利	记忆
生产力	运用单向权利	运用口头简报	认知的客观性	正面思考	专门知识
分析运用概念	自发性	逻辑的思考	精力与适应力	管理团队流程	
关注影响		概念化	关注亲密关系	精确的自我评估	

Yuki(1989)把管理者胜任素质特征分为三类:技术、人际和概念,主要从个人处理人、事、物角度考虑管理者的能力,如表3-4所示。

表3-4 管理者胜任素质通用模型2②

特征	能力
技术	方法、程序、方法和操作设备
人际	人际行为和人际过程、同情和敏感性、交流和合作
概念	分析能力、问题解决能力、创造力、发现问题和掌握机会

技术技能包括方法、程序、方法和操作设备能力;人际能力包括人际行为和人际过程、同情和敏感性、交流能力和合作能力;概念能力包括分析能力、问题解决能力、创造力、发现问题和掌握机会的能力,总之这种分类主要是从个人处理人、事、物角度考虑管理者的能力。

Spencer夫妇(1993)提出了一般管理者的胜任素质,如表3-5所示。

表3-5 一般管理者胜任特征模型③

加权	能力	加权	能力
××××××	冲击与影响力	××	自信心
××××××	成就倾向	××	直接/果断性
××××	团队与合作精神	××	寻求资讯
××××	分析式思考	××	团队领导力
××××	主动积极	××	概念式思考
×××	培养他人	基本要求	(对组织的了解与关系建立)专门知识/专门技术

---

① Boyatzis, R. E. The Competent Management: A Model for Effective Performance[M]. New York: John Wliey, 1982.
② 徐世勇,刘亚军. 人才素质测评[M]. 中国人民大学出版社,2014.
③ Spencer L. M., Spencer S. M.. 才能评鉴法:建立卓越的绩效模式[M]. 魏梅金,译. 汕头:汕头大学出版社,2003:194.

石勘、仲理峰(2004)对28名家族企业高层管理者的行为事件访谈,建立了我国家族企业高层管理者胜任特征模型,包括权威导向、主动性、捕捉机遇、信息收集、组织意识、指挥、关怀、自我控制、自信、自主学习、影响他人等11项胜任特征。而权威导向、仁慈关怀是我国家族企业高层管理者独有的胜任特征。

严正等(2006)按照管理的职能对管理者的胜任素质进行了归纳,如表3-6所示。

表3-6 管理者的胜任素质①

管理职能	胜任素质
计划	解析力,决断力,战略思维,判断力,制度构建,情报分析,系统思考,制订计划,归纳力,计划实行,时间管理,战略制定,市场解析,前沿创新,市场重心,远见,概念性思考,演绎力,信息收集
组织	全局意识,组织能力,专业精神,团队工作,顾客导向,执行,行动力,业务支持,团队整合,协调能力,创造性,配置资源,解疑能力,技术能力,抗压能力,创新能力,主持会议,组织思维,影响力,服务观念,组织献身精神
人事	用人适当,指导帮助,包容能力,人本精神,交流能力,口头表达,聆听能力,以己度人,交往能力,团队合作,文字能力,建立关系,理解能力
领导	追求成就,感召力,领导力,委派工作,鼓励能力,教育培养,任务下达,诚信度,情绪控制,移情能力,自控能力,弹性掌控,社交能力,统率力,开放的心态,驱动动机,信赖度,洞察力,危机处理能力,演讲能力
控制	重视绩效,成本控制,重视细节,质量意识,安全意识,强调结果,制度完善,监督能力,信息反馈,应变能力,冲突管理,客户中心
基础	集体认同,自我管理,生涯规划,自我提升,责任感,自我反省,敬业,主动积极,自信,持续改进,坚持不懈,商业思维

赵曙明等(2007)研究发现,企业管理者的胜任素质包括11个方面,如表3-7所示。

表3-7 企业管理者胜任素质及其定义

胜任素质	定义
决策能力	管理者根据经验和掌握的信息,准确地分析、判断信息,敏锐地揭示事物间的内在关系,从而果断地做出正确决策的能力
情绪智力	管理者认识、理解、控制自我及他人情绪和情感的能力
自我效能	管理者对有效控制自己各方面能力的知觉或信念
成就动机	管理者追求成就,渴望成功的内在需求和动力
创新能力	管理者创造性地加工、接受环境中的信息,以新颖、独特的方式创造出成果的能力
社交能力	管理者掌握人际交往知识,运用人际交往技能,获得良好社会关系的能力
学习能力	管理者根据环境所需,及时补充最新知识和技能的能力
沟通能力	管理者有效、适时地向他人传递和反馈信息,善于理解他人传递的信息和增强与他人信息交流的能力

---

① 严正,翟胜涛,宋争.管理者胜任素质[M].北京:机械工业出版社,2007.

(续表)

胜任素质	定义
领导能力	管理者指导、影响、激励员工,从而促使个人和组织达成目标的能力
变革能力	管理者影响、推动员工在思想和行为上发生改变和变革,从而促使整个员工集体或者组织发生根本性变化的能力
知识水平	管理者将掌握的知识应用于工作,并促使工作绩效提高的能力

3.3 胜任特征模型的构建

3.3.1 胜任特征模型构建方法

目前得到公认且最有效的胜任特征模型构建方法是美国心理学家麦克利兰(McClelland)结合关键事件法和主题统觉测验而提出来的行为事件访谈法(Behavioral Event Interview, BEI)。行为事件访谈法采用开放式的行为回顾探察技术,让被访谈者找出和描述他们在工作中最成功和最不成功的3件事,然后详细地报告当时发生了什么。

其内容具体包括:这个情境是怎样引起的?牵涉哪些人?被访谈者当时是怎么想的,感觉如何?在当时的情境中想完成什么,实际上又做了些什么?结果如何?然后,对访谈内容进行分析,来确定访谈者所表现出来的胜任素质。通过对比担任某一任务角色的卓越成就者和表现平平者所体现出的胜任素质差异,确定该任务角色的胜任特征模型[①]。

1. 行为事件访谈法

行为事件访谈法是一种开放式的行为回顾式调查技术,类似于绩效考核中的关键事件法。

行为事件访谈法主要以目标岗位的任职者为访谈对象,通过对访谈对象的深入访谈,收集访谈对象在任职期间所做的成功和不成功的事件,挖掘出影响目标岗位绩效的细节性行为。然后,对收集到的具体事件和行为进行汇总、分析、编码。最后,在不同的被访谈群体(绩效优秀群体和绩效普通群体)之间进行对比,找出目标岗位的核心素质。具体操作程序如图3-3所示。

2. STAR工具在行为事件访谈法中的应用

行为事件访谈法对访谈者的要求非常高,只有经过专业培训的访谈者才能在访谈过程中通过不断的有效追问,获得与目标岗位相关的具体事件。在进行行为事件访谈时,访谈者访谈的重点应是被访谈者在过去确实的情境中所采取的措施和行动,不应是假设性的答复或包含哲理性、抽象性及信仰性的行为。因此,访谈者需借助STAR工具来深层次挖掘出被访谈者具体的行为细节。STAR工具主要包含以下4个问题。

(1) S(Situation):那是一个什么样的情境?什么样的因素导致了这样的情境?在这

---

① 时勘,王继承,李超平.企业高层管理者胜任特征模型评价的研究[J].心理学报,2002,34(3):306-311.

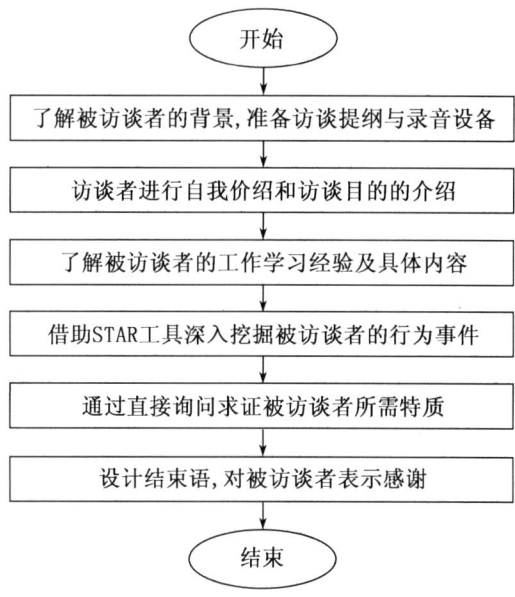

图 3-3 行为事件访谈法操作程序

个情境中有谁参与?

(2) T(Task):您面临的主要任务是什么?为了达到什么样的目标?

(3) A(Action):在那样的情境下,您当时心中的想法、感觉和想要采取的行为是什么?

(4) R(Result):最后的结果是什么?过程中又发生了什么?

运用 STAR 工具的技术关键点有以下 6 个:

(1) 从正向的事件开始。

(2) 遵循事件本身的时间顺序。

(3) 探究相关的时间、地点和心情,这样通常有助于被访谈者回忆起当时的情节。

(4) 让被访谈者多说有用的素材。通过不断强化,可以训练被访谈者如何描述此类事件。

(5) 了解访谈过程以及被访谈者可能会出现的情绪反应。

(6) 一次只描述一个情况,注意探究其行为模式。探究思想上的起因 S 和行为过程 A,即实例中技术问题的解决模式和策略规划的思考程序。

3. 行为事件访谈法的优点

(1) 客观性:在行为事件访谈中,被访谈者谈的是具体事件,这大大提高了访谈的客观性。

(2) 针对性:在行为事件访谈中,访谈者可根据该岗位的特点,要求应聘人员有针对性地说出自己过去的工作事件,并且要描述这些工作事件是有效还是无效的,这便大大增加了招聘面谈的针对性。

(3) 准确性:行为事件访谈方法关注被访谈者在过去的事件中做出的具体行为。在以前的传统面谈中,被访谈者会评价自己,如描述自己的优缺点、爱好、理想、态度以及人生哲学等,这些方面并不能说明个人的实际行为表现。

(4) 真实性:在行为事件面谈过程中,由于要求被访谈者讲述具体的事件以及自己在其中的表现,而非想象其会怎么做,其真实性不容置疑。

3.3.2 胜任特征模型构建的流程

构建胜任特征模型的目的就是使企业和员工获得高绩效,促进企业的长远发展。因此,有必要了解胜任特征模型的构建原则及流程。

1. 胜任特征模型构建的原则

(1) 以企业发展战略为导向。企业的发展战略决定企业的人才需求模式及人才标准。构建胜任特征模型要考虑企业发展战略中的核心竞争力,据此确定员工的核心能力和素质要求。

(2) 以职位为客观依据。在明确企业发展战略后,胜任特征模型应当主要以职位工作内容为依据,从关键职位入手,循序渐进,最后全面铺开。

(3) 以企业经营思路和业务处理方式为标准。同一行业中的两家企业在具体问题的处理方式上也会截然不同,因此,一定要以本企业的经营思路和业务处理方式为标准。

2. 构建胜任特征模型的流程

构建胜任特征模型的具体流程如图 3-4 所示。

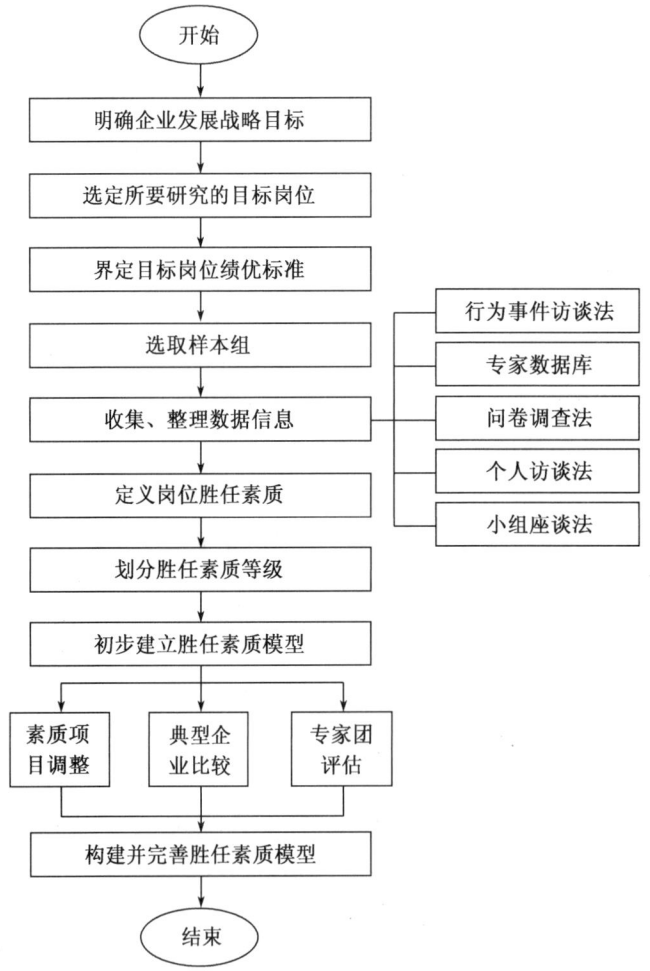

图 3-4 构建胜任特征模型流程

(1) 明确企业发展战略目标。企业的发展战略目标是建立胜任特征模型的总指导方针。人力资源管理者应首先分析影响战略目标实现的关键因素,研究企业面临的挑战,然后提炼出企业要求员工应具备的胜任素质,最终构建出符合企业文化及环境的胜任特征模型。

(2) 选定所要研究的目标岗位。企业战略规划的实施往往与组织中的关键岗位密切相关。因此,人力资源管理者在建立胜任特征模型时应首先选择那些对企业战略目标的实现起关键作用的核心岗位作为目标岗位,然后分析目标岗位要求员工所应具备的胜任素质特征,最终构建出符合岗位特征的胜任特征模型。

(3) 界定目标岗位绩优标准。完善的绩效考核体系是界定绩优标准的基础。通过对目标岗位的各项构成要素进行全面评估,区分员工在目标岗位绩效优秀、一般和较差的行为表现,从而界定绩优标准,然后再将其细化到各项具体任务中去,最终识别任职者产生优秀绩效的行为特征。

(4) 选取样本组。根据目标岗位的胜任素质,在从事该岗位工作的员工中随机抽取绩效优秀员工(3~6 名)和绩效一般员工(2~4 名)作为样本组。

(5) 收集、整理数据信息。收集、整理数据信息是构建胜任特征模型的核心工作。一般通过行为事件访谈法、专家数据库、问卷调查法等方式来获取样本组有关胜任素质的数据资料,并将获得的信息与资料进行归类和整理。

(6) 定义岗位胜任素质。根据归纳整理的目标岗位数据资料,对在实际工作中对员工的关键行为、特征、思想和感受有显著影响的行为过程或片段进行重点分析,发掘绩效优秀员工与绩效一般员工在处理类似事件时的反应及行为表现之间的差异,识别引起关键行为及其结果的具有显著区分性的能力素质,并对识别出的胜任素质做出规范定义。

(7) 划分胜任素质等级。定义了目标岗位胜任素质的所有项目后,应对各个素质项目进行等级划分,并对不同的素质等级做出行为描述,初步建立胜任特征模型。

(8) 初步建立胜任特征模型。结合企业发展战略、经营环境及目标岗位在企业中的地位,将初步建立的胜任特征模型与企业、岗位、员工三者进行匹配与平衡,构建并不断完善胜任特征模型。

3.3.3 胜任特征模型构建的注意事项

1. 加强对胜任特征模型的宣传和培训工作

胜任特征模型的构建过程可以采用多种行为和测评工具,同时采用访谈法、调查法、小组会议法等方法,这些方法操作过程烦琐,对员工的工作形成一定程度的干扰。有的员工担心测评的访谈结果对自己不利,抱有心理负担,因此在测评和访谈过程中隐瞒自己的真实想法,这在一定程度上影响了胜任特征模型建立的真实性和客观性。因此,胜任特征模型建立前要进行宣传和培训,让员工明白建立胜任特征模型的作用和意义,只有打消员工的顾虑,才能真实有效地建立胜任特征模型。

2. 采用从关键职位入手开发的策略

在开发胜任特征模型时,由于对胜任特征模型构建的方法和技巧没有熟练掌握,因此公司可以先选取一些关键职位,从关键职位入手,而不是全部职位一起进行胜任特征模型的开发。从关键职位入手,不仅可以节约成本,减少风险,而且可以防止人力资源部门因失误而处于被动的位置,待积累一定的经验后,再全面铺开进行构建胜任特征模型。

3. 胜任力描述力求全面,应具有层次性和差异性

公司进行胜任力构建时,要按照岗位的层次对其进行准确的定义,然后通过胜任力工作方法,对已经定义的每一个员工取得高绩效应该具备的行为和标准进行提炼,使不同岗位的胜任力具有层次性和差异性。

4. 对胜任特征模型进行动态管理

企业的胜任特征模型一旦建立,就成为一个静止的描述体系。然而实际上,胜任特征模型构建不是一劳永逸的,因为企业外部的发展环境瞬息万变,而且企业内部岗位调整频繁、员工流动性大也会引起企业文化氛围的变动,因此需要对胜任特征模型进行动态管理。企业根据公司的战略和发展规划、部门职责和岗位职责、公司组织结构调整的方向、往年绩效考评实施过程中体现出的对胜任特征模型的反馈,对胜任特征模型数据库进行动态管理。对现有的胜任特征模型的分析、评价及修正,一般一年做一次。

3.4 胜任特征模型的应用

胜任特征模型在人力资源管理各个模块中应用,可以更好地帮助企业选拔、培养、激励员工,实现企业人力资源管理的目标。

1. 在招聘录用中的应用

(1) 工作分析。工作分析是企业进行招聘的基础,如果仅仅按照职位说明书(如岗位名称、特征、职责权限、工作条件和环境等)进行分析,将很难准确识别岗位的胜任素质要求。

基于胜任特征模型的工作分析侧重于研究岗位要求与优秀绩效表现相关联的特征及行为。工作分析结合胜任素质及其行为表现定义了岗位的任职资格,使胜任特征模型具有了较强的绩效预测性,从而为企业招聘与录用人员提供了参考标准。

(2) 录用决策。企业招聘之难在于识别应聘人员的潜在素质,即如何从应聘人员过去的工作表现中预测其未来的工作绩效。以应聘人员的知识、技能及经验背景等外在特征做出录用决策,缺乏对应聘人员未来的预测。

绩效的科学判断与预测,将降低企业人才录用带来的风险。基于员工胜任特征模型的招聘与甄选,旨在从应聘人员过去经历的行为表现中发现其潜在素质(能力素质是其深层次特质,不易改变),分析其与应聘岗位胜任能力的契合度,并预测其未来工作绩效,从而做出录用决策。

(3) 招聘录用示意图。基于胜任特征模型,对某岗位应聘人员进行招聘录用的流程图如图3-4所示。

2. 在员工培训需求分析中的应用

企业设计培训环节是为了帮助员工弥补自己知识和能力等方面的不足,以提高其岗位胜任素质,从而使其达到岗位素质的要求。科学、合理地分析员工的培训需求是培训的首要环节。只有结合员工自己的素质和岗位的胜任素质要求,才能制订出有针对性的培训规划。

基于胜任特征模型的培训体系不仅能够发现员工的不足,有针对性地培养员工的核心技能,激发、强化员工的优势与潜能,开发员工的潜在能力,还能够帮助企业储备具备核心能力素质的人才。

基于胜任特征模型的某岗位员工培训需求分析如图 3-5 所示。

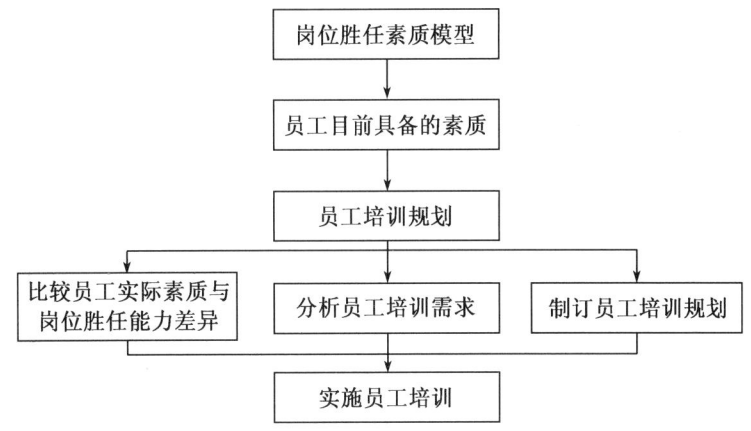

图 3-5　基于胜任特征模型的员工培训需求分析

3. 在建立绩效考核体系中的应用

建立绩效考核指标并设定相应的绩效标准是绩效考核工作的关键环节。其中,考核指标是关系到员工工作产出的关键项目;绩效标准是对员工行为表现、工作结果达到的目标或程度的描述。

胜任特征模型能够有效区分绩效优秀和绩效一般者的行为表现差异,这为设定绩效考核指标和标准等提供了进一步的支持。以胜任特征模型为基础的绩效考核体系,可以对员工履行岗位职责和执行岗位任务所获得的成果进行客观的绩效评价,对员工素质进行综合评价关注当下及未来业绩。相比于结果导向的传统绩效管理,基于胜任特征模型的绩效考核属于能力导向。基于胜任特征模型的某岗位绩效考核如图 3-6 所示。

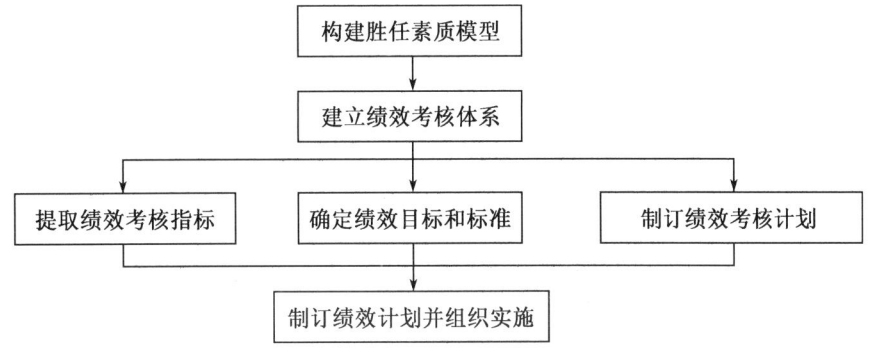

图 3-6　基于胜任特征模型的绩效考核

4. 在员工职业生涯规划中的应用

成长与发展是人的一项基本而重要的需求,提高胜任素质是员工职业发展的重要方面,同时员工的发展又促进了企业竞争力的提升和企业发展。通过开发胜任力模型,对员工的胜任力潜能进行评价,帮助员工了解个人特质与工作行为特点及发展需要,指导员工设计符合个人特征的职业发展规划,并在实施发展计划过程中对员工提供支持和辅导。这样不仅能帮助员工实现自身的发展目标及职业潜能,也能促使员工努力开发提高组织绩效的关键技能和行为,实现个人目标与组织经营战略之间的协同,达到员工和企业共同成长和发展。

5. 在员工激励中的应用

通过建立胜任特征模型能够帮助企业全面掌握员工的需求,有针对性地采取员工激励措施。从管理者的角度来说,胜任特征模型能够为管理者提供管理并激励员工努力工作的依据;从企业激励管理者的角度来说,依据胜任模型可以找到激励管理层员工的有效途径与方法,提升企业的整体竞争实力。

由上述可知,胜任特征模型可以应用到组织人力资源管理的各个模块中,但是在应用时一定要根据企业自身的实际情况,在构建出胜任特征模型以后,开发出测量各项胜任特征的量表和工具,才能让模型真正落地为企业人力资源管理发挥作用,而量表将直接影响企业人员招聘的参考标准。此外,胜任特征模型的构建将消耗时间、财力、物力,因此企业进行胜任特征分析时要从自身的需求和状况出发进行考量,在选择分析目标时应有所侧重,从企业经营生产中的重要岗位开始着手。

随着对胜任特征研究的逐渐深入,我们深信以胜任特征为基础的人力资源管理新模式将为企业带来更多的收益,进一步增强企业的核心竞争力,为企业在激烈的市场竞争中脱颖而出提供坚实的基础。

思考题

1. 胜任素质模型的概念是什么?
2. 胜任素质的特征有哪些?
3. 胜任素质模型的原理是什么?
4. 胜任素质的经典模型有哪些?
5. 胜任素质模型的应用是什么?
6. 胜任素质模型的流程是什么?
7. 胜任素质模型的结构是什么?

案例讨论

某公司的胜任素质模型构建

某科技股份有限公司是一家专业从事节能电源及磁性元件研发、生产、销售的高新技术企业。凭借优秀的研发队伍和较高的管理水平,公司始终保持快速发展的态势,产品畅销国内外市场,在行业中处于领先地位。优秀的技术人才和管理人才对企业的发展非常重要,但是用什么标准来选拔能胜任岗位的优秀人才呢?这一直是该企业的管理难题。

为适应企业业务的迅速发展,公司加强了对优秀人才的选拔和培养力度,但是,在人才选拔或人员晋升等工作开展的过程中,公司一直缺少科学、合理的评价系统,过度依赖评选人员的主观评价,人岗不匹配的现象也比较常见。基于此,公司领导也提出引入胜任素质模型,借助科学的管理手段来提升企业的管理水平,促进企业发展。但是在应用外部胜任素质模型的过程中,公司管理者发现,外部的胜任力素质模型大多为定性描述,比如,解决问题能力的等级划分中级的评价标准是"能提出一些解决问题的思路,并取得一定的效果",二级的评价标准是"能提出比较好的解决问题的思路,并能解决一些问题",而对于"一定的效果""较好的思路"等缺少科学、明确的描述,在实际应用过程中很难明确划分几个等级之间的差异,受评价人员的主观因素影响较大,难以准确划分人员能力的等级,对人员选拔和晋升也无法起到有效的指导作用。

因此,该公司的管理者提出建立一套定制式的、能落地的胜任力素质模型,以公平、公正地评价人员,对人员选拔、人员配置等起到真正的指导作用。

基于对该企业各岗位的工作分析等基础工作,在外部专家的帮助下,该公司搭建了新的胜任素质模型。

(1)从职业能力、职业意识、职业品德三个维度设计评价指标,对员工进行综合评价。三个评价维度涵盖了员工工作能力、工作态度和职业素养等多个方面。其中,职业能力包括解决问题能力、逻辑思维能力、沟通协调能力等,职业意识中包括成功意识、创新意识、风险意识等,职业品德包括遵章守纪、廉洁奉公等。

(2)明确不同等级的核心行为,建立科学、明确、可实操的评价标准,提出提取不同等级的核心行为点,并进行明确描述,对能力等级进行有效划分。同时,明确的行为描述可为员工提供正向的行为引导,使得员工有清晰、明确的努力方向。

资料来源:北森典范企业案例集 https://www.beisen.com/

试分析:

1. 为什么该公司要搭建新的胜任素质模型,有什么作用?
2. 企业应该通过怎样的方式获得胜任素质?

第四章　笔试测评

 引导案例

事业单位的公开招聘考试

目前,我国的事业单位有110多万个,工作人员3 100多万人,分布在各地区、各行业、各部门。事业单位是人才的聚集地,集中了全国44%的专业技术人员,事业单位的人才队伍是我党执政兴国的重要依靠力量,是社会主义现代化建设的重要人才保障。如何科学有效地选拔、培养和使用这些人才,对于实施人才强国战略、实现中华民族伟大复兴具有十分重要的现实意义。

多年来,在各级人力资源和社会保障部门的推动下,公开招聘工作取得了很好的成效。一是公开招聘制度实现了全覆盖。事业单位新进人员,除了国家政策性安置、按干部人事管理权限由上级任命及涉密岗位等确需使用其他方法选拔任用人员外,都要求实行公开招聘;二是积极完善政策措施,切实维护社会公平正义。全国各地在实践探索和创新推进中,不断改进完善公开招聘政策措施,细化招聘办法,出台实施细则,强化了公开招聘工作的规范化管理。三是积累了较为丰富的公开招聘工作经验。各地在实践中深入研究事业单位公开招聘工作的规律,针对不同类别的人才,积极探索有效的招聘组织模式和公平、公正的择优方法。

从各地、各行业和各部门的探索实践看,具有代表性的公开招聘考试组织实施模式有以下3种:

模式一:由人社部门主导的统一招聘组织实施模式。各地人社部门主要委托人事考试机构组织实施招聘考试工作,具体分2种基本形式:

(1) 统一考试。即所有用人单位都参加由人社部门统一组织的公开招聘考试。山东、江苏、浙江、安徽、陕西、四川等省份在省级事业单位公开招聘人员工作中,对一些通用性岗位或初级岗位采用了这种方式。宁夏、青海等省区还采取了四级联考(省、市、县、乡)的方式开展公开招聘。

(2) 联合招考。即由人事考试部门搭建公共服务平台,定时定期提供集中的考试报名、考务组织、命题阅卷等一条龙服务,各有关部门或单位自行决定是否参加。

模式二:在人社部门监督指导下,各地行业主管部门(分级)主导的统一招聘组织实施模式。一般用于招聘规模大,岗位相近性高的中小学教师和医护人员。

模式三:在行业主管部门监督指导下的用人单位自主招聘模式。一般是岗位专业要

求高且确需面向高端专业人才的招聘,包括中央机关、党群机关和国务院直属事业单位科研人才和高校专业教师的公开招聘、特殊技能型人才(如声乐和舞蹈教师、古籍修复)招聘等。

资料来源:刘远我,周潇潇.事业单位公开招聘考试的分析与思考[J].中国考试,2018(12):63-67.

4.1 笔试测评概述

笔试是一种历史悠久、基础性的并且十分有效的人才测评方式。由于笔试的公平性、应用简便性,在鉴别人才知识能力水平的高低方面具有突出的优点,在未来笔试测评仍然是人才测评的重要手段之一。本章将在介绍笔试测评的基础上探讨笔试试题、笔试操作等问题。

4.1.1 笔试的概念

笔试主要采用书面设问,应试者进行书面作答的形式,是一种静态测评方法。笔试测评通常在事先设定的场所开展。施测时,主试将试卷(或问卷)直接分发给应试者,并当面阐明应试要求;应试者在主试者的监督下,按规定的程序和时限,以文字、符号、图表等形式现场解答主试者的书面设问。

笔试虽受到时空、作答方式等多方面的限制,并在主试的监督下作答,应试环境气氛严肃,对应试者充分展现才华有一定影响,但因其程序严密,应试行为规范明确,能较好防止与测试无关因素的干扰,测试结果比较准确可靠。所以,笔试在人才素质测评中使用极为普遍,被社会各系统广泛用于知识(各种科学文化知识)、技能(智力技能)和能力(一般能力、特殊能力、潜在能力、现实能力)的测评。

教育心理学家本杰明·布鲁姆在1956年提出了一个新的学问分类法,该分类法把学问分为知识(知道)、理解(领会)、应用、分析、综合、评价6个类别,改变了当时大多数仅仅测评记忆的情况。学问分类法在笔试测评中同样适用,其具体内容如表4-1所示。

表4-1 布鲁姆目标分类系统

类别	说明	示例	关键词
知识(知道)	对具体知识的记忆,被测评者是否已经记牢,能否进行识别、鉴别	如对"什么是人力资源管理"的记忆、识别、列表等	记忆,识别,列表,定义,陈述,呈现等
理解(领会)	对事物目的或意义的理解	如你能描述发生了什么事情吗	描述,解释,区别,归纳,比较,推断等
应用	运用所学的概念、法则或原理去解决问题,去理解事物的本质	如工作中如果遇到某问题,您将怎么处理	应用,论证,操作,实践,分类,解决等

(续表)

类别	说明	示例	关键词
分析	对知识进行分解,并理解各部分之间联系,解释其因果关系	如工作中为什么会遇到这样的问题	分析,检查,实验,组织,比较,辨别等
综合	以分析为基础,将各个部分或元素组合成一个整体,以便创造性地解决问题	如工作怎么样才能避免这样的问题出现	组成/建立,设计,计划,支持,系统化等
评价	综合内部与外部的资料和信息,做出符合客观事实的推断	如公司的规章制度能够帮助我们避免这样的问题吗	评论,鉴定,辩护,证明,预测,支持等

4.1.2 笔试的功能

笔试具有以下几个基本功能:

(1) 测试功能。相对于应试者个体现实水平与考试目标要求而言,笔试可以检验应试者是否具有相关的职业知识、职业技能和职业能力。

(2) 鉴别功能。相对于应试者个体水平与群体水平而言,笔试可以从受测群体中区分出具有适应不同专业领域工作所要求的人才。

(3) 预测功能。相对于应试者个体与拟选拔职位的能力素质需求而言,笔试可以较准确地判定应试者是否具有职位所需的胜任素质。

(4) 督导功能。相对于社会对应试者个体发展的需求而言,笔试可以引导和促进应试者通过在职培训、自我知识更新和实践锻炼,不断提高自身的素质。这一点,在越来越提倡"终身教育"的时代里具有更加重要的意义。

在当前的人才选拔中,笔试的主要作用是淘汰不符合职位要求的应试者。无论是国家机关公务员录用还是事业单位公开招聘,同一个职位往往有几十人甚至上千人报名参与竞争,用人单位首先无法直接选拔出最适合的人才,只能先淘汰一大批明显不符合职位素质要求的应试者,笔试在这一步发挥了不可替代的作用,正是在笔试淘汰的基础上,用人单位才可能用包括面试在内的各种高成本评价手段来选拔优秀人才。

4.1.3 笔试的优缺点

作为一种独立的考试形式,笔试具有一些比较显著的优点。

(1) 经济高效。笔试适宜群体测评,可以在较短的时间内对大量应试者实施测量,对主试者和应试者双方而言,人、财、物、时、空等资源的消耗较低,可谓省时高效、经济易行。

(2) 多元测评。笔试具有测评对象广泛、测评内容多元和测评目标多层的特性。主试者可以事先通过考试设计,使试卷成为由多元内容、多层目标所构成的结构体系,以一定的长度、难度、时限,从广度和深度两方面对应试者的知识、能力、技能等进行组合式综合评价。

(3) 公平公正。笔试测评方式在考试内容取样、题型设计、标准确立、施测规范、结果评价及处理等环节均可不同程度地预防或降低各种误差的产生以及误差带来的影响。此外,在施测、阅卷、结果统计等环节,也可以通过计算机操作,提升笔试效率,保证笔试准确性及公信力。

但另一方面,笔试也存在一定的局限性,具体表现在两个方面:

(1) 间接测试。对于施测者来说,笔试测评不能提供直接观测测评对象的机会。此外,笔试题目是单一的交互媒介,缺乏施测者与测评对象之间的全程互动,不能够灵活、全面地收集所需的测试对象的信息。

(2) 仿真性差。笔试限制于纸面题目,其内容塑造的情景与真实情况会有一些差异,因此测试结果难以真实地反映测试对象的某些能力、技能或显性品质,如五官长相、面部表情、个性、行为举止等。

4.1.4　笔试的方法

从笔试的实施者、笔试的组织形式及被测评者 3 个角度来看,笔试的划分方法有多种。

(1) 就实施者而言,笔试的方法是通过试卷完成对被测评者能力的测验,现如今也有许多测试采取计算机测试的形式进行测试。

(2) 就笔试的组织形式而言,笔试有开卷考试和闭卷考试之分。

① 开卷考试是指被测评者可以携带参考资料参加考试。考生自行查看资料、课本等,但是相互之间不可以沟通。与闭卷考试比,开卷考试的试题更具开放性和灵活性,有利于被测评者充分发表自己的见解,展现自己的能力。

② 闭卷考试是指被测评者只可以独立完成试题,不能看课本和参考资料,不可以与其他被测评者商量答案、传递答案等。更加考验被测评者对于考查内容的掌握程度。

(3) 就被测评者而言,应对笔试的方法主要有 5 个。

① 了解笔试的内容和重点,有针对性地进行复习。

② 了解笔试的目的,灵活运用知识进行答题。

③ 要适当地减轻思想负担,保证有良好的睡眠,适当地参加一些文体活动,以饱满的精神状态参加考试。

④ 提前熟悉考场的环境和考试注意事项,这有利于消除应试时的紧张心理。

⑤ 答卷时要认真审题,合理分配答题时间,注意卷面整洁。

4.1.5　笔试的内容

根据笔试的考核内容,可将笔试分为综合知识笔试和专业知识笔试两种。

(1) 综合知识笔试。

综合知识笔试主要考查应试者的知识广度,了解其对各种常识和知识的掌握程度。考试内容可以是中文、历史、地理、法律等,对于不同单位、不同职业可以有不同的侧重点。综合知识笔试目前在人才选拔中被广泛应用,领导干部竞争上岗中的公共科目笔试就是综合知识考试,其目的是全面测试应试者从事领导工作所必备的基本素质,尤其是运用有关基本理论、知识和方法分析解决领导工作中实际问题的能力。

(2) 专业知识笔试。

专业知识笔试主要考查应试者在某一领域的知识深度,了解其对专业知识的掌握程度。一定的专业知识是从事各种专业工作所必须具备的前提条件。专业知识笔试被广泛应用于各类专业人才的选拔中,用于测试应试者是否具备胜任选拔职位工作所必需的专业素质。

4.2 笔试题型

根据笔试试题性质可以将其分为客观试题和主观试题。

1. 客观试题

客观试题是指能进行客观判分的试题,其优点在于题量大、覆盖面广、信度高,评分客观、准确、效率高;而缺点在于难以考查应试者组织材料、文字表达、发散思维等高层次的认知能力,反映不出应试者解题的思维过程。客观试题具有三大突出特征:

(1) 试题的答案为命题者事先所提供。

(2) 考试结果的评价客观准确,不论用何种方式阅卷评分,均不受阅卷者主观意识的干扰,应试者实得分数不变。

(3) 固定应答,试题既提供测试内容,同时又提供备选答案,应试者根据自己对主试者质问的理解、分析或推断,从主试者事先拟定的备选答案中选出自己认为正确的答案。

笔试中常见的客观试题有选择题、判断题、填空题、配对题等。

(1) 选择题。选择题分为单项选择题和多项选择题,由题目和备选项组成。被测评者需要根据题目的要求,从备选选项中找到一个或多个符合题目要求的选项,并把选项前的字母填在相应的位置上。如图4-1所示。

```
                        选择题
   1. 赫茨伯格提出的双因素理论认为(   )不能直接起到激励的作用,但能防止人们产生不满
情绪。(单选)
      A. 保健因素      B. 激励因素      C. 成就因素      D. 效价因素
   2. 企业文化是企业在长期的生产经营和管理活动中形成的,它由(   )组成。(多选)
      A. 精神文化      B. 传统文化      C. 制度文化      D. 物质文化
```

图4-1 选择题示例

设计选择题需要注意,一是备选选项的数目不宜太多。一般放置3~6个备选答案,同时保证在统一测评中备选项数目是相同的。二是备选项的表述方式应力求一致,如全部进行简单表述或全部进行详细表述,备选项之间应该独立存在,不能存在重叠现象。

单项选择题目前在笔试中是应用最为普遍的一种客观性试题,其突出优点在于题量

可以比较大,考查的知识点比较多,采样的代表性高,有利于考试结果的误差控制和考试的标准化。当然,单项选择题也有缺点:一是难以避免应试者的猜测倾向,四选一的单选题从理论上来说就有25%的正确率;二是迷惑选项的设计要求高,迷惑选项设计不好,选择题的效用就会大打折扣。

多项选择题也是笔试中常用的一种客观性试题,其突出优点在于可以弥补单项选择题的不足,应试者通常很难通过猜测得分;其缺点在于多项选择题往往难度比较大,因为应试者只有对一个知识点完全掌握的时候才能正确作答。

(2)判断题。判断题又称是非题,其题目的特点是最终答案只有正确或错误两种。判断题常用于对重要的概念、原理、结论、事实等进行测验。示例如下图4-2所示。

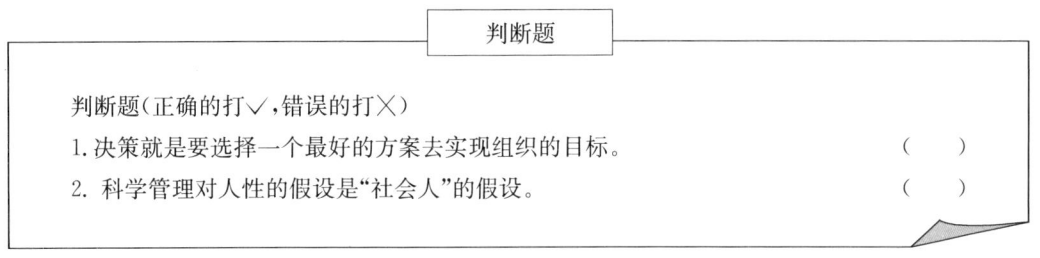

图4-2 判断题示例

设计判断题时需要注意:尽量避免绝对性质的词汇出现,如"绝不""肯定""所有"等;题目中应避免半对半错的现象出现;题目内容应以有意义的概念、知识点、原理等为基础,避免以无关紧要的细节命题;对的测试题目与错的测试题目应随机排列,数量应大致相等。

判断题的优点在于命题容易、评分简单、计分客观。应试者回答方便,便于广泛采样。但是判断题也存在其不足:一是它只适合考查应试者对简单观念或知识的了解;二是判断题容易受被测评者的反应定式和猜测的影响,测验分数的可靠性不如选择题。所谓反应定式,就是指被测评者在回答问题时,其答案的选择建立在题目的形式或位置(如偏向正面回答或否定回答)上,而不是建立在题目内容的基础之上。另外,判断题仅有两种答案,即使猜测,也有50%答对的可能性。如果还有额外线索,猜对的可能性还会更高。

(3)填空题。填空题要求被测评者用一个正确的词或句子来填充一个未完成的句子,它的主要作用是测评被测评者的知识是否扎实,对关键知识点的掌握是否精准,填空题非常适用于诊断性的测评。如:

由于国有企业要缴纳33%的所得税,公积金和公益金各提取10%,在没有纳税调整和弥补亏损的情况下,企业可真正自主分配的部分占利润总额的_____%。

设计填空题时需要注意:题目中所空缺的词语或句子应该是知识测评的重点,要和上下文有密切的联系;题目中不宜设置太多的空白,否则不易于被测评者理解题意,且空白一般放在句子的中间或末尾,不建议放在句子的开头;每个空白处应有一个简短精悍的标准答案,易于测评者评分。

填空题容易发现应试者在知识掌握方面存在的具体问题,因为填空题不受备选项或正误判断的影响,其作答时的猜测因素比选择题、判断题要小得多。此外,填空题的答案具有唯一性,阅卷不易受主观因素的影响。但填空题的不足之处是空白处所要填写的一般是关键词,因而容易造成被测评者对题目含意理解上的错误,影响考试的信度和效度;另外,由于填空题不大需要对知识的综合运用、总结和系统的表达,所以不能检测更为复杂的知识和能力。

(4)配对题。配对题可以看作是选择题的一种变式,配对题的题目本身包括多个反应项(配对题)和多个刺激项(被配对题);被测评者在解答的过程中需要对反应项和刺激项进行理解和对应;配对题有两种常见的形式,完全匹配(一对一匹配)和不完全匹配,表4-2所示为一对一匹配和不完全匹配的示例。

表 4-2 配对题示例

分类	示例
一对一匹配	刺激项:1. 伦敦(　) 2. 中国(　) 3. 巴黎(　) 4. 华盛顿(　) 5. 塞舌尔(　) 反应项:A. China　B. Seychelles　C. Washington　D. London　E. Paris
不完全匹配	刺激项:1. 青莲居士(　) 2. 香山居士(　) 3. 六一居士(　) 4. 易安居士(　) 反应项:A. 李白　B. 李清照　C. 白居易　D. 欧阳修　E. 蒲松龄

设计配对题时需要注意:在格式上,配对题的反应项和刺激项应排成两列或两行,易于被测评者理解。配对数目的选择要适中,在使用不完全匹配时,可以不限制每个反应项被选择的次数,以提高题目的灵活性;试卷中应对匹配方法进行规定,同时应说明反应项可以被匹配的次数,通常一个反应项只使用一次;一个配对题应安排在同一页面上,避免反应项与刺激项分开,浪费被测评者的答题时间。

配对题的优点是容易编制,覆盖面广。但是仍然存在一些不足。第一,配对题只能测量简单记忆的事实材料或概念关系,并且要求编制的选项是同质的;第二,配对题一般在知道大部分匹配关系之后,剩下的匹配难度越来越小,因此配对题考察应试者对知识的掌握程度也比较弱。

2. 主观试题

主观试题与客观试题相对应,又称"非客观试题"。主观试题可以从总体上对具体知识、能力等素质进行综合考查,应试者能较充分地表述自己的见解,在一定程度上反映应试者解答问题的思维过程,提高考查的深度;而缺点体现在一份试卷的题量少,考试内容的覆盖面窄,阅卷评分常常因人而异、因时而异,不够客观、准确。

主观性试题具有以下三大特征:

(1)试题的正确答案不全是唯一的、固定的,有时一道试题有两个甚至多种正确解答。

(2)应试者在同一试题上没有统一的作答模式,允许自由阐述,具有较高的灵活性。

(3)评分标准因人而异,通常没有完全客观统一的赋分标准。

笔试中常用的主观性试题有情境模拟题、论述题、案例分析题等。

(1)情境模拟式题目。情境模拟式题目是指在试题中创造一个情境,让被测评者将其在模拟环境中的具体行为以文字的形式表达出来,是测评中高层管理者能力的常用题型。在题目设计上一般有两种方法,如表4-3所示。

表4-3 情境模拟试题的类型

方法1	方法2
1. 在题干中假定被测评者的身份,如经理 2. 然后用文字描述一个场景、问题或矛盾,需要被测评者亲自处理 3. 被测评者根据题目设定的身份和情境,进行分析判断,最后编写自己的处理方法、建议等	1. 题干描述某个特定场景或是某段时间内各种人物的思想、态度和行为等 2. 被测评者仔细阅读材料后,根据题目的要求,回答与题干提供的材料相关的问题

设计情境模拟式题目时应注意:情境设计应符合逻辑,便于被测评者对号入座;情境设计应符合工作分析的要求,便于真实反映被测评者的能力水平;情境设计中的问题应该具有开放性,便于被测评者运用多角度、多方法解决问题。

情景模拟题的优点是题目的设置能够与企业的实践更好地结合起来,并且应试者有更多表达自己想法和能力的机会。其缺点主要体现在两个方面,第一,情景模拟题的编制难度较高,合适的情景模拟题必须与岗位所需要的能力有密切的相关关系;第二,对情景模拟题的评分客观性不强,主要是凭借评价者的认知能力和经验,没有指定的标准,因此计分不太容易。

(2)论述题。论述题,又称"论文式试题",有时也称"论说题",我国古代的科举考试中就已经采用这类题型,也是目前中外考试界普遍使用的题型之一。论述题通常要求应试者对某种理论观点、法律条文、科学原理、技术规程、原则方法、现实政策、重大事件等进行分析阐述,并表明自己的观点、态度、立场和主张等,进而测验被测评者的知识、才能。例如:

试论当前我国政府实施房地产宏观调控措施的必要性与可行性。

在设计论述题时,应当注意:题目中应有明确的作答长度,应避免出现含糊性的问题;在设计题目时应该有一系列答题标准或答题方向,应规定答案的可接受范围;为保证测评准确性,论述题的数量不要太多,必要时可以将一个大题目拆分成几个小题目。

论述题的很大优点在于可以较全面、深入地考查被测评者的知识水平和能力,而题目设计比较容易,不需要花费较大成本。论述题的缺点是评分成本较高,另外,试题采样代表性差,毕竟一道论述题的分值含量比较大,这就决定了每次考试的论述题题量较少,从而难以代表科目的全部内容,应试者的得分就有一定的偶然性。如果应试者碰巧对某个论题很熟悉,就会得到"虚假的高分",反之会得到不真实的低分,影响考试的信度和效度。

(3)案例分析题。案例分析题通过提供情景材料、图形、表格或文字资料,要求应试者针对提出的问题,运用相关的知识点,结合案例进行分析,并给出结论。案例分析题注重强调结合工作实际,追求对日常工作模拟的似真性与选拔职位的适应性,能比较有效地考查应试者认识、理解、分析及解决实际问题的能力。例如:

某日,丁某骑自行车回家。行至一段正在整修的马路时,因车速过快,撞着同方向行走的李某的身体左侧。丁某失去平衡从自行车上摔下,并将李某压在身下,李某当即不省人事,丁某立即将其送到医院,但李某因颅脑损伤,经抢救无效,于当天死亡。事发时,丁某15周岁。

请问:上述案例中丁某应否对其行为负刑事责任?为什么?

设计案例分析题时需要注意:题目中应反映出一定的背景,并有清晰的问题;案例分析题在设计题目时应该有一系列评分标准;案例分析题应结合企业的实际情况,追求对日常工作模拟的似真性与选拔职位的适应性。

案例分析题的题量虽小,但所占测试分值的比重较大。所以,案例分析题在笔试试卷的难度结构中,属较难层次的试题。案例分析题的突出优点是这种题型可以有效地检测、鉴别应试者批判性分析信息的能力、决策能力、对管理问题的诊断能力等,是一个能同时测评多个管理能力的方法。不过,其缺点是题目设计时间成本和费用成本比较高,而且案例分析题的编写者需具备更高的专业素养和实践经验,对编制人员的专业水准要求较高。

4.3 笔试试题编制

4.3.1 笔试试题结构设计

试卷结构,是指一份试卷所含组成成分及各种组成成分相互联系的方式,它由两维相交的两个向度构成,分别反映试卷结构的不同组成成分及其比例关系。通常情况下,一种向度上反映试卷的内容、题型、难度、分数、时限结构等组合成分;另一种向度上反映测试目标结构及试卷结构各组成成分的比例与相互关系。这些结构要素及其比例互为条件、相互制约,其中任何一种要素设置不当、比例失调或改变排列组合方式,都会影响试卷的整体测试效果。双向细目表是试卷结构的具体表现形式,它能够把这些具体类别与指标图表化及数量化。

1. 笔试的试卷结构样例

笔试的试卷结构是由内容结构、目标结构、分数结构、题型结构、难度结构和时限结构等多维、多层成分彼此关联而构成的集合性有机结构系统。知识内容完整,目标层次合理,题型搭配适当,难易程度符合考试标准,分数及时间分配科学,是确立试卷结构必须遵循和坚持的原则。

以《党政领导干部公开选拔和竞争上岗考试大纲》中规定的公共科目笔试试卷结构来说明:

公共科目笔试范围:包括政治、经济、法律、管理、科学技术及历史、国情国力、公文写作与处理,主要测试应试者胜任党政领导工作必须具备的基本素质,特别是运用有关基本理论、基本知识和基本方法分析解决领导工作中实际问题的能力。

试卷满分:100分或150分。

测试时限:150分钟或180分钟。

难度分布：试题难度根据领导职位对知识和能力素质的要求确定。试卷中不同难度的试题比例为：较难试题约占20%，中等难度试题约占50%，较容易试题约占30%。

内容比例：试题内容比例根据领导职位对知识和能力素质的要求确定。

试题类型：公共科目笔试的试题类型分为客观性试题和主观性试题。客观性试题包括判断题、选择题（单项选择题、多项选择题）等；主观性试题包括辨析题、论述题、案例分析题、写作题、申论题等。选拔职位的职位层级越高，主观性试题的比例越大。

2. 确立笔试试卷结构

笔试试卷结构的确立，具有很强的专业性和技术性，必须遵循相应的运作程序和实施步骤：一是确定测评范围和水平要求；二是分解内容，理清关系，整合体系；三是绘制双向细目表，固定各要素结构及其比例关系。

双向细目表是试卷结构的具体表现形式，它能够将测评内容、测评目标、试卷题型、试卷复杂程度进行数量化。双向细目表是用于表明测评内容、测评目标及其相对重要程度的一种表格，它可以使笔试命题工作具有计划性，避免盲目性；使命题者明确测验目标，易于把握测验知识与试题题型的比例与分量，提高命题的效率和质量。同时，它对于试题的审查效度也有重要指导意义。

双向细目表是包括两个维度（双向）的表格，较常见的双向细目表有4种。

（1）反映测评内容与测评目标关系的双向细目表，如表4-4所示。

表4-4 测评内容与测评目标关系的双向细目表示例

测评内容	测评目标						
	知识	理解	应用	分析	综合	评价	合计
...							
合计							

（2）反映测评内容与测评目标、题型之间关系的双向细目表，此类型的表是上一个表的改进，增加了试卷的题型，如表4-5所示。

表4-5 测评内容、测评目标与题型之间关系的双向细目表示例

测评内容	选择题	简答题	证明题	应用题	分析题	合计
	识记、理解	识记	分析、综合	应用	分析、综合、创造	
...						
合计						

（3）反映题型与难度、测评内容之间关系的双向细目表。此类型的表可以体现题型数量、难易度、测验内容的分配问题。该表可以使试题取样代表性高，可以适当控制试题的难易程度，表中的数据比较容易分配，但它没有反映测评目标，如表4-6所示。

表 4-6 反映题型与难度、测评内容之间关系的双向细目表示例

题型		题量	分数分布		难易程度			覆盖面			合计
主观题	客观题		每小题分数	每大题总分	易	中	难	第一章	第二章	…	
选择题											
	填空题										
	论述题										
	…										
合计			合计								

（4）反映题型、难度与测评目标之间关系的双向细目表，如表 4-7 所示。

表 4-7 反映题型、难度与测评目标之间关系的双向细目表示例

题型		填空题	选择题	判断题	解答题	论述题	…	合计
题数								
分数								
难易程度	A							
	B							
	C							
	D							
认知度	1							
	2							
	3							
合计								

难易度解释：A——较易，B——中等，C——较难，D——难度较大；

认知度解释：1——识记，2——理解，3——简单应用，4——综合运用。

双向细目表制作遵循以下几个流程。

（1）列出大纲的细目表。测评是依据测评目的针对具体的内容进行的，大纲应包括要求被测评者掌握哪些知识内容，不同知识在该测评中的相对重要性，不同知识内容所应实现的测评目标。这些都是测评设计中需要解决的问题。在编制细目表时应先列出大纲的细目表。

（2）列出各部分内容的权重。应根据测评目的确定各测评知识在整个测评中的相对重要性，并分配相应的权重。

（3）列出各种测评目标（学习水平）的权重。测评题目要涵盖所确定的测评（学习水平）目标，分别是识记、理解、应用、分析、综合、评价 6 级目标，应根据测评的特点，对 6 级不同目标进行合理的权重分配。

(4) 确定各考查点的参数。在测评知识的内容和其应达到的认知能力目标所对应的表格内,分配各考查点的题型及得分,再根据相应权重计算各得分点的实际分数值。如第三大题第 4 题 2 分,用"三、4(2 分)"表示。

(5) 审查各需考查知识点的分配是否合理。应重点审查各认知能力目标的权重分配是否合理;审查各测评知识内容权重分配是否合理。

通过以上的步骤,从表格中就可以看出测评内容分布、测评难度和测评目标分布的情况。这样可以避免由于主观随意性产生的知识覆盖面狭窄、偏题,试题过难或过易的状况。

在此基础上,确立试卷内容、题型、难度、分数、时限五类结构时均有需要注意的事项。

(1) 内容结构。试卷内容必须如实体现笔试测评要素的内容体系;全卷内容的各组成部分之间必须具有内在联系,能正确反映所测内容点与面、部分与整体的关系;各分项内容在全卷内容中的比重,必须与该内容在笔试测评内容体系中所处的地位相称。

(2) 题型结构。试卷所用题型的选择,必须根据笔试测评内容、能力目标、施测方式而确定,不可为编题的简便、评分误差易控等因素左右。不同题型的选择及各类试题比例的确定,必须考虑不同类型试题的测试功能和适用范围。同时还应考虑施测时限、应试者群体的适应能力等因素。

(3) 难度结构。试卷总体难度和试题难度必须与应试者群体的现实水平相适应,过难或过易都会影响试题的鉴别力,有碍选拔目的的实现。全卷不同难度试题的分布应尽量符合应试者的心理特点。

(4) 分数结构。试卷分数结构包括全卷各小题和各大题的所占分数、各类试题分数在全卷总分中所占的比例,还包括考试内容、考试目标两个维度及其组成部分的分数与比例。试题赋分需从试题内容、检测目标、题型类别三个维度综合考虑。

(5) 时限结构。考试施测的限定时间和各类试题的作答时间分配应符合考试的特点、目的要求,符合试卷的长度、难度,防止因时间宽严失控而造成试题既定难度标准的升降。

4.3.2 笔试试题编制

笔试试题编制按照试题内容分为专业知识笔试试题编制、综合笔试试题编制、语言笔试试题编制,也可以按照各个测评岗位分别编制。

1. 专业知识笔试试题编制

专业知识笔试试题编制主要有以下 3 个特点。

(1) 考试范围广。在专业知识笔试试卷上往往会体现与该专业有关的所有知识,例如,化学类工程师专业知识的笔试题目可以包括普通化学、有机化学、物理化学等。

(2) 知识与时俱进。笔试试题不仅包本专业的基础知识,还会涉及该专业或该领域目前发展的最新动向。

(3) 针对性强。专业知识考试以选拔本单位所需要的专业人才为目的,因此笔试试题更注重对专业知识的运用,而非对其概念、理论的简单再现。如在招聘市场部经理时可能会要求被测评者就某一产品做出营销策划推广方案。

关于专业知识考试试题示例,具体如图4-3所示。

招聘专员笔试题

1. 选择题(每题2分,共计20分;其中1~8题为单选题,9、10题为多选题)

(1) 下面的(　　)不属于内部招聘的方法。
　　A. 员工推荐　　　B. 人才招聘会　　　C. 发布职位公告　　　D. 人力资源技能清单

(2) 招聘的基本程序是(　　)。
　　① 招聘准备　② 招聘评估　③ 招聘信息的发布　④ 人员选拔　⑤ 录用决策
　　A. ①②③④⑤　　B. ③①④⑤②　　C. ①③④⑤②　　D. ③①⑤④②

(3) 人员招聘的直接目的是(　　)。
　　A. 为企业做宣传　　　　　　B. 招聘最优秀的人才
　　C. 为企业做人才储备　　　　D. 招聘到企业所需要的人才

(4) 工作分析法不包括下面哪一种(　　)?
　　A. 工作日志法　　B. 问卷调查法　　C. 观察法　　D. 职业倾向法

(5) 人才招聘会较适合于招聘(　　)类型的人才。
　　A. 高层管理者　　B. 专业人才　　C. 热门人才　　D. 无工作经验

(6) 在应聘人数众多时,为达到筛选人员的目的,一般采用(　　)方法。
　　A. 笔试　　　　B. 面试　　　　C. 评价中心　　　　D. 心理测验

(7) 影响招聘效果的外部原因之一是(　　)。
　　A. 企业的知名度　　　　　　B. 企业文化
　　C. 外部劳动力市场供求状况　　D. 企业的发展阶段

(8)《中华人民共和国劳动法》中规定:劳动合同期限在一年以上两年以下时,试用期不得超过(　　)。
　　A. 15日　　　B. 30日　　　C. 60日　　　D. 6个月

(9) 根据人员来源渠道不同,招聘分为(　　)。
　　A. 内部招聘　　B. 员工推荐　　C. 外部招聘　　D. 猎头公司

(10) 招聘的基本原则有(　　)。
　　A. 能级对应　　B. 因岗择人　　C. 公平公正　　D. 协调互补

2. 名词解释(每题5分,共计25分)

(1) 结构化面试;(2) 人力资源成本;(3) 工作分析;(4) 信度和效度;(5) 评价中心。

3. 简答题(每题10分,共计50分)

(1) 招聘的主要渠道及各自的优缺点。

(2) 简述招聘的流程。

(3) 请列举招聘中常见的几种误区以及如何规避。

(4) 简述人才测评在人力资源中的应用。

(5) 简述无领导小组讨论的定义及优缺点。

4. 应用题(每题15分,共计15分)

某电子公司,因业务发展的需要,需要招聘销售经理1名,文秘1名,请您为该公司设计一个招聘方案。

图4-3　专业知识考试试题示例

2. 综合知识笔试试题编制

综合知识笔试试题的涉及面比较广泛,不同组织、不同部门、不同岗位可以有不同的侧重点。综合知识笔试会涉及时事政治、公共关系、社交礼仪、人际技巧、环保知识、法律常识等方面的内容。如图4-4所示为综合知识笔试试题示例。

综合知识笔试试题

1. 辛亥革命发生于( )。
   A. 1910年　　B. 1919年　　C. 1911年　　D. 1909年
2. ( )的思想是由邓小平提出的。
   A. 三个"代表"　B. 三个有利于　C. 三讲　　D. 三大纪律,八项注意
3. 财务行政是指有关( )的处理与调整。
   A. 国家收支　　B. 国家预算　　C. 政府税收　　D. 政府支出
4. 行政组织是国家为履行( )而依法建立的机构实体。
   A. 社会职能　　B. 国家职能　　C. 行政职能　　D. 经济职能
5. 我国现在实行的政党制是( )。
   A. 一党制　　　　　　　　　B. 多党合作制
   C. 多党制　　　　　　　　　D. 共产党领导的多党合作制
6. 我国人民代表大会的核心内容和实质是( )。
   A. 少数服从多数　　　　　　B. 集体行使权利
   C. 国家的一切权利属于人民　D. 平等原则

图4-4　综合知识笔试试题示例

3. 语言知识笔试试题编制

语言知识考试主要是测试被测评者对文字、词汇、语法、段落等知识的理解、分析、运用能力,一般情况下教师岗、客服岗、公务员、秘书岗、编辑岗等职位需要针对语言知识设计笔试试题。如图4-5所示为语言知识笔试试题示例。

语言知识笔试试题

1. 下列词语中没有错别字的一项是( )。
   A. 矫健葱笼满成功难以置信　　　B. 憔悴藉贯重峦叠嶂谈笑风声
   C. 晒笑殉职杳无消息莫忠一是　　D. 门楣执拗痛心疾首顾名思义
2. 下面古诗句描写的景色不同的一项是( )。
   A. 诗家清景在新春,绿柳才黄半未匀。若待上林花似锦,出门俱是看花人
   B. 杨柳阴阴细雨晴,残花落尽见流莺。春风一夜吹乡梦,又逐春风到洛城
   C. 山明水净夜来霜,数树深红出浅黄。试上高楼清入骨,岂如春色嗾人狂
   D. 清明时节雨纷纷,路上行人欲断魂。借问酒家何处有,牧童遥指杏花村
3. 下列句子没有语病的一项( )。
   A. 通过收看专题片,使我们认识到人类要与动物和谐相处
   B. 2003年10月16日,这是中国人永远值得纪念和骄傲的日子。我们靠自己力量完成了我国首次载人航天飞行
   C. 我们要确保安全生产,防止万无一失
   D. 近段时期以来,小王计算机水平有了明显的增强

图4-5　语言知识笔试试题示例

4. 各岗位笔试试题的编制

不同岗位，企业对任职者的素质、能力要求不同，笔试试题的内容、考察的侧重点等都会存在差异，下面分别列举研发岗位、财务岗位及营销岗位的笔试试题。

（1）研发岗位。

研发岗位一般对智力要求较高，在笔试试题上侧重于数量型题目，如图4-6所示。

研发岗位笔试试题

1. 一本书的价格降低了50%。现在，如果按原价出售，提高了百分之几？（　　）
   A. 25%　　　B. 50%　　　C. 75%　　　D. 100%　　　E. 200%
2. 火车守车（车尾）长6.4米。机车的长度等于守车的长加上半节车厢的长。车厢长度等于守车长加上机车长，火车的机车、车厢、守车共长多少米？（　　）
   A. 25.6米　　　B. 36米　　　C. 51.2米　　　D. 64.4米　　　E. 76.2米
3. 小明有12枚硬币，共3角6分钱，其中有5枚硬币是一样的，那么这5枚是（　　）。
   A. 1分的　　　B. 2分的　　　C. 5分的

图4-6　研发岗位笔试试题示例

（2）财务岗位。

财务岗位笔试试题如图4-7所示。

财务岗位笔试试题

1. 在学业上或者生活上，为了达到目的，你习惯于面对困难和解决困难吗？
2. 你能否尽可能避免个人的偏见和与他人发生冲突？
3. 如果做错，你会承认错误并从中吸取教训吗？
4. 你能面对问题并且努力去解决它，而不让它继续困扰你吗？
5. 有私人问题时，你仍然能够集中精力学习吗？
6. 有紧急事件发生时，你能不惊不慌、平心静气地解决吗？

图4-7　财务岗位笔试试题示例

（3）营销岗位。

对于营销岗位的能力素质要求包括人际沟通能力、谈判能力、自我控制能力等内容。如图4-8所示为营销岗位笔试试题示例。

营销岗位笔试试题

1. 你花很多时间用于说话和聆听吗？
2. 当你陈述问题时，别人能正确地理解你的意思吗？
3. 当你表达很重要的事情时，你能够清楚地表达你的重点吗？
4. 你能够让同事听懂如何从事交付给他的任务吗？
5. 从已得到的"反馈"中，你能确认听者确实理解你所说的内容吗？
6. 当你听别人说话时，你能够集中精力吗？

图4-8　营销岗位笔试试题示例

(4) 管理能力笔试试题编制。

管理能力从根本上说是管理者提高组织效率的能力。管理能力是管理者能够准确地把握时势,并且提升组织效率的关键。管理能力主要体现在计划、组织、领导、控制等方面,具体如表 4-8 所示。

表 4-8 管理能力的要求

项目	包含要点
计划能力	预测能力、构思能力、系统的分析能力、逻辑思维能力、前瞻性、创造能力等
组织能力	沟通能力、人际交往能力、组织协调能力、适应能力、谈判能力等
领导能力	决策能力、学习能力、教导能力、应变能力、激励能力、冲突管理能力、说服力等
控制能力	规划能力、自我管理能力、信息反馈能力等
…	

如图 4-9 所示为管理能力笔试试题示例。

管理能力笔试试题

1. 团队经过长期的磨合与发展,已经进入成熟阶段,这个阶段的特点是(   )。
    A. 时有冲突发生　　　　　　B. 充满焦虑、局促不安
    C. 互相考验　　　　　　　　D. 公开、信任、有灵活性
2. 经理经常告诫他的员工要互相信任、取长补短,部门之间要经常沟通,互通有无。他的话强调了(   )。
    A. 部门和员工都必须有明确的工作目标
    B. 组织的变革需求
    C. 管理人的管理技能需要提高
    D. 团队协作的优势
3. 下面关于组织、团队和个人之间的目标表述正确的是(   )。
    A. 组织目标高于一切,其他目标必须服从组织目标
    B. 团队目标和组织目标不是一个层次上的,两者可以不一致
    C. 个人目标符合自己的理想就行,无需服从其他目标
    D. 团队目标一般处于组织的最底层

图 4-9　管理能力笔试试题示例

4.4　笔试操作流程

笔试具体实施包括用人单位根据拟招聘的岗位需要的知识和能力拟制题目并安排应聘者进行测试,相关人员根据应试者的答题情况进行评定。笔试由人力资源部负责组织实施,各用人部门给予协助。笔试的组织实施具体可分为 3 个过程:笔试实施前的准备、

笔试正式实施阶段和阅卷与评分,10个步骤:组建笔试团队、收集资料、编制笔试题目、组织试题测试、确定笔试地点、通知笔试人员、笔试用具准备、实施笔试、审阅评估试卷、发布笔试成绩。

1. 笔试实施前的准备

(1) 组建笔试团队。

笔试团队,又称笔试小组,它负责整个笔试工作的实施,如试题的设计、编制、监考、阅卷、费用的预算等。具体可由人力资源部招聘人员、用人部门负责人和专业人员组成。小组人员的质量和数量对整个考评工作起着举足轻重的作用,合理的人员搭配和人数确定能使考评的指标体系和参照标准体系发挥预计的效用,最终达到考评目的。

笔试小组组长一般由人力资源部经理担任,全面负责笔试小组的管理工作。为保证笔试的质量,笔试小组成员一般需具备以下素质。

① 坚持原则,公平公正,不偏不倚。

② 有主见,善于独立思考。

③ 有考评方面的工作经验。

④ 具有一定的文化水平。

⑤ 有事业心,不怕得罪人。

⑥ 作风正派,办事公道。

⑦ 了解拟招聘岗位的情况。

如果小组成员的知识和素质参差不齐,而且各种能力素质考评的方法都具有相当的技巧和微妙性,这时就必须对小组成员加以培训,使之了解、熟悉并掌握各种方法和相关知识,必须排除个人感情因素对考评工作的干扰。

同时,在笔试开展前,还需要对笔试团队进行有针对性的培训,主要包含以下4个方面。

① 确定培训内容及方法。增强笔试团队成员在组织招聘过程中对笔试的责任感和使命感,并就笔试题目开发、评分标准等工作实施培训。

② 确定需参加培训人员名单。对笔试团队进行培训,参训人员一般包含团队所有成员,针对笔试团队的培训其实也是一次针对整个项目工作的动员大会。

③ 确定培训时间及地点。人力资源部是笔试团队培训的负责部门,人力资源部负责招聘的相关人员根据团队成员的时间安排,协商安排培训时间及地点。

④ 其他培训安排事项。包括在培训前、培训中及培训后需要协调或跟进的具体事务等,如培训团队成员用餐安排等。

在笔试管理工作中,笔试团队的分工和准备工作同样对笔试的顺利进行起着举足轻重的作用。合理地分工,一方面可以达到人尽其用的目的,另一方面可以最大限度地提高工作效率,实现整体效益最大化。

(2) 收集资料。

收集资料是为试题编制做准备,主要收集与实施笔试有关的岗位信息、胜任素质信息以及有关试题的其他内容。

(3) 编制笔试题目。

通过收集与实施笔试有关的岗位信息、胜任素质信息以及其他内容，根据笔试要考察的要素、企业招聘岗位的特点及企业需要，确定试题的类型、内容、难易度、题量的多少、试题答案等内容，编制笔试题目包括 5 个方面的具体内容。

① 题目选择。测评题目的选择主要依据题目自身的性质及其实际测评到的与计划测评目标的一致性程度。要根据测评对各部分内容所要求的比例选择适当数量的试题，也要考虑试题的难易、重要程度以及试题的类型。

② 题目编制。试题编排的 3 种思路：一是将题型相同的题目编排在一起；二是按题目的难度不同，按由易到难的顺序编排；三是按题目所测的内容编排，即把测评同一内容的各个题目编排在一起。在试题的实际编排过程中，通常是将上述方法组合使用。为防止相邻座位的应试者互通信息、相互抄袭，可采用编制 A、B 卷的方式。两卷的题目不变，只是使两份试卷的试题顺序交错排列，或对选择题的正确答案变换位置。目前，越来越多的笔试都采用了 A、B 卷形式，并取得了积极的效果。

一般来说，笔试测试分为业务知识与能力（含外语）测试、综合知识测试、综合能力测试 3 个方面。根据组织内部各部门之间的专长，测试题目的拟制分工也不同。

A. 业务知识与能力（含外语），其题目根据岗位任职资格要求确定，由用人部门编制。

B. 综合知识，包括公司的历史、业务、现状的通用知识，由人力资源部负责编制题目。

C. 综合能力，是指对参加竞聘者的分析能力、思维能力、领导能力等进行测试，由人力资源部负责编制题目。

外部专家负责为笔试试题的设计提供指导性意见和建议，并提供多方面的智力支持。各测试题目拟制负责人在笔试进行之前，要确保题目拟制并测试完毕，保证笔试题目质量。

③ 编制试卷副本。有时同一测评需要在不同情况下多次使用，或者在不同时间对同一类型测试者进行测评，或者为了防止泄密以及被测评者可能出现的作弊行为，在组织试卷正本的同时，需要编制试卷复本。所谓复本，就是两套或者两套以上等值的测评试卷。

④ 试卷的检验。检验试卷主要是对整个试卷的文字、指导语、正确答案在不同选项中出现的频数、格式进行审查。检验是对试卷的题目是不是较好地反映了测评指标，复本是不是等值，试卷的难度是否恰当等进行审查。要解决这些问题，可以对试卷逐项进行审查，也可做必要的预测试。

⑤ 编写答案及评分标准。答案的编制主要是针对客观题的标准答案和主观题的参考答案这两大类。对于参考答案的编制，主要是给出试题涉及的相关关键知识点，然后为每一个知识点分配计分权重。而对于标准答案的编制，则需要确保答案的标准性、唯一性、无可争议性及对应性。

评分标准的编制主要是指确定测试的总分值以及每道试题的分值和计分标准的一个过程。要做好这一方面的工作，必须先确定测验的总分值，然后根据指标体系的权重赋分值，对每一种题型进行赋分，最后再制定得分标准。

(4)组织试题测试。

在企业条件允许的情况下,在试题编制好以后,首先选择一部分相关人员(如用人部门的人员、相关专家等)进行预测试,以检验试题的质量。测试的实施过程与环境条件应与将来的正式测评相似。然后,根据预测试的反馈结果对试题做出进一步的完善,以提高试题的信度和效度。

试题预测试结束后,工作人员要收集测试结果及反馈信息,并对其分析,主要参考下面3个方面的信息,如表4-9所示。通过试题的进一步修改和完善,达到优化试题、提高笔试试题效度的目的。

表4-9 试题预测试的反馈

测试的反馈	内容
答题者的反馈	答题者的反馈是试题修改和完善的重要依据。试题是不是很难理解,是不是觉得有话可说,能不能引起足够的争论,其他的一些感受也可以发表修改意见等。这些意见一般可以从侧面反映一些问题,可以直接应用于讨论试题的修正
评分者的反馈	评分者的意见可以用来完善评分表和评分要素。评分者对参与者进行观察并进行评价,他们所提出的建议应重点考虑,作为修改的依据
统计分析结果的反馈	统计分析主要是决定笔试的效果,主要是分析信度和效度,如果达到了设计的要求,就可以考虑成稿了;如果未达到设计的要求,则做出修改,也可以考虑其他笔试方法

(5)确定笔试地点。

人力资源部负责安排笔试地点,笔试地点应尽量选择在安静、整洁、采光好的房间。

(6)通知应聘人员。

人力资源部确定笔试时间,并及时通知参加笔试的应聘人员。

(7)笔试用具准备。

人力资源部准备好笔试所需的试卷、备用文具等材料。

2. 笔试正式实施阶段

在前期的准备工作都已完备的情况下,人力资源部门就可以组织应试者的考试工作,包括人员组织、考场管理、试卷的保管等内容。

3. 阅卷与评分

(1)笔试的阅卷过程。

笔试试卷的评阅也是整个考试流程中十分重要的环节。只有公正、客观地评阅试卷,才能保证考试的有效性和可靠性。笔试阅卷需要专业性强的人员参加,并且注重保密性。

笔试阅卷流程可分为评分环节和结果处理环节。

① 评分环节。评分环节包括通过部分试卷的抽样来进行试评。评分环节包括试评、明确阅卷方法与正式阅卷等环节。

A. 试评以完善标准答案和制定评分细则。评分之前,阅卷组应首先抽样试评,再结合试评情况仔细审核标准答案,并在此基础上制定评分细则。

B. 确定阅卷方法。目前较常见的主要有两种。一种是由一个人评阅整个问卷,另一种是由多人采取流水线的方式一起评阅问卷。

C. 正式阅卷。进入正式阅卷阶段,试卷启封应在一定的保密措施下进行,阅卷也应实行严格的程序管理。

② 结果处理环节。结果处理环节包括登分与核分、数据处理等环节。

A. 登分与核分。试卷每个小题、大题及全卷分数的登记、核分与核查是非常重要的环节,稍有不慎,就可能因人为差错而改变应试者的考试结果。为此,登分与核分必须实行分段隔离管理,即分别由不同的人员在不同时段进行,确保数据的准确性。

B. 数据处理。对全体及每个应试者的笔试成绩,包括各科目的笔试成绩及其不同测评要素的得分情况分别予以统计和分析。

(2) 计分。

① 客观题计分。客观题的答案具有唯一性,阅卷计分只与答案有关而与阅卷者无关,如填空题、选择题、判断题、配对题等都属于客观性试题。可采取机器阅卷来进行计分。机器阅卷可以避免人为阅卷造成的误差。同时,机器阅卷的成本也较低。

② 主观题计分。主观题能够有效地考察应试者的实际能力和水平,其主要缺点是评分不够客观,计分过程中经常受阅卷者的情感、态度的影响。扎实、有效的岗前培训是确保阅卷工作平稳顺利进行的根本保证,应从源头抓起,切实做好阅卷员的4项培训[①]:

A. 上岗培训。主要包括思想政治教育、保密条例教育、工作责任感教育、荣誉感教育、阅卷纪律教育、业务知识培训等。

B. 试评培训。主要包括评分细则的讨论和制定、阅卷系统的操作、试评卷和测试卷的评阅等。

C. 质量控制培训。主要包括试卷复评、抽查、退回、修改、问题卷处理等。

D. 心理压力和情绪调节培训。主要包括放松训练、腹式呼吸训练、肌肉放松训练、渐进式放松训练等。

(3) 笔试阅卷的质量控制。

笔试阅卷质量控制包括确立实施方案、组建阅卷队伍、准备各种工具、创设特定环境等内容。这些既是笔试阅卷质量控制的方法手段,更是笔试阅卷质量控制的条件和保证。

客观公正是笔试阅卷的基本原则。为确保笔试结果的公正有效,笔试阅卷质量控制可采取以下措施。

① 建立监督制度。从试评开始,试卷的领取、评阅、保管等环节都必须处于严密监控之下。试卷袋的分发要随机、限时;试卷领取不仅要签名,还要注明领取时间;试卷回收要检查,确认无数量差错,无破损、拆封现象;试卷及各大题和小题的评分、登分、核分、统计应由不同的人员担任,严防串通舞弊。阅卷期间,任何无关人员不得进入阅卷地点。除监督人员在场,阅卷人员不得与外界发生任何方式的接触联系。

② 正式阅卷前进行试评。阅卷前,应组织专家随机抽取一定样本的考卷进行试评,

---

① 刘建华,马睿,郜国民,等. 主观题网上阅卷员队伍建设与误差控制研究[J]. 中国考试,2012(9):32-39.

根据试评情况对原命题人员拟定的试题答案和评分标准进行修订。

③ 采用复评办法。复评办法包含两种阅卷方式。一是指以第一位阅卷人员的评分结果为依据,第二位阅卷人员对其结果进行复评,主要目的是核查核实。二是对于主观性试题,对于分值比较大的试题,采取二评或三评的方式进行评分,以减少、降低不同阅卷员对试题的评阅误差。

④ 加强阅卷过程的监控。在阅卷过程中,可以给阅卷人员反馈各种质量监控指标,如均分、分数分布情况、标准差、评分误差等。必要的时候,可以将专家给定分数的标杆发给阅卷员,考查其对阅卷标准的把握是否准确;还可以将阅卷员自己阅过的试卷再返给他,看其两次阅卷间的分差有多大。随着网络阅卷的发展,阅卷过程的监控已经非常容易实现。

思 考 题

1. 笔试测评的优缺点是什么?
2. 笔试的方法有哪些?
3. 试描述笔试方法的使用情境。
4. 笔试试题的编制方法是什么?
5. 笔试中的题型有哪些?
6. 什么是双向细目表,常见的几种类型是什么?
7. 笔试实施的流程是什么?
8. 阅卷者培训的内容是什么?
9. 描述笔试质量控制的方法。

案例讨论

某银行柜员招聘笔试测评方案

某大型股份制银行某省分行近年来业务得到迅猛发展,越来越多的客户选择到该行办理业务。人力资源部门感到人员招聘的压力越来越大,到各支行进行访谈,各支行负责人强烈要求人力资源部加大人员招聘的力度。在各类岗位的人员招聘中,前台柜员招聘的数量最大,一是因为本身从事该岗位的人员就多,二是该岗位人员流动性也比其他岗位大。

为了提高银行柜员招聘的效率,及时满足用人单位的需求,提高所招聘人员的素质水平,建立规范、优化的用人机制,该省分行人力资源部报请总行领导批准,委托某测评公司协助进行柜员招聘的测评筛选工作。

以前柜员招聘需求不大的时候,对柜员的招聘选拔往往采用专业知识考试+面试的方式。笔试采用闭卷考试的形式,考试科目共有3门,分为语文、计算机和金融基础知识。

笔试内容则是:语文考试大体属于中专水平;计算机考试内容以计算机知识为主,大体相当于国家计算机一级水平;金融基础知识以国家统一的助理经济师考试内容为主。根据笔试成绩,按照招聘人数1∶2的比例确定面试人员。

测评公司经过分析之后,对原有的测评方案进行了以下改进:

(1) 笔试采用下列3项能力测验:数字推理测验(30分钟),考察候选人以数字为介质进行逻辑推理的能力;图形推理测验(30分钟),考察候选人以图形为介质进行逻辑推理的能力;言语推理测验(30分钟),考察候选人以言语为介质进行逻辑推理的能力。

(2) 把3项能力测验分别与同龄常规的数据进行比较,计算出各项测验的标准分,转换成百分制,分别占1/3的权重,得到每个人的分数和相应的名次。

(3) 按照招聘人数1∶2的比例确定进入面试的人员。

经过前期简历筛选,分行人力资源部最终确定521人参加能力测评。笔试测评实施过程如下:

1. 测验工具的准备

测评公司专门针对银行柜员的岗位开发了3项测验,并在试测的基础上对每一道测验题目进行项目分析,确认每道测验题目的区分度和难度,保证每道测验题目的质量。为了做好题目的保密工作,测评公司提前把题目印制好,并装订密封,直到候选人现场开始答题时才拆封。

2. 测评场地

分行人力资源部联系1所条件较好的高校,落实4个能够容纳100多人的教室作为考场,在前一天与校方沟通好,落实第二天考试场地要求,并派人把每一位候选人的考号贴在相应的座位上,方便候选人找到自己的考试位置。

3. 测评考官

每一个考场均派出测评公司的一名测评顾问作为主考官,按照心理测量学的标准统一指导语,确保每个候选人在公平的环境中进行测评。同时分行人力资源部派出相应工作人员协助测评顾问主持测评考试,保证考试的秩序。

4. 测评成绩处理

考试均采用标准化的程序进行,答案涂在答题卡上,测评公司收回试卷后,通过光电阅读机读入考试结果,按照测评分数统计模板统计处理,按照客户需求对成绩进行各二级分行内的排名,最终提供能力测试成绩给该分行人力资源部。

(改编自:王淑红.人员素质测评[M].北京:北京大学出版社,2012:241)

试分析:

1. 新方案中为什么改变笔试的测评内容?
2. 正式考试前,测评公司做了哪些准备工作?

第五章　心理测评

引导案例

心理测评的起源和应用

心理测评起源于对个体差异的研究。人们发现在人的心理和行为的各个方面都存在着广泛的差异。心理学家用能力、个性和智力等不同概念说明人的心理能力和个性特点的差异。心理测评就是通过对一部分人的有代表性的行为的分析,对人的某些心理特征进行数量化的推论,从而区分出不同的人的心理特点的相似性和差异性。

历史上第一套智力测验是在19世纪末由高尔顿(Galton)和卡特尔(Cattell)两位大师开创的。高尔顿对人与人之间的个别差异有着浓厚的兴趣。他测量了个体的各种行为如反应时间、记忆力、反应速度等,并且为这些不同行为确定了指标常模。卡特尔的工作重点则放在理论性的探讨上,他想找出控制这些行为的内在原因,然而由于技术上的困难,没有取得多大的成就。但是高尔顿的研究工作还是很有意义的,他为后人留下了一些很有用的研究工具和研究方法,其中之一就是他发现了统计学上的常态分布现象。他认为,人类的许多行为特征都存在着个别差异,而且这些个别差异的分布是有规律的。对这种规律性他称之为"常态分布"。

心理测评方法提出后,在教育、医学临床等方面得到广泛应用。此外心理测评还被应用于人才的选拔,尤其是对一些特殊人员的选拔,例如,对宇航员和飞行员的选拔具有明显的作用。早在第一次世界大战期间,人们便已发现,协约国的飞行员由于飞行飞机中弹而造成事故的仅占2%,由于机械故障而造成事故的占8%,而90%的事故是由于飞行员操纵错误及心理因素所造成的,这样,关于飞行职业的适宜性问题就被尖锐地提出来了。此后欧洲一些国家相继开展了心理选拔测验的研究工作。在第二次世界大战期间,美国航空心理学家的队伍扩大到1 400多人。战争开始时,只有具备两年大学学历的青年才被准许学习飞行,后来则着重根据心理测评的结果录取学员。法国按照美国的方案选拔飞行员,获得美国类似的结果,淘汰率由61%下降到36%。

案例来源:林仲贤,丁锦红.心理测评的含义及其应用[J].中国临床康复,2004(3):522-523.

5.1 心理测评概述

5.1.1 心理测评的定义

美国学者阿纳斯塔西(Anastasi)对心理测评的定义是:心理测评实质上是行为样组的客观的和标准化的测量。一般来讲,我们可以将心理测评理解为:通过对一部分人某些代表性行为的研究来推断人们在全部行为活动中的心理状态与变化的一种方法。

和前文提到的笔试有所不同,心理测评是根据心理学原理来设计测量程序,对心理因素进行测量。心理测评一般测量比较有代表性的问题。作为常用的人才测评方法之一,一个实用的心理测评同样必须要具备信度和效度。

完整的心理测评包含五个要素:代表性、标准化、客观性、信度以及效度。

(1) 代表性。

心理测评中对被测者心理特征的测量是间接展开的,即通过观察被测者对某一试题的行为反应来判断被测者的心理特征。代表性是指一组能够表明人的某一心理特征水平高低的、具有代表意义的行为,也可以看成是选取一组"行为样本"。心理测评中考察的行为特征需要能够代表行为总体。特立独行的反应性测验是无法对日常生活中的行为进行预测的,也是我们在人事测评的心理测评中需要避开的。其次,为了准确预测被测者的心理活动,所选择的测评题目要能够显示其心理状态。例如视力检查、音乐基本能力测验等都不属于心理测评。

(2) 标准化。

为了能够保证测验的公平性和有效性,必须确保所有被测者面临的测验条件是相同的,即心理测评的问卷编制、施测、结果的处理和呈现都必须保持一致性,这样才能有效预测和比较个体的心理特征。测验标准化的一个重要步骤是测验的编制,需要编制者为测验提供完备详细的说明,让施测者和被测者都能更好地理解题目。此外,编制者还需要建立常模,通过经验性的历史资料确定最后结果的评估标准和参照。

(3) 客观性。

客观性是指心理测评的实施和结果的评估都不能掺杂任何主观因素。心理测评要通过严谨科学的选题、分析与试测等环节对测验问卷进行调整,剔除过于简单和过于困难的题目,保证题目能更好地测出大部分人的心理特征。

(4) 信度。

信度是指心理测评的可靠性程度。如果测验是真实可靠的,那么同一组被测者使用同一测验所得到的分数应该保持一致。一致性程度越大,信度越高。信度包括重测信度、复本信度、同质性信度和评分者信度等。一般来说,学业成就测验对信度的要求最高,应在 0.90 以上;人格测验和兴趣测验一般应达到 0.70~0.80。

(5) 效度。

效度是衡量测验结果是否真实可靠的另一个重要标准。效度是指测验的有效性程度,也就是测验的结果与真实结果的相关程度。有很多方法能够提高心理测评的效度,比如在前期的材料准备阶段要根据测验目的严格规范地编制问卷,在内容的选择和难度的设置上做到适宜等。

5.1.2 心理测评原理

为了保证心理测评的科学性和客观性,必须评估心理测评中测评工具的质量。测评工具的质量评估一般包括项目分析、信度评估、效度评估和心理测评的标准化4个方面。

1. 项目分析,诊断测评题目的难度

心理测评编制的第一步是确定测验目的,明确测量的对象、目标和用途;第二步是有针对性地收集测验材料,选择测评形式;第三步是编写测评题目,测评题目的初稿应该比计划中的测评题目多两三倍,以备筛选;第四步是试测和项目分析。试测是将测评试题施测于某一有代表性的团体,试测团体应是将来正式测评准备应用群体中的一个行为样本。经过试测可以得到该团体在每道题目上的测评结果,对测评结果进行的分析就是项目分析。项目分析一般从测评题目的难度和项目区分度两个方面进行。

(1) 心理测评题目的难度。测评题目的难易程度通常以难度的指标来表示,在不考虑猜测因素影响的情况下,难度的指标通常以通过率表示,即以答对或通过某题的人数比例来表示。

难度过大或过小都不能很好地将不同水平的被测评者区分开来,一个测评题目,如果大部分被测评者都能答对,该题目的难度就小;如果大部分被测评者都不能答对,则该题目的难度就大。

① 难度的计算。

A. 二分法计分。当题目能以0、1计分时,难度等于通过率。适用于二分法计分的题目有选择题、判断题、填空题等。二分法计算公式为:

$$P = R/N$$

其中,P 为题目的难度,R 为答对该题的人数,N 为被测评者的总数

当题目以0、1计分而被测评者人数较多时,难度等于总分上高分组与低分组通过率的平均数,高分组与低分组的确定方法为:分数最高的27%被测评者为高分组,分数最低的27%被测评者为低分组,中间46%的被测评者为中间组。

B. 非二分法计分。当题目是多重计分时,难度等于平均分与满分之比。适用于非二分记分法的题目有简答题、论述题、案例分析题等。非二分法计算公式为:

$$P = \frac{\bar{x}}{X_{max}}$$

其中,P 为题目的难度,$\bar{x}$ 为全体被测评者在该题目上所得的平均分数;X_{max} 为该题的满分

分数。

② 难度水平的确定。题目难度的适当性标准仅仅通过项目难度 P 值是不能够准确确定的,它还取决于测验的目的、测验的性质等。对于一般性的心理测评而言,项目难度的适当性标准应在 0.30～0.70;对于成就或成绩测验,其难度可以在 0～1.00 变动,平均难度在 0.50 左右。对于选拔淘汰性、竞赛性考试,其项目难度应接近录取率,如果录取率高则难度应该相对低一些。

③ 题目难度对测验的影响。题目难度会影响测验试题的编排,一般应根据题目的难度,按照从易到难的顺序进行编排;题目难度会影响测验分数的分布形态,整个测验的难度适中,则测验的分数接近正态分布;测验的难度偏大,大多数被测评者分数集中在低分端,呈现"正偏态分布";测验题目过于容易,大多数被测评者的分数集中在高分端,呈现"负偏态分布"。

题目难度会影响测验分数的离散程度,P 值在 0.50 左右时,分数分布的离散程度最大,P 值过大或过小,都会使分数分布的离散程度变小;题目难度影响测验的信度,当 P 值在 0.50 左右时,分数的分布范围最广,则以相关系数为基础的信度也会相对较高;另外,题目难度会影响项目区分度。

(2) 项目区分度。项目区分度指测验项目对被测评者素质特征的区分能力和鉴别能力。项目区分度是测验有效的"指示器",是评价题目质量、筛选题目的主要指标,又被称为"项目的效度"。

区分度好的项目,能够将被测评者的高低水平分开。即高水平的被测评者在该项目上得分高,低水平的被测评者在该项目上得分低。确定区分度的方法有鉴别指数法、方差法和相关法。

① 鉴别指数法。一个项目的鉴别指数指总分高分组与低分组在该项目上的通过率之差。其计算公式为:

$$D = P_H - P_L$$

其中,D 为鉴别指数;P_H 为高分组某项目通过人数百分比;P_L 为低分组某项目通过人数百分比。

其中,D 值越大,项目区分度越高,项目也就越有效。1965 年,美国测验专家伊贝尔提出了用鉴别指数评价项目区分度的标准,其内容如表 5-1 所示。

表 5-1　伊贝尔鉴别指数标准

鉴别指数 D	题目评价
0.40 以上	优
0.30～0.39	良好(如能修改,则更佳)
0.20～0.29	尚可(需修改)
在 0.19 以下	劣(必须淘汰)

② 方差法。方差表示一组数据的离散程度。方差大，表示数据分散。被测评者在某一题目上的得分越分散，则表示该题目的鉴别力越大。方差法的公式为：

$$S^2 = \frac{\sum (X_i - \overline{X})^2}{n}$$

其中，X_i 为第 i 个被测评者在该题的得分；$\overline{X}$ 为所有被测评者在该题的平均分；n 为被测评者的总人数。

其中，当 n 小于 30 时，属于统计上的小样本，公式中的分母应改为 $n-1$。

③ 相关法。项目的区分度与难度密切相关，难度越接近 0.50，项目的潜在区分度越大，难度越接近 1.00 或 0，项目的潜在区分度就越小。在常模测验中一般要求项目难度保持在中等水平，这有利于最大限度地区分被测评者的素质水平差异。

2. 信度评估，确保心理测评的可信性

仅仅做项目分析是不能直接评定心理测评的质量水平的，考察心理测评质量的好坏，还必须考虑其信度。信度是指测评结果反映的所测素质的可靠性和稳定性，一般多以内部一致性来表示该测验信度的高低。关于信度的具体内容第 2 章已经涉及，在此不再详述。

3. 效度评估，确保心理测评的有效性

当进行心理测评时，不仅要保证其测评工具的稳定性和可信性，还要确保其准确和有效，即测评的另一个重要指标是效度。效度即有效性，它是指测量工具或手段能够准确测出所需测量的事物的程度。关于效度的具体内容第 2 章已经涉及，在此不再详述。

4. 心理测评的标准化

心理测评的质量水平不仅取决于测评工具的编制者，同时也取决于测评的实施者，如测评人员的个人倾向、被测评者的不同情绪动机及外界干扰等都会影响到测评的可靠性和有效性，所以心理测评的编制、实施、评分、计分和解释等都应遵循统一的科学程序。测验的标准化具体表现在以下 4 个方面。

(1) 统一的指导语。心理测评中的指导语主要是对测评目的、内容、测评形式、作答方法与要求等细节方面的解释。纸笔测评中的指导语一般出现在测评试题的开头，由被测评者自己阅读，所以该指导语应该简单明确。个别测评中的指导语一般是由测评人员进行口述的，所以测评人员必须严格按照指导语来口述以避免自己发挥，对被测评者的态度和语气等应保持一致。

(2) 统一的时限。一般的心理测评是难度与速度相结合的测评，它一般会有时间上的限制，被测评者应该在规定的时间内完成测评。

(3) 统一评分。评分的客观性和公平性是测评结果的重要保证，好的心理测评必须设立明确的评分标准，被测评者的测评结果应该得到完整的记录，测评人员通过对测评结果与评分标准的对照，给予客观的分数。

(4) 建立常模。常模是指对测验分数进行分析和解释的参照系/标准。

5.1.3 心理测评的实施

1. 确定测试目标

根据企业的要求和部门的需求,明确心理测评的主要目的,并根据心理测评目的界定心理测评人员的类型、数量及分布。

2. 测验量表的编制

根据测评对象和测评目的选择心理测评的方法和工具,编制或选择心理测评题目,并且进一步修改和完善心理测评试题,确保心理测评题目的信度和效度。心理测评量表编制的方法依量表的种类不同和编制者的不同而有所差异。按照心理测量学原理,主要有4种传统测验编制的策略:理论法,即首先确定所测内容和理论依据,然后根据某一理论建构编制测验项目,如人格测验中的艾森克个性测验,能力测验中的 Thurstone 编制的芝加哥基本心理能力测验(Chicago Tests of Primary Mental Abilities, PMA),该方法特别重视理论依据;经验法,即根据实际工作经验编制项目,如 MMPI 就是按经验性效标答题(Empirical Criterion Keying)方法编制的,按此法,项目选择和对回答计分是通过效标组与对照组(正常人)比较进行,同时补充统计方法;因素分析法,即根据对标准样本某一人群施测过的大量项目进行因素分析,将项目归类并合成一个完整量表,如人格测验中的卡特尔16种人格因素测验的编制方法就属于此类方法;综合法,实际上,现在大多数测验编制者很少采用单一的方法,而是多种方法的综合,先根据理论和经验法编制出大量项目,然后用因素分析等相关统计方法对项目进行筛选和编排。这样编制的测验既有理论依据,又有实用价值[①]。

3. 实施心理测评

首先要组织人员进行心理测评。测评人实施心理测评时要做到公正、客观。测评人本身不仅需要具备职业道德,而且需要具备相关的能力,能够对测评内容有比较深入的了解。测评应当在安静、轻松的环境中进行。

4. 鉴定测试结果

对心理测评的结果进行跟踪检验,并总结心理测评的经验,完善心理测评的指标。

5.1.4 心理测评的优缺点

与其他测评方法相比,心理测验有很多独特的优点。

首先,心理测验具有科学性。心理测验有着很深厚的心理学理论基础,一个人的心理特征能够有效预测其未来的行为表现。目前对心理测验的研究已经比较成熟,出现了很多具有较高信度和效度的心理测验技术,能够较为科学地考察个体的心理特征。其次,心理测验具有公平性。心理测验有着严格的实施规范,测验的结果比较公正客观,很少受到主考官的晕轮效应、类我效应、近因效应等主观因素的影响。最后,心理测验具有便捷高效的特点。心理测验的测验实施过程通常比较简单,也比较适合大规模施测,因此可以迅

---

① 马惠霞,白学军,沈德立.论心理测评项目编写的科学性[J].心理科学,2007,30(5):1110-1112.

速了解一个人的能力水平、个性特征与心理状态,从而可以作为帮助组织迅速做出判断的依据。

心理测验有很多优点,但它的缺点也是比较明显的。首先,心理测验的准备工作需要花费大量的人力、物力和财力。随着时代的发展,人的心理特征结构不断发生变化,传统的心理测验越来越不能满足实际的需求,需要对其进行修订和更新,尤其是一些大规模用于职业选拔的心理测验,更需要投入很大的精力去编制、试测与修改。其次,心理测验对施测者的能力有很高的要求。为了保证测验过程和评估的客观性,需要选择合适的施测者并对其进行相应的培训。最后,心理测验的结果容易受到被测者主观性的影响。被测者有可能提前准备过相应的心理测验题目,或者在实际测验过程中为了获得有利于自己的结果而隐藏真实想法,这些都会造成测验结果的失真。

5.1.5 心理测验的使用要点

1. 应由专业人员使用测验

心理测试涉及个人智力、能力等方面的内容,可见意义非凡。为此,心理测验应由专业人员对被测评者实施测验,这样既可以保证测验过程的顺利进行,也可以保证测验结果的可靠性和科学性。

2. 应慎重选择具体的心理测验工具

心理测量工具包括测验能力、记忆、人格等方面,要针对被测评者的具体测试内容慎重选择相应的测验量表。

3. 测验要保密

要对个人的隐私加以保护,因为心理测评涉及个人的智力、能力等方面的隐私,这些内容严格来讲,只能让被测评者以及他愿意让人知道的人了解,所以,有关测试的内容应该严加保密。

4. 要慎重对待测验结果

心理测验的结果不是万能的、绝对的,但是测验结果是具有一定的科学性的,它可以反映被测评者的一些指标,具有一定的解释力。所以,被测评者要慎重对待测验结果。

5. 认真做好测验的准备、实施、结果解释等工作

事先要做好充分的准备,包括要统一地讲出测试指导语;要准备好测试材料;要能够熟练地掌握测试的具体实施手续;要尽可能地使每次测试的结果相同,这样测试结果才可能比较正确;最后要做好测试结果的解释工作,要向被测评者详细地解释他的测试结果,让对方能够充分地理解。

5.2 人格测评

除了人的能力差异外,人格差异也是形成个体间差异的重要一环。人格的复杂性使得人格差异测验具有十分重要的区分意义,但同时也给人格测验开发带来了困难,因此人

格测验需要与时俱进,在实践中不断完善改进。

5.2.1 人格的概念

"人格"一词源于希腊语"Persona"。心理学家对人格的定义不完全一致,其中美国心理学家奥尔波特(Allport)认为"人格是个体内在心理物理系统中的动力组织,它决定一个人对环境独特的适应性"。英国心理学家艾森克(Eysenck)认为"人格是个人的性格、气质、智力和体格相对稳定而持久的组织,它决定着个人适应环境的独特性"。

综合来讲,人格是个体在行为上的内部表现,是个体在适应环境中的感情、能力、气质、价值观等方面的内部综合表现,它可以离开人的肉体、离开人所处的物质生活条件而独立存在于人类的精神文化维度里。

根据人格的定义,人格一般具有整体性、独特性与共同性、稳定性和可变性、生物性和社会性。

1. 整体性

人格是一个有机整体,组成人格的各个方面不是孤立的,人格中的各因素是相互联系的,任何因素的改变都会引起其他因素的变化。

2. 独特性与共同性

人格具有独特性,每个人都有与他人相区别的人格特征,世上没有两个人的人格完全相同。人格的独特性表现为人们在需求、动机、价值观、能力、气质、性格等方面的差异性。

另外,人格也具有共同性,它是某一群体、某个阶层或某个民族在特定的群体环境、社会环境和自然环境中形成的共同心理特征。

3. 稳定性和可变性

人格具有稳定性,具体表现为人格特征有跨时间的持续性和跨情境的一致性。跨时间的持续性是指人格具有相对的稳定性,它不会在短时间内有很大变化。跨情境的一致性指同一个人的人格特征在不同的情境下,在一定程度上会保持不变。人格的稳定性是相对的,人格的特征会随环境和时间的变化而变化,这使得人格具有可塑性。

4. 生物性和社会性

人格是在人的自然生物特性的基础上发展起来的,这是人格的生物性,生物性对于人格发展的道路和方式有影响。人格的生物性不能对人格的发展方向起决定性作用,而个体的社会历史文化背景对人格发展起决定性作用,这是人格的社会性。

5.2.2 人格理论

人类很早就开始对人格开展了研究,形成了各自的人格理论学派。在此介绍三种重要的人格理论:特质理论、类型理论以及整合理论。

1. 特质理论

人格特质理论起源于20世纪40年代的美国,其中以美国著名心理学家奥尔波特(Allport)和卡特尔的理论最为著名。特质理论的核心观点是将人格中的某些特质作为决定个体行为的基本单位,而对人格的测评也是通过比较这些特质进行的。

1937年奥尔波特首次提出了人格特质理论,他将人格分为两种特质:共同特质和个人特质。顾名思义,共同特质是指处于某一环境的群体共有的特质,比如中华民族共有的以和为贵的特质;个人特质则是指在同一文化中每一个体所具有的独特特质,比如有些人比较内向,有些人比较外向。根据典型性和重要性的不同,奥尔波特又将个人特质分为三个层次:一是首要特质,指个体具有的最外显、最具有代表性的特质;二是中心特质,指个体具有的某几个独特的重要特质;三是次要特质,指个体不太外显或不太重要的特质。

卡特尔的贡献则在于开创了用因素分析的方法分析人格的新局面,提出了人格特质的四层次模型。模型的四个层次分别为个人特质和共同特质,表面特质和根源特质,体制特质和环境特质,动力特质、能力特质和气质特质。1949年卡特尔根据自身的研究成果开发出了16种人格测验量表,也推动了人格测验领域的发展,该量表在后面会做具体介绍。

2. 类型理论

类型理论产生于20世纪三四十年代的德国,这种理论主要研究个体之间的心理差异,并将人格分为几种类型,使不同个体的人格得以有效区分。类型理论主要有三种:单一类型理论、对立类型理论和多元类型理论。

单一类型理论的代表人物是美国心理学家法利(Farley),他提出了T型人格的概念,用于判断一群人是否具有某种特定的人格。法利认为,T型人格是指一种冒险主义和追求刺激的人格。根据冒险的积极性和消极性,他又将T型人格分为T＋人格和T－人格两种,T＋人格代表一种积极的冒险,T－人格则代表一种消极的反社会的冒险。

对立类型理论的主要观点是人格类型包含某一维度的两个相反方向。例如A—B型人格和内—外向人格的研究。弗里德曼(Friedman)和罗斯曼(Roseman)提出了A—B型人格的概念,他们认为A型人格是指急躁、积极投入、上进心强、时间紧迫感强、行动力强等性格,拥有这种性格的群体生活压力往往比较大,情绪波动也比较大;而B型人格则是指不急躁、有耐心、安静稳重等性格,拥有这种性格的人生活节奏较慢,情绪比较稳定。瑞士心理学家荣格(Jung)最早提出了内—外向人格类型,他将内向人格的特质总结为谨慎、疑虑、交往面窄、倾向于自我剖析,将外向人格的特质总结为活泼开朗、愿意与人交流、情感外露。

多元类型理论的主要观点是人格类型不是单方面的,而是几种不同人格特质的组合,主要代表有气质类型学说、性格类型学说。气质类型学说是由古希腊医生希波克里特(Hippocrates)提出的,他认为人体内有四种液体:黏液、黄胆汁、黑胆汁和血液,不同的液体代表着不同的人格特质,在此基础上,他将人的气质分为四种类型:胆汁质、多血质、黏液质和抑郁质。胆汁质的人精力旺盛,勇敢热情,情绪丰富且强烈,但是做事易冲动,比较鲁莽;多血质的人情感丰富细腻,性格活泼好动,在人际交往上比较积极,但是耐性和稳定性比较差;黏液质的人比较认真,做事细致,沉默寡言,具有比较好的情绪自制力,稳定性强,但是在活力和主动性上比较弱;抑郁质的人心思细腻,踏实稳重,情感抑郁,不善于社会交往和交际,在做决定时考虑较多,优柔寡断,软弱胆小。性格类型学说则是由德国心理学家斯普兰格（Spranger）提出的，他认为人类的人格类型可以分为六种：注重实效和利润的经济型、注重审美和想象的审美型、注重探索和兴趣的理论型、注重社会和奉献的社会型、注重权力和地位的权力型、注重信仰和宗教的宗教型。

3. 整合理论

特质理论和类型理论代表着看待人格的两种不同视角，整合理论则是对特质理论和类型理论的综合，以更全面地描述一个人的人格特质。整合理论的代表人物是艾森克（Eysenck），他提出了人格结构的四层次模型，认为要从多个层面综合分析个体的人格结构。这个模型的四个层次分别是：最下层的特殊反应水平是日常观察中的误差部分；上一层的习惯反应水平是个体在日常生活中的反应，是特殊因子；再上一层的特质水平是群体的人格性质描述，属于群因子；最上层的类型水平是一般因子。艾森克将类型理论和特质理论进行了有机的融合，使人格的理论层面更广，角度也更丰富。

5.2.3 人格测验的方法

人格测验是依据需要测量的人格特质来编制相关问题，要求被测评者根据自己的实际情况逐一回答，根据被测评者的答案来测评被测评者在某种特质上表现程度的方法。

人格测验的方法有结构明确的自陈式量表和评定量表、结构不明确的投射测验。

1. 自陈量表

自陈量表是采用标准化测验的形式，依据所测量的人格特征编制一系列的客观问题和选项，要求被测评者根据实际情况或感受做出符合自己的答案，以此来衡量个人的性格特征。自陈量表是以纸笔测验的形式进行的，它的结构明确，题量较大，计分简单客观，实施简便，测验分数容易得到解释。此类测验具备以下一些特征：

一是结构明确，被测者要从几个有限的选择中做出自己的选择；二是测验的目的清晰，评价者和被测者各自都清楚测验的目的；三是计分方便、容易解释，稍微经过培训的人员就可以使用；四是这种测验广泛应用于人格研究、精神疾病诊断、教育、咨询等多个方面。

2. 评定量表

评定量表的理论假设是人格特征可以通过个人的行为举止表现出来，通过观察后能够进行评估。评定量表是由与被测评者比较熟悉的人通过对被测评者行为或特质的观察后，给予一个评定分数的标准化程序。如汉密尔顿焦虑量表就属于评定量表。

3. 投射测验

投射测验要求对被测评者进行一些模棱两可的刺激，根据被测评者的反应来分析、推断被测评者的内在心理，它主要用于对人格、动机等内容的测量。投射测验可以使被测评者被隐蔽的个性特征、心理活动或态度更容易地表达出来，但它在计分和解释上缺乏相对客观的标准，所以对主试和评分者的要求相对较高。如图5-1所示，罗夏墨迹测验就是一种投射测验。

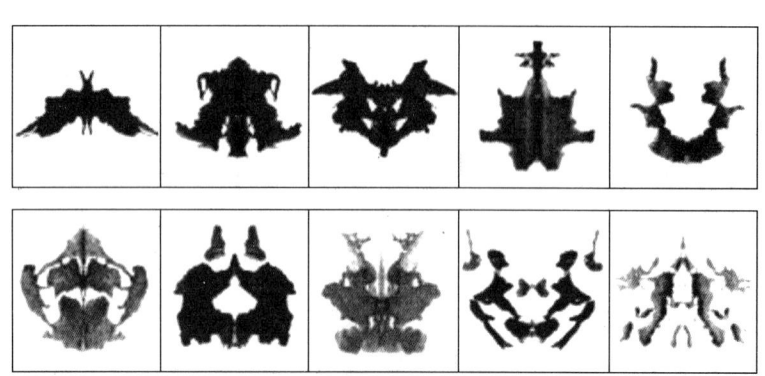

图 5-1 罗夏墨迹测验

5.2.4 人格测验工具

人格测量工具在生活和工作中的应用十分普遍,每个测量工具都有其自身的假设前提和理论基础,且测量维度也是不同的,即使是同一个名称的测量维度在不同测量工具里的内涵也可能会有差别,所以个人或企业在测评时要依据测量目的和测量的因素有针对性地选择测量工具。

1. 卡特尔 16 种人格测验

卡特尔 16 种人格测验(16PF)是由美国伊利诺伊州立大学人格及能力研究所的卡特尔教授编制的。这种人格测验是卡特尔教授通过大量的数据收集和文献分析,借助对现实场景中各种行为的观察,采用因素分析的方法编制的。他将所得到的人格特质总结为 16 个方面,由此构成人格的 16 种基本因素。这些因素各自独立,相关性很小,测验的施测时间大约为 45 分钟,适用于 16 岁以上的人群。16 种人格特质分别是:乐群性、聪颖性、稳定性、恃强性、兴奋性、有恒性、敢为性、敏感性、怀疑性、幻想性、世故性、忧虑性、实验性、独立性、自律性和紧张性。

16 种人格测验共包含 187 道题目,对于每一种人格特质,都有 10~13 道题目对其进行测量,这十几道题目的含义比较相似,通过反复询问减少被测者选择时出现的误差。题目出现的顺序是不固定的,遵循轮流出现的原则,使被测者无法通过上一题的内容猜测下一题的性质,有效降低了被测者猜题造成的误差。另外,题目的问法比较中性,大大降低了题目的表面效度,使被测者无法通过题目的问法看出题目所要测量的人格特质,有效降低了社会称许性造成的误差。卡特尔 16 种人格测验因信度、效度都比较高,目前在人员素质测评中广泛使用。但是这套问卷也存在较为明显的缺点:为了保证效度,问卷对每一种人格特质都设置较多的相似题目,导致总体实测时间长,如果被测者耐心不足就会随意填写问卷。如下是 16PF 的测验题目示例:

1. 有度假机会时,我宁愿:
A. 到一个繁华城市旅游　　B. 介乎 A 与 C 之间　　C. 到清净的山区游览

2. 我有足够的能力应付困难:
   A. 是的　　　　　　　　B. 不一定　　　　　　　　C. 不是的
3. 即使是关在铁笼内的猛兽,我见了也会惴惴不安:
   A. 是的　　　　　　　　B. 不一定　　　　　　　　C. 不是的

2. 艾森克人格测验

艾森克人格测验(EPQ)是由英国著名心理学家艾森克于1975年编制的。了解它之前,我们有必要先了解艾森克的整合人格理论。艾森克收集了大量人格因素方面的特征,运用数理统计分析,得出人格的三个基本维度——内外倾、神经质和精神质。他认为每个人的人格都包含这三个维度,只是每个维度的表现程度不同,三个维度不同表现程度的组合构成了不同个体的人格。在此基础上,艾森克开发了人格测验量表。艾森克人格测验属于自陈式人格测验的范畴,即被测者本人回答问题,通过一些多选或必答的问题,展现个人的人格特质。该测验包括四个分量表:

(1) E量表测量个体内外倾向性。在这个量表中得到较高的分数代表着较高的外向程度,具体表现为热爱冒险,对生活中的变化感到欣喜,热爱社会交际,情绪的稳定程度比较低等。得分较低的群体则表现为不善于交际,喜欢有规律、有计划的生活,比较安静等。

(2) N量表测量个体神经质。在神经质方面得分高的群体其人格特质表现为性格急躁、情绪不稳定、反应较为激烈等;得分低的群体其人格特质表现为反应较慢、情绪平和、控制力强、不容易冲动行事等。

(3) P量表测量个体精神质。在精神质这一维度得分较高的人群,其人格特质表现为较高的自尊心、性格冷淡等。精神质和精神病、神经病无关,艾森克认为在这一维度上获得较高得分的人往往会在创造方面表现出色。在这一维度上,低分并没有明确的现实意义,但是经过大量实证发现,该维度低分的人往往表现出了抑郁、孤独的心理特征。

(4) L量表是测谎量表,用于测量被测者是否在填写问卷的过程中撒谎或隐瞒事实。通过被测者的掩饰程度或社会性朴实水平,也能在一定程度上反映个体的心理状态。L量表的分数较高意味着被测者可能比较喜欢修饰、掩盖自己;而分数低的人则倾向于接受自己的真实状态。

3. 大五人格量表

Costa和McCrae自20世纪80年代以来对人格五因素模型进行了广泛和深入的研究,他们认为构成个性的五因素分别是:外向性、宜人性、尽责性、神经质和开放性。外向性表示人际互动的数量和密度、对刺激的需要以及获得愉悦的能力,表现出热情、自信、有活力,还具有幸福感和善于交际的特性,而内向者的这些表现不突出,但不等于说他们就是自我中心的和缺乏精力的,他们偏向含蓄、自主与稳健。宜人性是考察个体对其他人所持的态度,这些态度既包括亲近人的、有同情心的、信任他人的、宽大的、心软的,也包括敌对的、愤世嫉俗的、复仇心理的、无情的。尽责性表示克制和严谨、做事有条不紊、有抱负,与成就动机和组织计划有关,该维度用来评估个人在目标导向行为上的组织、坚持和动机,此维度反映个体自我控制的程度以及推迟需求满足的能力。神经质主要是指缺少积极心理调节,情绪稳定性差,容易经历诸如害怕、悲伤、生气、厌恶、窘迫、愧疚等负面情绪,该特质的另一端为情绪稳定。开放性是指对经验持开放、探求态度,而不仅仅是一种人际意义上的开放,它以富有创新能力、具有好奇心、感知能力和洞察能力强为特征,该维度主要评价个体对经验本身的积极寻求和对陌生情境的容忍和探索,主要与传统的、无艺术兴趣的、无分析能力的个体做比较。Costa 和 McCrae 根据卡特尔 16PF 的因素分析,并结合自己的理论构想编制了测验五因素的 NEO-PI 个性量表,每个维度包括 6 个测量特质水平的子量表:

外向性——热情性、乐群性、自我肯定性、活跃性、刺激寻求、正情绪;

宜人性——信任、坦诚、利他、顺从性、谦虚、温和;

尽责性——胜任感、条理性、责任心、事业心、自律性、审慎性;

神经质——焦虑、愤怒性敌意、抑郁、自我意识、冲动性、脆弱;

开放性——幻想、审美、情感、行动、观念、价值。

4. 明尼苏达多项人格测试(MMPI)

明尼苏达多项人格测试是由明尼苏达大学教授 Hathaway 和 Mckinley 于 20 世纪 40 年代制定的,是迄今应用极广、颇富权威的一种纸—笔式人格测验。Hathaway 和 Mckinley 通过重复测验、交叉测验,并在临床实践中反复验证,最终确定为 14 个量表,其中包括 10 个临床量表,4 个效度量表:

10 个临床量表是:

疑病——对身体功能的不正常关心;

抑郁——与忧郁、淡漠、悲观、思想与行动缓慢有关;

癔症——依赖、天真、外露、幼稚以及自我陶醉,并缺乏自知力;

精神病态——病态人格(反社会、攻击性人格);

男性化—女性化——得分高的男人表现敏感、爱美、被动、女性化;得分高的女性被看作男性化、粗鲁、好攻击、自信、缺乏情感等;

妄想狂——偏执、不可动摇的妄想、猜疑;

精神衰弱——紧张、焦虑、强迫思维;

精神分裂——思想混乱、情感淡漠、行为怪异;

轻躁狂——联想过多过快、观念飘忽、夸大而情绪激昂、情感多变;

社会内向——得分高的人内向、胆小、退缩、不善交际、屈服、紧张、固执及自罪,得分低的人外向、爱交际、善于表现、好攻击、冲动、任性、做作、在社会关系中不真诚。

4 个效度量表是:

疑问量表、说谎量表、诈病量表以及校正量表。

常用的人格测评工具如表 5-2 所示。

表 5-2 常用的人格测试工具

方法	人格测试工具	内容	适用范围
自陈量表	卡特尔 16 种性格因素测评量表（16PF 量表）	1. 通过让被测评者回答一系列问题，测算出 16 种因素的特征，根据这些特征测量人的人格特征和职业倾向 2. 根据被测评者 16 个因素的结果，分析被测评者在性格内外特性、心理健康状态、学习与适应新环境的成长能力、专业有成就的性格因素、创造能力的性格因素 5 个方面的表现	1. 适用于组织人才的选拔、考核、培养等活动 2. 适用于心理和教育辅导
	艾森克人格测评问卷（EPQ）	1. 主要用来测量人们在内外倾向、情绪性和心理变态倾向 3 个方面的表现程度 2. 问卷采用是非题的形式，从精神质、内外倾向、神经质和效度 4 个维度设计量表，根据被测评者各个量表分数特征分析其人格特征	在人才招聘中适用于销售类和财务类岗位
	霍兰德职业兴趣与价值观测评量表	1. 主要用来测评个人对工作所持的态度和对工作的评价 2. 是由美国心理学家霍兰德提出的，他根据个性特征与职业选择的关系，把人的个性划分为 6 种兴趣类型，对其特征和职业选择倾向进行了界定 3. 量表由 7 个部分组成，从 60 种活动的特征和应具备的胜任力着手，对被测评者进行测评，分析被测评者最适合的职业类型	适用于所有人群
	明尼苏达多项人格测验（MMPI）	1. 由明尼苏达大学教授哈瑟韦（S. R. Hathaway）和麦金力（J. C. Mckinley）于 20 世纪 40 年代制定的 2. MMPI 共有 566 道题目，其中 16 道是重复性的题目，用以检验被测评者反应的一致性和回答是否认真。MMPI 有 10 个临床量表，可以得到 10 个分数，代表 10 种人格特质，还有 4 个与效度相关的量表，用以考察被测评者的作答态度	该量表适用于 16 岁以上的成年人，要求具有小学以上文化程度
	DISC 个性测评量表	从支配性、影响性、稳定性和服从性 4 个维度设计量表，根据被测评者各量表的得分综合分析被测评者的人格特征	在人才招聘中适用于管理类岗位
	"大五"人格模型	1. 由美国心理学家麦克雷科斯塔等人提出 2. 把人格分成 5 个方面来描述，分别是神经质、外向型、开放性、宜人性和尽责性	适用于销售类、管理类和财务类岗位
投射测试	罗夏墨迹测试的实施	1. 由瑞士精神病学家罗夏创建 2. 通过被测评者对 5 张黑白、3 张彩色和 2 张除黑色外还带鲜艳红色的 3 类图片所产生的联想及联想场景的描述，分析被测评者的人格特征	1. 用来测评人的人格和人生态度 2. 适用于招聘高层管理岗位的测评
	主题统觉测试法	1. 由美国心理学家莫瑞和摩尔根创制 2. 让被测评者对 30 张有具体图形但随意暧昧的黑白图片外加一张空白卡片进行联想，并编制一个故事来描述过去、现在和未来的情景 3. 测评人再根据被测评者描述的故事内容分析被测评者心理特征	1. 用来测评人的深层次需要 2. 能测评人的性格特征和预测人的某些心理特征
	完成句子测试法	1. 测评内容包括 40 个未完成的句子，要求被测评者进行补充 2. 根据被测评者对 40 个未完成句子的补充内容，分析被测评者的情感、态度和观念特征	1. 适用于所有岗位的测评 2. 用来测评人的情感能力

5.3 能力测评

能力是指人们顺利完成某种活动所必须具备的个性心理特征。能力是人们完成某种活动的前提条件,任何一种活动都要求参与者具备一定的能力。能力与活动紧密联系,既在活动中形成和发展,又在活动中表现出来。根据能力影响范围的大小,可以将能力分为一般能力和特殊能力。一般能力也称为智力,指在基本活动中表现出来的能力,如观察能力、记忆能力、注意能力、想象能力等;特殊能力指为了完成某种专业活动所需要具备的能力,只适用于某个活动当中,如美术能力、音乐能力、计算能力等。

能力测验,又称认知测验,是指对个人或团体的某种能力做出的评价或预测。其中涉及的能力可以是现有的实际能力或将来的潜在能力,可以是一般能力,也可以是某种特殊的能力。常见的能力测验有智力测验、创造力测验、能力倾向测验等,下文将对以上三种能力测验加以介绍。

5.3.1 智力测验

1. 智力测验的概念

智力测验是指在一定条件下,使用标准化的测量工具对被测评者施加刺激,根据被测评者的反应结果测量其智力的高低。

2. 智力的结构

(1) 一般智力因素的理论。英国心理学家斯皮尔曼(Charles Spearman)首先提出了智力的"二因素说"。他运用因素分析方法来分析被测评者的各类测验分数时,发现了各类工作的质量均与同一个因素相关,即普通智力因素(G);但有些人英语测验成绩较好,而数学测验成绩较差;另一些人则相反。斯皮尔曼认为这些差别在提示另一种因素即特殊智力因素(S)的存在。

其中G因素是所有智力操作的基础,是智力的主要构成部分;S因素是人们完成特殊活动所必须具备的智力,它代表人们的某一种特殊能力,只有在某种特殊情况下才会表现出来。

(2) 基本心理能力的7因素论。1938年美国心理学家瑟斯顿(Louis Thurstone)通过对218名大学生进行测验,用因素分析法提出,智力是由一些彼此独立的基本心理能力组合而成的。瑟斯顿于1941年根据7种基本能力编制了基本心理能力测验(PMAT)。其中,他提出的7种基本心理能力包括词的理解力、语词运用能力、计算能力、空间知觉能力、记忆能力、知觉速度和推理能力。

(3) 桑代克智力分类法。美国心理学家桑代克认为智力有3种类型,抽象智慧,即对文字的了解和应用的能力,对数学符号了解和应用的能力;具体智慧,即了解事物的能力、对技术或科学的应用能力;社会智慧,即了解他人和与他人相处的能力。

3. 智力的种类

智商有两种,一种是比率智商,智力年龄÷实足年龄=智力商数。如果某人智龄与实龄相等,他的智商即为100,标示其智力中等。另一种是离差智商,把一个人的测验分数与同龄组正常人的智力平均数之比作为智商。现在大多数智力测验都采用离差智商。

为了准确表达一个智力水平,智力测量专家提出了离差智商的概念,即用一个人在他的同龄人中的相对位置,通过计算受试者偏离平均值多少个标准差来衡量,这就是离差智商,也称为智商(IQ)。

例如,两个年龄不同的成年人,一个人的智力测量得分高于同龄组分数的平均值,另一个的测验分数低于同龄组的平均值,那么我们得到这样的结论:前者的IQ比后者高。

智力测验问世后,要区别智力的差异就变得容易起来。人们发现智商极高(IQ在130分以上)和智商极低的人(IQ在70分以下)均为少数,智力中等或接近中等(IQ在80~120分)之间者约占全部人口的80%,智力超过常态者,我们称之为智力超常,那些智力低于常态者,我们称之为智力低常。

4. 智力测验量表

(1) 比奈—西蒙量表。比奈—西蒙以测验年龄差异和一般心理能力为基础制定了比奈—西蒙量表。1905年的比内—西蒙量表有30个由易到难排列的项目,其中既有对较低级的感知觉方面的测量,也有对较高级的判断、推理、理解等方面的测量。

1908年,比奈发表修订后的比奈—西蒙量表,使总数达到59个,并把测验题目按年龄分组,从3岁到15岁,每个年龄的儿童中有一半能通过的题目即属于这个年龄组的题目。1911年发布了修订版的量表。这次修订没有重大变化,只是改变了几种年龄水平分组,并扩展到成人组。

(2) 韦克斯勒智力量表。到20世纪30年代晚期,心理测验中没有完善的标准化成人智力测验。直到1939年心理学家D.韦克斯勒编制了《韦克斯勒—贝勒维智力量表》(W—B)以后,这种情况才有所改观。该测验成为世界上最具有影响力,应用最为广泛的智力测验。

韦克斯勒认为,智力是个人有目的地行动、理智地思考以及有效地应付环境的整体或综合能力。他在W—B量表中设计了11个分测验,其中第1、3、5、7、9、11个分测验组成言语量表,第2、4、6、8、10个分测验则组成操作量表。韦克斯勒在发表第一个成人智力量表后,又进行改进、修订,突出了儿童和幼儿智力量表。成人、儿童、幼儿的W—B量表结构比较相似,在此我们举韦氏成人智力量表为例,如下表5-3所示。

表5-3 韦氏成人智力量表

分测验名称		测验内容
言语量表	常识	知识的广度、一般学习能力及应对日常事务的认识能力
	背数	注意力和短时记忆能力
	词汇	言语理解能力
	算数	数学推理能力、计算和解决问题的能力
	理解	判断能力和理解能力
	类同	逻辑思维和抽象概括能力

(续表)

分测验名称		测验内容
操作量表	填图	视觉能力、辨认能力、视觉理解能力
	图片排列	知觉组织能力和对社会情景的理解能力
	积木图	分析综合能力、知觉组织及视动协调能力
	图形拼凑	概括思维能力和知觉能力
	数字符号	知觉辨别速度与灵活性

每个人测验均可单独计分,然后将所有分测验的原始分数转化成平均数为10、标准差为3的标准分数。将标准分数相加,我们便可得到言语量表、操作量表的得分和总分数,再将这些分数转换成离差分数,从而可得到言语智商、操作智商和总智商。这些智商分数可与同一个年龄组的常模团体相比较,进而可以得知被测者智商在他们同年龄组中的相对位置。

韦氏智力测验是典型的个别施测智力测验,它要求施测者严格按照测验手册的说明对被测者进行施测。不仅可以给出一个可与他人进行比较的总智商分数,还可以给出每个分测验的分数及分量表的分数即智力的轮廓图,可以得知受测者智力的详细情况。

(3) 瑞文标准推理测验。瑞文标准推理测验(Raven's Standard Progress Matrices, SPM),是英国心理学家瑞文(R. J. Raven)于1938年设计的一种非文字智力测验。瑞文标准推理测验的编制在理论上依据斯皮尔曼的智力二因素论。该测验共有60个题目,依次分为A、B、C、D、E五组,每组12题。从A组到E组,难度逐步增加;同时每组内部题目也由易到难排列。每组题目所用的解题思路基本一致,但各组之间则有差异。直观上看,A组题目主要测辨别力、图形比较、图形想象等;B组主要测类同、比较、图形组合等;C组主要测比较、推理、图形组合;D组主要测系列关系、图形套合;E组主要测套合、互换等抽象推理能力。

测验的构成是每个题目都有一定的主题图,但是每张大的主题图都缺少一部分,主题图下有6~8张小图片,其中有一张小图片可填补在主题图的缺失部分,从而使整个图案合理与完整。受测者的任务就是从每题下面所给的小图片中找出适合填补大图案的一张,并把该小图片的序号填入答卷纸内相应题目号下面,具体题目如图5-2所示。

根据标准答案对被测者进行积分,每答对一题给一分。测验A、B、C、D、E组分别计分,然后再把五项分数加起来可得到测验总分,这是测验得到的原始分,还需要根据

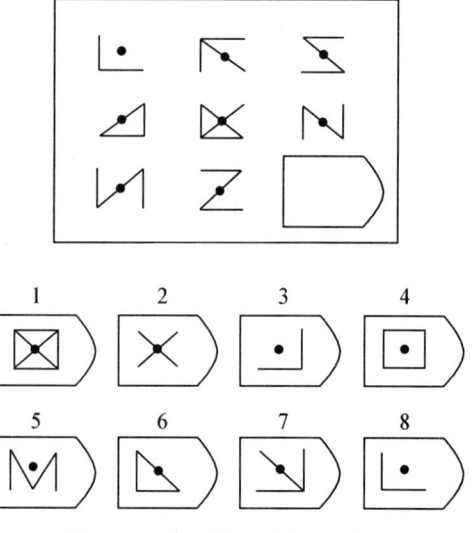

图5-2 瑞文推理测验题目举例

测验手册将其转化为标准分数,并对照常模对被测者的智力水平做出评价。

瑞文标准推理测验常用于智力诊断和人才的选拔与培养,是我国企业人员选拔招聘进行能力测验、智力测验时使用最为频繁的测验工具。

除了个别智力实验外,还有团体智力测验及众多被评价者可以同时受测的测验。例如:

① 陆军甲种和乙种测验。前者为言语性量表,后者为操作性量表。在第一次世界大战期间由美国军方的心理学家编制。陆军甲种实验至今发展成为陆军 a-9 测验,美军也经常采用军人资格测验(AFQT)来选拔士兵。

② 多维度能力倾向测验(Multidimensional Aptitude Battery,MAB),类似于韦氏智力测量量表,该测验适用于成人团体智力测验。

③ 团体儿童智力测验(The Group Intelligence Test for Children,GITG),由我国编制类似于韦氏儿童智力量表,并安排了独创的非语言量表,适用于对儿童团体快速施测。

5.3.2 创造力测验

1. 创造力的定义

创造力作为心理学上的一个术语,与智力一样,是一个相当模糊的概念。

高尔顿第一个对创造力进行科学研究。之后,弗洛伊德指出在创造活动中,无意识的动机具有重要作用;格式塔学派的魏特墨认为创造性思维就是突破旧的框架,形成新的结构。然而由于时代背景和研究工具的局限性,这些研究存在缺陷,难以给予他人信服的解释。

20 世纪 50 年代,吉尔福特将心理测验作为研究工具,经过因素分析,发现个体的思维可以分为两种:发散性思维和聚合性思维。他指出人的创造性是发散性思维的外在表现。他经过研究发现发散性思维有 3 个特点:

(1) 流畅性,即思维活动不会受到阻滞,可以在较短时间内表达出较多观点;

(2) 独特性,即在解决问题时提出的观点较为新颖;

(3) 变通性,即不容易受到已有框架的影响,融会贯通,提出新的观点。

在吉尔福特之后,研究者大多采用心理测验对创造力进行研究,研究方法也更为科学。研究者基本形成一致意见,认为创造力包括敏锐洞察力、抽象概括能力、想象力、灵活思维能力等。

2. 创造力测验的方法

(1) 情境测验法。情境测验法是给被测评者设置特定的情境,并控制或改变一些条件,然后要求被测评者根据情境做出反应,最后依据被测评者的反应结果来测量其创造力的一种测评方法。

(2) 评定法。评定法就是由测评人员按照一定的标准对被测评者的创造力做出评价的一种方法。根据评价的结果,来测量被测评者的创造能力。

(3) 量表测验法。量表测验法就是通过纸笔测验的形式对被测评者的创造力进行测量的一种方法。这种方法一般是采用标准化的题目,按照规定的程序对被测评者进行测量,然后将测量结果与建立的常模进行比较,最后根据比较结果对被测评者的创造力水平做出评价。

3. 著名的创造力测验

著名的创造力测验有南加利福尼亚大学创造力测验、托兰斯创造性思维测验、芝加哥大学创造力测验,具体内容如表5-4所示。

表5-4 著名的创造力测验

创造力测验	内容	测评分数	适用对象
南加利福尼亚大学创造力测验	1. 该测验主要根据吉尔福德(1959)的智力三维结构模型中的发散思维部分编制 2. 测验由言语测验和图形测验两部分组成,共14个测验项目。言语部分有10个项目:语词流畅性、观念流畅性、联系流畅性、表达流畅性、非常用途、解释比喻、用途测验、故事命名、事件后果的估计、职业象征。图形部分包括4个项目:作图、略图、火柴问题和装饰	流畅性、变通性和独创性分数	适合于初中水平的学生使用
托兰斯创造性思维测验	1. 该测验由美国明尼苏达大学心理学教授托兰斯(1966)编制 2. 测验由12个分测验构成3套创造力量表:语词创造力量表,由7个分测验组成,包括提问题、猜原因、猜后果、产品改造、不寻常用途、不寻常问题、假想;图形创造力量表,由3个分测验组成,包括图画构造、未完成图画、圆圈测验;语词声音创造力量表,由2个分测验组成,包括音响想象、象声词想象。每套量表都有两个复本	流畅性、变通性和独创性分数	适用于幼儿园儿童到研究生水平的学生,对于4年级以下的学生需进行个别施测
芝加哥大学创造力测验	1. 该测验由美国芝加哥大学的心理学家盖策尔斯和杰克逊(1962)编制 2. 测验共有5项题目,分别是语词联想、用途测验、隐蔽图形、完成寓言和组成问题	反应数量、新奇性和多样性	适用于小学高年级至高中阶段的学生

5.3.3 能力倾向测验

能力倾向是个体在不同能力因素上潜在的优势或劣势倾向,能力倾向测验是用于测量从事某项活动或某种职业的潜在能力的一种素质测评方法。它主要用于预测,它的测量结果是一组不同能力倾向的分数而不是智商(IQ)。

1. 能力倾向测验的类型

能力倾向测验按照内容可以分为一般能力倾向测验、特殊职业能力测验、创造力测验和心理运动机能测验等。

(1) 一般能力倾向测验主要是测量个体的思维能力、想象能力、记忆能力、推理能力、分析能力、空间关系力和语言能力等,如普通能力倾向成套测验(GATB)、区分性能力倾向测验(DAT)。

(2) 特殊职业能力测验主要是对除一般智力测验外的较为特殊和专门的能力进行测验,如对音乐能力、艺术能力、绘画能力等的测验,如明尼苏达办事员能力测验、飞行能力测验。

（3）创造力测验主要测量个体的各种创新思维能力，如南加利福尼亚大学测验。

（4）心理运动能力测验主要测量个体支配心理运动的能力和身体运动的能力。它专门测量速度、协调性和运动反应等特性，如明尼苏达空间关系测验、明尼苏达秘书测验、奥卡娜手指灵活性测验等。

2. 能力倾向测验包含的维度

（1）数学分析能力。数学分析能力主要是指测查管理者是否善于理解、把握事物间的量化关系和解决数量关系问题的技能技巧，其中所涉及的数学知识仅限于数据关系的简单分析、判断和基本运算等。

（2）言语理解能力。言语理解能力主要测查管理者是否善于运用语言文字进行交流和思考，能否迅速而又准确地理解文字材料内涵的能力。

（3）观察能力。观察能力考查管理者对事物细微差别的敏感性、知觉速度与准确性。

（4）抽象推理能力。抽象推理能力主要测查管理者对事物变换所反映出的内在规律的敏捷性，对事物的抽象分析、概括能力。

（5）逻辑推理能力。逻辑推理能力主要测查管理者能否发现和理解各种事物之间的关系，能否利用有关信息对所面临的问题进行分析和判断。

5.4 动机测评

5.4.1 动机的概念

动机是引起、维持和指引人们从事某种活动的内在动力，是人类行为动力系统中调控机制的重要组成部分。动机不仅为个体行为选择和行为方向提供指引，还决定了行为的努力程度、坚持程度等。

动机是在需要的基础上产生的，需要是在有机体生存和发展的过程中，感受到的生理和心理上对客观事物的某种要求。需要是个体内部的一种不平衡状态，反映了某种客观的要求和必要性，并成为个人活动的积极性的源泉。当某种需要没有得到满足时，它就会推动人们去寻找满足需要的对象，从而产生活动的动机。

诱因的存在也是动机激发的一个重要条件。所谓诱因是指能够激发有机体的定向行为，并能满足某种需要的外部条件或刺激物。诱因可分成正诱因和负诱因。正诱因使人产生积极的行动，趋向或接近某一目标；负诱因则产生消极的行为，使个体行为偏离或回避某一目标。

动机的形成与需要和诱因的相互作用紧密相关。需要是影响动机的内在因素，是支配有机体行为的内部原因；诱因是与需要相关联的外界刺激物，它吸引有机体的活动，并使需要有可能得到满足。有机体达到了某种目标，满足了相应的需要，就会降低相应的动机，使有机体处于相对不活跃的状态。因此，没有需要，就不会有行为的目标；相反，没有行为的目标与诱因，也就不会有某种特定的需要。

5.4.2 动机的种类

不同的心理学家对动机的分类有不同的看法。目前最为普遍认可的动机分类是：成就动机、权力动机和亲和动机。该分类由美国心理学家麦克兰德提出，通过对动机特质的研究，他提出：成就动机、权力动机和亲和动机是推动员工在组织中行为的主要力量。

1. 成就动机

成就动机即追求卓越、争取成功的内驱力。研究发现，成就动机对个体的活动具有重要作用。高成就动机者与低成就动机者的区别之处就在于他们想把事情做得更好。麦克兰德还从宏观角度探讨了社会集体成员的成就动机水平与该社会的经济科技发展之间的关系，认为国家经济发展成功的原因并不仅仅取决于经济制度、政治背景或地理环境，社会成员的成就动机在一定程度上具有不可忽视的影响作用。国家如此，组织亦是如此。组织的成功与进步，与其成员的成就动机水平以及高成就动机者的多寡有着密不可分的联系。因为成就动机对个体、组织和国家而言意义重大，所以不断有研究者致力于成就动机的结构探讨与量表开发工作。研究者们认为成就动机特质导致人们为自己设置困难但又可以实现的目标，追求完美，计算风险，面对不确定性，对问题采用新颖、创新的解决办法，并愿意对行为的结果承担自己的责任。

2. 权力动机

权力动机是指影响和控制别人的一种愿望或驱动力。不同的人对权力的渴望程度也有所不同。可见，权力动机是试图影响他人和改变环境的一种内驱力，是一种影响和控制其他人的欲望。权力动机较高的人喜欢支配、影响他人，喜欢对别人发号施令，注重争取地位和影响力。他们喜欢具有竞争性和能体现较高地位的场合和情景，他们也会追求出色的成绩，但他们这样做并不像高成就需求的人那样是为了个人的成就感，而是为了获得地位和权力或与自己已具有的权力和地位相称。权力动机是管理成功的基本要素之一。

3. 亲和动机

亲和动机就是寻求被他人喜爱和接纳的一种愿望，是保持社会交往和人际关系和谐的重要条件。高亲和动机的人更倾向于与他人进行交往，至少是为他人着想，这种交往会给自己带来愉快。他们渴望友谊，喜欢合作而不是竞争的工作环境，希望彼此之间沟通与理解，对环境中的人际关系更为敏感。有时，亲和动机也表现为对失去某些亲密关系的恐惧和对人际冲突的回避。研究发现，在亲和动机支配下的个体，其行为具有以下突出特点：一是保持良好的人际关系；二是具有合作精神；三是害怕拒绝。对于当下的工作团队，亲和动机无疑在组织环境中有着相当积极的作用。但另一方面，由于高亲和性个体过于注重情感，所以在一定程度上可能会失去对问题的客观、理性的分析。另外，由于他们关注个人关系的建立，有可能形成宗派小团体，在组织中偏袒私人。

5.4.3 常用的动机测评

1. 管理动机测验

管理动机测验是为评定个体管理工作中的动机水平而编制的，测验从权力动机、成就动机、亲和动机、风险动机四个方面描述被评价者的动机模式和强弱程度。通过了解个体的动机水平和需求模式,有效地预测其未来的工作表现和绩效以及个体自身的工作满意度。

(1)权力动机。考察在组织中,受测者对各种控制力、影响力的态度和需要。具体内容包括:控制力(权威、决策、获胜、指挥、领导)、组织化意识、发展他人、上下级的相容性。高权力动机的人往往有许多积极有利的特征,诸如:进取意识比较强,有开拓精神,善于左右形势大局,果断自信,试图说服人,比较健谈。但权力动机过高的人会成为组织中的危险人物,他们只顾及个人的权力和利益,在极端情况下会不择手段,不顾组织的利益,甚至危害组织。总的来说,权力动机是有价值的,一定水平的权力动机是企业管理者实现统率力的行为根源,同时在组织中要控制权力动机的无限扩张。

(2)成就动机。考察受测者对成就的态度和需要,包括目标设置与目标选择、努力程度等。由于成就动机具有行为驱动作用,在智力水平和其他条件相当的情况下,高成就动机的人获得的成功更大、绩效更突出。但成就动机过高也有逆反现象:人们对目标的设置降低难度,倾向于回避失败。结果是动机的行为驱动力减退,工作任务完成未必尽善尽美,而且因害怕失败而害怕尝试多种可能性,无形中放弃、丧失了很多机会。

(3)亲和动机。考察受测者对社交活动的愿望。亲和动机强的人很容易地与他人沟通、交流,并且促进团队中积极的社会交往;他们富有同情心,容易接纳他人,减少冲突,避免竞争,有利于合作气氛。亲和型的领导受下属的接受和拥护,团队合作密切。但亲和动机过于强烈时可能有副作用,如回避矛盾,害怕被拒绝,过于求同,忽视个性,甚至息事宁人,放弃原则。

(4)风险动机。考察受测者对困难的态度和对失败的承受力以及在遇到困难和挫折时对获得帮助的期待;考察受测者对风险的态度和决策风格。高风险动机的人可能过于莽撞,对可能的危险和损害估计不足,缺乏足够的大局意识和责任感,缺乏对失败的应变策略;低风险意识的人则过于保守、审慎、优柔寡断,谨小慎微,缺乏决断。

在个体层次上,上述四种动机的定位、组合模式与个人工作绩效和职业匹配程度关系紧密,因为个人不同的动机需求模式决定了他们对自己在组织中的责任、职权和利益的认识以及相互关系构造的差异,特别是决定了对这三者的运用方式的不同。使用动机测量工具可揭示个体的动机模式特征,评估动机与职业的匹配度,有助于个人了解自我,估计工作满意度,做出适当的自我设计和调整。对组织来说,有助于预测员工的行为表现、稳定性,是有效地控制管理人员和选拔合格应聘者的重要信息支持。在团体层次上,使用动机测量工具可帮助管理者了解控制组织成员的动机结构、水平,并进行有效的激励,以提高组织绩效和员工满意度。

2. 职业兴趣测验

对现代职业兴趣研究影响最大的是霍兰德的职业人格与工作环境理论。霍兰德(1973)认为个人的职业选择反映了其人格特点,而职业兴趣是人格在学业、工作和休闲活动上的表现。因此,职业兴趣测验实际上是一种人格测验,它可以反映个人的自我概念、生活目标乃至创造力等人格特点。虽然机遇等因素会产生一定的影响作用,但一般而言,职业选择并非随意发生,而是个人基于过去经验,再加上人格特点的影响而做出的抉择。因此,一定的职业也将吸引有相同经验和人格特点的人,同一职业的工作者有相似的人格特点。对许多情境与问题也有相似的反应;而人们对职业的满意度和成就感,在很大程度上取决于人格与工作环境的和谐程度。霍兰德认为,大多数人可以划分为六种职业兴趣,它们分别是现实型(Realistic)、研究型(Investigative)、艺术型(Artistic)、社会型(Social)、企业型(Enterprising)和常规型(Conventional)。

(1) 现实型(Realistic):偏好与物体打交道,喜欢摆弄和操作工具、机械、电子设备等具体有形的实物,不喜欢和人打交道;厌恶从事教育性、服务性和劝诱说服性的职业。现实型的人往往表现出看重具体事物的价值观。

(2) 研究型(Investigative):偏好对各种现象进行观察、分析和推理,并进行系统的和创造性的探究,以求理解和把握这些现象;他们不喜欢组织、领导方面的活动,厌恶要求劝说和机械重复的活动。研究型的人多体现出看重科学研究的价值观。

(3) 艺术型(Artistic):偏好模糊、自由和非系统化的活动,并在这些活动中体现创造艺术作品的兴趣,完成自我表现;他们厌恶明确、秩序和系统化的活动。艺术型的人想象丰富,看中美的品质。

(4) 社会型(Social):偏好对他人进行传授、培训、治疗和咨询等方面的社会服务活动,不喜欢与材料、工具、机械等实物打交道。社会型的人表现出重视社会和伦理道德问题的价值观。

(5) 企业型(Enterprising):对领导角色和冒险活动感兴趣,喜欢从事领导他人实现组织目标或获取经济效益的活动。企业型的人看中政治和经济方面的成就。

(6) 常规型(Conventional):偏好对数据资料进行明确、有序和系统化的整理工作,如按既定的计划规程保管记录,填写整理书面和数字的资料,使用文字和数字处理设备等协助实现组织目标或获取经济效益;厌恶模糊、不正规、非程序化的或探究性的活动。常规型的人看中商业或者经济方面的具体成绩。

上述六种职业兴趣可概括为"六角形模型",如图5-3所示,即六种职业兴趣类型(R、I、A、S、E、C)按顺时针的方向排列成正六边形,用正六边形的六个角分别代表六种职业兴趣,而且六个角的相对位置也表示了这六种职业类型的相互关系,相邻角代表的兴趣类型一致性高,相对角代表的兴趣类型区分度高。根据霍兰德理论,个体倾向于寻求环境与人格的相契合,个体在达到这种契合后就会感到幸福、满足和多产;反之亦然。个体也可能会同时具有两种或者两种以上的兴趣特征,不过会有一种占优势,其他方面相对较弱。如果个体兴趣偏向某一类型,则对六边形相邻类型的兴趣大于相对类型的兴趣。

3. 自我效能感测验

自我效能感与结果期望不同,后者是指个体对自己行动后果的知觉,而自我效能感指的是人们对自己行动的控制或主导。一个相信自己能处理好各种事情的人,在生活中会更积极、更主动。这种"能做"的认知反映了一种对环境的控制感,因此自我效能感反映了一种个体能采取适当的行动面对环境挑战的信念。自我效能感以自信的观点看待个体处

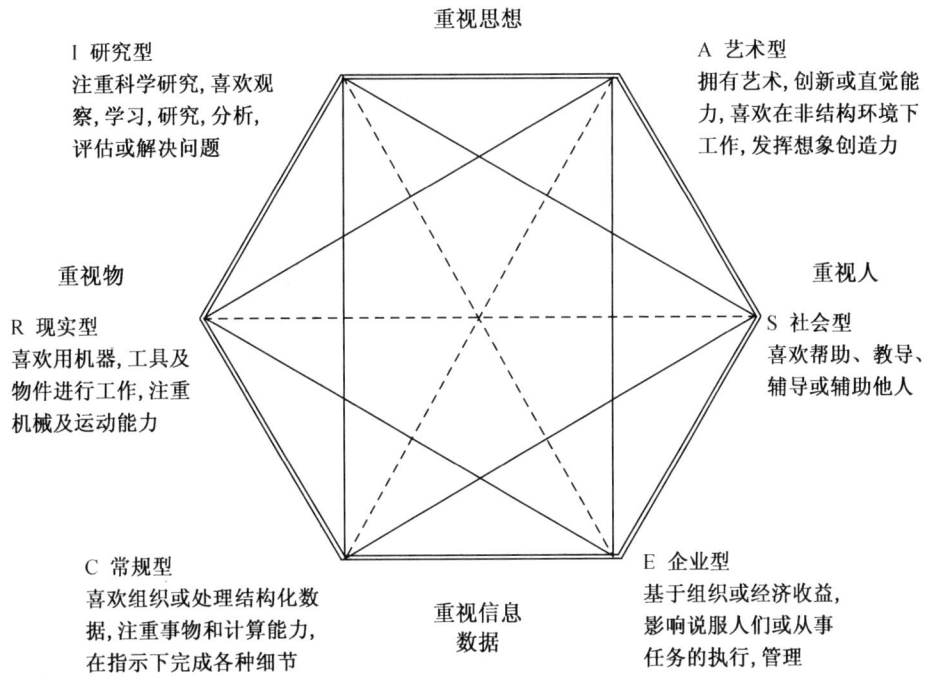

图 5-3 霍兰德职业兴趣类型

理生活中各种压力的能力。

不同自我效能感的人,其感觉、思维和行动都不同。就感觉层面而言,自我效能感往往和抑郁、焦虑及无助相联系;在思维方面,自我效能感能在各种场合促进人们的认知过程和成绩,这包括决策质量和学业成就等。自我效能感能加强或削弱个体的动机水平,自我效能感高的人会选择更有挑战性的任务,他们为自己确立较高的目标并坚持到底。一旦开始行动,自我效能感高的人会付出较多的努力,坚持更长的时间,遇到挫折时他们又能很快恢复过来。自我效能感还被广泛用于学校环境、情绪障碍、心理和生理健康以及职业选择等领域。

一般来说,自我效能感限定于某个领域当中,一个人在某一方面有较高的自我信念,但在另一方面可能不是这样。但研究者也发现有一种一般性的自我效能感存在,它指的是个体应付各种不同环境的挑战或面对新事物时的一种总体性的自信心。

一般自我效能感量表(General Self-Efficacy Scale,GSES),最早由德国柏林自由大学的著名临床和健康心理学家 Ralf Schwarzer 教授和他的同事于 1981 年编制完成。开始时共有 20 个项目,后来改进为 10 个项目。目前该量表已被翻译成至少 25 种语言,在国际上广泛使用。

GSES 共 10 个项目,涉及个体遇到挫折或困难时的自信心。比如"遇到困难时,我总是能找到解决问题的办法"。GSES 采用李克特 4 点量表形式,各项目均为 1~4 评分。对每个项目,被测者根据自己的实际情况回答"完全不正确""有点正确""多数正确"或"完全正确"。评分时,"完全不正确"记 1 分,"正确"记 2 分,"多数正确"记 3 分,"完全正确"记 4 分。GSES 为单维量表,没有分量表,因此只统计总量表分。把所有 10 个项目的得分加起来除以 10,即为总量表分。

4. 需求测验

需求测验是建立在美国心理学家马斯洛的需要层次理论基础上的。马斯洛将人的需要分为以下 7 个层次：

(1) 生理需要。这是人的最基本的生活需要,包括了人对食物、水、睡眠等的需要,这个需要是最基本的,也是最有力量的。

(2) 安全需要。这表现为人们对安全、稳定的需要,如需要受到保护,避免恐惧等。

(3) 归属和爱的需要。这是人们追求情感联系的需要,如与他人亲近,受到接纳。爱情、友情、亲情都属于这一层次。

(4) 尊重需要。指人们期望受到社会的高评价,希望受到他人的尊重。

(5) 认知需要。马斯洛认为,学习、探索、发现也是人性的基本方面之一。

(6) 审美需要。表现为人们追求和谐、完美的需要。

(7) 自我实现的需要。当前面的需要都得到满足后,人的活动便有自我实现的需要,积极地面对未知和挑战。

马斯洛认为,上述 7 种需要都是天生的,并把其分为缺失需要和成长需要两种。缺失需要代表了个体生理和心理平衡的需要,直接关系到个体的生存,因此称作缺失需要,它包括生理需要、安全需要、归属和爱的需要。成长需要则不是个体生存所必需的,但是能让个体发挥潜能,超越过去而成长。只有低等级的需要被满足了之后,高级需要才会成为行动的重要因素。需求是动机的来源,根据被试的需求状况,管理者可以有针对性地安排活动,调节员工士气,为人事工作提供帮助。需求测验正是建立在这一理论基础之上,测试被测者对各大类需要的需求程度,可以定性、定量地分析被测者的需求模式,全面了解被测者的需求状况、强弱程度。

5.5　心理测验的问题及对策

在我国企业人力资源管理界存在"量表热""测评膜拜"等现象,心理测验在人才测评中的应用十分盛行,但问题也十分突出,主要表现为以下几点：

1. 倾向性问题

人的心理特性是不能被直接观察到的,而且还存在明显的个体差异,但任何一种心理特性总会以一定的行为表现出来。心理测验就是让人们在测验时产生某些行为,即个体对测验题目的反应,并根据这些行为反应来推论其相应的心理特性。目前,很多心理测验题目本身的倾向性很明显,在人才甄选过程中受测人员能清晰地把握题目测评的目的,并能做出有利于自己的回答,因此导致心理测验效度大打折扣。

2. 常模建立问题

常模参照分数是把受试者的成绩与具有某种共同特征的人所组成的有关团体做比较,即根据一个人在常模团体内的相对位置来报告他的成绩。在人力资源管理实践中,如果把高绩效人员作为团体建立常模,通常会发现高绩效人员的人格特征不是很集中,影响绩效的因素不但是个人特质,还有其他包括知识、技能、企业环境,这就为建立常模带来难点。常模建立不科学,心理测验必然会出现信度问题。

3. 主体差异问题

人的心理特征与所处的年龄阶段、区域文化、文化背景、社会环境都有很大的关系,心理测验本身就是建立常模的结果,但建立常模选择的对象与心理测验工具实施对象不可避免地存在差异,所以心理测验信度和效度必然存在系统性的缺陷。

4. 公平性问题

企业在人才测评中使用的心理测评试题通常会局限在相对固定几种,这是为了便于对测评结果的比较,同时心理测验工具开发成本很高。但测评试题难免泄露,甚至有些企业直接采用很多公开的心理测评工具,这对已经掌握该测评工具的受测人来说是无效的,使用该测评结果作为人才甄选的依据显然缺乏公平性。

为了避免或减小上述问题带来的信度效度偏差及测评缺陷,在人才测评实践中企业和施测者应从多方面入手来做出应对,科学使用心理测验方法。

(1) 企业人力资源管理相关人员应具备基本的人才测评与心理测验知识。企业中进行人才测评工作的人员应对人才测评及心理测验有全面、系统的了解,能够对测验的科学性及应用有客观的认识,对心理测验的适用性有清晰的判断。

(2) 应严格甄选心理测验量表和供应商。企业进行人才测评前需客观、严格地甄选心理测量量表,依据测验的目的、人群选用量表,并确定合适的测评供应商。在实际测评工作中尽量使用修订过并经科学认证了的量表。

(3) 人才测评中应用心理测验需明确目标。应明确测验目标,对测验的信效度及结果应用的有效性、可行性有清晰的界定和认识。针对被测者覆盖面广且有条件的测验,可安排部分被测者进行试测并对结果进行验证,确保测评的有效性。

(4) 对于心理测验结果拟定科学的应用计划。对于心理测验后期结果的解释和应用需有清晰的计划,一方面避免不考虑个体情况模式化的解释,另一方面避免过度解释和滥用。

思 考 题

1. 心理测验的定义是什么?
2. 心理测验的五要素是什么?
3. 按内容划分,心理测验有哪些种类?
4. 人格测验的概念及特征是什么?
5. 人格测验的方法有哪些?
6. 人格测试的工具有哪些?
7. 能力测验的定义是什么?
8. 能力倾向测验的类型有哪些?

9. 动机测评方法有哪些？
10. 职业兴趣类型及其一般表现是什么？

案例讨论

心理测验在飞行员选拔中的作用

1985年，美国联合航空公司进行的一项调查，揭示了一个令人震惊的结果：在过去二十年中，全国各地共发生过50 000起空难事件，其中，只有1/5是属于机器故障。这项调查报告发表以后，立即受到各大航空公司的重视，并促使他们着手改变过去只凭技术、资历和飞行时速对驾驶员进行测评的管理，开始引进心理测验。在甄别对待录用驾驶员智力高低、能力大小的同时，鉴定驾驶员的个性类型等，以便录用的驾驶员能组成一个最佳状态的飞行组。

在1926年美国飞行学校的学员中，有87%的人因飞行不佳被淘汰，其原因是空中飞行心理适应性不佳。直到第二次世界大战期间及其后，客观的要求促使心理测验在人事测评中不断发展、完善和普及，此后因飞行不佳而被淘汰的人数才开始下降。例如，美国空军的淘汰率由70%降至36%；法国空军的淘汰率则由61%降至36%。

有人在计算选拔飞行学校学员的经济效益时指出，培养一名飞行员的费用不少于70 000美元，而淘汰成绩不佳者一般是在培训进行了1/3时进行的，等于浪费了25 000美元。实施心理测验前每培养100名合格飞行员，就要对397名学员进行培训；而采用心理测验进行选拔后只需要预先培训156名预备学员就足够了，则培养100名飞行员比进行心理测验前的耗资可以节省600万美元。这样既提高了职业部门和培训部门的经济效益，也有利于人事测评的进一步研究和推广。

另有资料表明，经过心理测验选拔的货运汽车司机在肇事和伤亡数量上，比未经过人事测评选拔的司机减少了73%。

资料来源：唐宁玉. 人事测评理论与方法[M]. 大连：东北财经大学出版社，2011.

思考题

1. 你觉得心理测验技术到底是什么？它为什么会发挥如此重要的作用？
2. 从案例中可以看出，未来企业的人才选拔方法会有何趋势？

第六章 面试测评

 引导案例

IBM 的招聘流程

IBM 的招聘面试流程并不复杂,应聘者在通过 IBM 人力资源部门的测试之后,就可以直接与招聘部门负责人进行交流。人力资源部门的测试题主要都是智商测试,一般很简单,要求答题有一定的速度。IBM 认为,无论哪种考试都不可能即时进行灵活的变动,而每名应聘者都很灵活,情况也各有不同。因此只有通过面试,才能最能动地随时做出调整和判断,评判出应聘者是否符合 IBM 公司的要求,结果才是真实的。这也要求主持面试的评判者技能和经验都应该很丰富。IBM 很重视面试,一般事先由人力资源部门提供给经理层有关参考例题,希望他们做出公正的判定。新员工一般要经过两轮面试,一些重要的岗位要经过 4~5 轮面试。

IBM 面试所考核的素质:

诚信——IBM 负责招聘的经理级人员都要经过专门的培训。在面试时,IBM 很看重人的正直和诚实,并把诚信的品质放在很重要的位置。

自信心——应聘者是否充满自信心也很重要,在面试中 IBM 通过观察应聘者的肢体语言就可以判别对方是否具有自信心,自信但绝不要狂妄。

沟通能力——应聘者是否善于沟通,一个人的沟通能力不在于说话多少,而在于能否说到点子上,思路是否清晰、是否有逻辑性……在面试时,面试人员还会提一些与应聘者观念不同的问题,看对方如何回答。沟通能力强的学生表现会很自如、落落大方。曾经有一位有过工作经历的应聘者来应聘,面试人员问她在三五年以后是否有离开公司的打算。面对这一问题,比较常见的回答是"我不会有这样的考虑"。可她回答说:"我现在不能给你'是'或'不是'的答案,但我可以保证在 IBM 这几年会竭尽全力做出贡献,绝对不会辜负公司的信任和培养。"这个回答给面试人员留下很深的印象。4 年后她离开 IBM 公司,但 IBM 公司认为她在 IBM 干得很出色,实现了面试时的诺言。

其他——诸如应聘者工作态度上是否具有主动精神,工作中的学习能力、创新能力以及适应变化的能力等因素也很重要。

面试是一个非常重要的过程,在 IBM 看来,面试是双方的沟通,是双方价值观的交流与认同过程,无论经过几次面试,最终都是为了这个目的。

资料来源:IBM 面经大全. https://www.renrendoc.com/p-112546.html. 2015.06.08.

6.1 面试测评概述

面试作为人员素质测评最重要、最常用的测评方法之一,在人力资源管理中发挥着重要作用,几乎所有的企业在进行人才选拔时都会使用面试方法。

6.1.1 面试的概念

面试可以从招聘方和应试者两方面来进行解释:

(1) 对于招聘方:面试是指在事先设定的情境下,面试官与应试者面对面地交谈,期间,面试官观察应试者的行为表现,在交谈中了解应试者的能力、个性特征、求职动机等情况,凭此来对应试者与职位的匹配性和发展潜力做出评价的测试方法。

(2) 对于应聘者:面试是在投递简历、笔试之后进一步向招聘方组织展示自己的能力,同时进一步获得招聘方组织更多信息的人才测评环节。

面试强调面对面地进行对话,通过双方的直接信息交流来进行评价。相比于纸笔测验方法,面试使得面试官能够直接了解到应试者的外在表现和内在特征。

6.1.2 面试的作用

(1) 面试是主考官与应试者相互沟通、了解的过程。面试是主考官和应试者之间的一种双向沟通过程。在面试过程中,应试者并不是完全处于被动状态。主考官可以通过观察和谈话评价应试者,应试者也可以通过主考官的行为来判断主考官的价值标准、态度偏好、对自己面试表现满意度等,对自己在面试中的行为表现进行调节。同时,应试者可以借此机会了解自己应聘的单位、职位等情况,这样可以综合考虑是否能够接受这一份工作。

(2) 面试可以弥补笔试的不足,同时可以有效地避免高分低能者和冒名顶替者。有些人在笔试过程中,因种种原因没有表现得理想,如果仅以笔试作为最终录取的依据,那么这些人就没有机会被用人单位录取。但是,如果加入面试的形式,则这些人便有机会再次表现,从而成为用人单位的理想人选。

另外,由于目前笔试形式存在的局限性,笔试中难免会有高分低能者和冒名顶替者。在进行招聘录取人员时,会发现有些人笔试成绩很高,但面试时却出现了言语木讷、分析问题和解决问题的能力很差等现象。还有的就是冒名顶替者,一问三不知。

(3) 面试可以灵活、具体、确切地考核一个人的知识、能力、工作经验及品德特征。虽然可以说面试是用人单位和应试者之间的一种双向互动式考核,但考核的主动权要控制在用人单位手里。考核具有很大的灵活性,可以讨论多个话题也可以就一个话题深入探讨,从而使得用人单位对应试者的知识、能力、工作经验及品德特征做到多方位的考核。

(4) 面试可以考查人的仪表、风度、口头表达能力等笔试难以测评到的内容。笔试是通过文字作为媒介来考查一个人的素质能力知识水平。但人的很多素质特征难以通过文字表现出来,如风度、仪表等,但这些可以通过面试来考察,例如,由于某些原因,应试者对一些东西进行隐瞒,不愿意表露出来,然而,在面对面的面试测评中,就很难做到了,这些都会被考官所发觉。

6.1.3 面试的类别

按照不同的分类标准可以将面试划分成不同的种类,下面我们将进一步介绍。

1. 根据面试的结构化程度划分

(1) 结构化面试。

所谓结构化面试就是首先根据对职位的分析,确定面试的测评要素,在每一个测评的维度上预先编制好面试题目并制定相应的评分标准,面试过程遵照一种客观的评价程序,对被测评者的表现进行数量化的分析,给出一种客观的评价标准,不同的评价者使用相同的评价尺度,以保证判断的公平合理性。如公务员录用和竞争上岗面试等都将其作为一种主要方法。结构化面试主要具有三个特点:一是结构化面试中所提的问题一般都是经过精心设计,与组织胜任特征模型高度相关的问题;二是结构化面试的问题、提问顺序都是事先确定的;三是结构化面试的问题都具有明确的评分标准,避免了主观偏误,提升了信度与效度。

(2) 非结构化面试。

非结构化面试通常没有必须要遵循的模式、程序和框架。由于没有既定的结构,测评者可以进行跟踪式的提问,也可以根据现场情景拟定问题。非结构化面试更容易"因人制宜",但非结构化面试中很少有对回答做出评价的规范化标准,所以要求测评者必须在面试的过程中从总体上把握面试效果。非结构化面试具有很强的灵活性,同时也具有效度不高的缺点。它的成功实施在很大程度上依赖于面试官的个人能力,包括面试官对于面试话题领域的专业经验、人际交往能力、谈话技巧等。

(3) 半结构化面试。

半结构化面试是一种介于结构化面试和非结构化面试之间的面试方式,同时使用结构化题目和非结构化题目。在应试者回答相同的问题时,根据不同应试者的不同回答进行不同的追问,从而深入而有针对性地了解应试者。这种方法兼顾了结构化面试和非结构化面试的优点,具有良好的普适性。

2. 根据应试者人数划分

(1) 单独面试。

由一名或多名面试官对一名应试者单独进行面试。

(2) 小组面试。

面试官将多名应试者共同置于同一情境下进行的面试,可以使得面试官在专业、地域、应聘岗位等方面对应试者分类进行比较测评,为择优评选提供较大的余地。

3. 按面试的提问类型划分

(1) 情景面试。

将被测评者置于某一具体情景中,根据被测评者在该情景中的言行等来观察其各方面的能力的一种面试方法,它的试题多来源于工作,或是工作所需的某种素质的体现,通过模拟实际工作场景,反映应聘者是否具备工作要求的素质,如"被测评者在情景中属于人事专员,某天有30个员工集体提出辞职,该被测评者应该做什么方面的工作"。

(2) 职位能力面试。

职位能力面试侧重于根据职位相关信息提出问题,如职位要求的基本知识与技能、应试者在相关岗位的工作经历等。如果是面试应届毕业生,则主要考察其对于所学专业的知识理解,实践经历等;对于社会招聘,则主要考察其工作经历,提问其之前所承担的任务和工作责任等。总之职位能力面试从职位出发,目的是了解应试者是否具有相应的岗位胜任力。

(3) 行为描述面试。

行为描述面试是指测评者依据被测评者有关以往行为的回答来推断其未来某一段时期内工作态度、工作潜能和工作绩效的一种面试方法。在这种面试中,面试员不是围绕某些假设的情景或情节反复提问,而是提出一些与工作相关的问题,如"在商学院学习时,你最喜欢哪些课程",以便就某些情况"如该候选人处理将要承担的财务问题的能力"得出结论。

基于行为的招聘面试要求面试考官将注意力集中在应试者的行为上,即通过与应试者之间的"我问你答"来描绘出一幅真实的关于应试者过去行为表现的图画。要做到这一点,面试考官必须且只能借助于应试者自己对过去所发生事件的描述。由于每个应试者的过去都是由许多行为表现组成的,试图对应试者过去的所有行为表现都进行考察是一项不可能完成的任务。这就对面试考官提出了较高的要求,需要面试考官把握住面试谈话的方向,让应试者跟着自己的思路走,并把应试者的陈述引向那些与应试者是否具有某项素质密切相关的行为领域[①]。测评者主要是提出一些与工作相关的问题,"这件事情发生在什么时候?""您当时是怎样思考的?""为此您采取了什么措施来解决这个问题?"基于行为的招聘面试常见于外企。

(4) 演讲式面试。

指被测评者根据测评者的提问导向,结合已有的知识和经验,运用语言、肢体动作、神情等向测评者表达自己观点的一种面试形式。演讲既可以是即兴的,也可以是有所准备的。演讲题目可以是结构化的,也可以是半结构化的,甚至是无结构化的。

(5) 压力面试。

压力面试将应聘者置于一种紧张的气氛中,面试官刻意刁难应聘者,并且穷追不舍,将应聘者置于一种进退两难的境地,有时甚至故意问使应聘者感到难堪的问题,目的是要考察应聘者的机智程度、应变能力、心理承受能力及自我控制的能力,常用于需要面临很大压力的工作面试中,如咨询、推销人员。压力面试可以帮助确定哪些候选人是可能对温和的批评做出愤怒和辱骂等过激反应的高度敏感者。但是,压力面试具有侵犯性并且不符合常规道德,它要求面试考官既能掌握好实施面试的技巧,又要坚信工作本身的确需要

---

① 张弘,曹大友.招聘面试中的行为挖掘技术[J].中国人力资源开发,2010(3):34-37.

厚脸皮和承受压力的能力。这需要面试员具有较高的技术水平。

4. 根据面试双方人数划分

根据面试官、应试者的人数不同,分为一对一面试、多对一面试和多对多面试。

一对一面试指一个应聘者与一个面试官;多对一面试指数名面试官同时对一位应试者进行面试评估;多对多面试,通常也叫小组面试或群面,多用于应届毕业生的招聘面试中,考察应聘者组织领导能力、沟通能力、团队合作能力和应变能力等。

6.1.4 面试的考察点

(1) 仪容仪表仪态。

仪容仪表仪态主要是指被测评者的着装、外表装饰、举止、礼仪及精神状态等,如酒店职员、保安、公关人员、演员等职位对仪容仪表仪态的要求是非常高的。

(2) 知识的广度与深度。

在面试中会涉及所掌握的专业技能,所接受的专业培训以及通过课外学习到的相关知识等,以考查被测评者知识的广度与深度。

(3) 实践经验。

测评人员会根据被测评者的简历或职位申请表的结果提出问题,查询被测评者的教育背景、工作经历、工作成果等,以考查被测评者的主动性、思维力、岗位胜任力、口头表达力等。

(4) 工作态度与求职动机。

工作态度的测评主要是针对以往的经历进行考察,通过了解工作态度,可以了解被测评者是否热爱工作、是否具有求知欲,考查其对现在岗位的求职欲望。

(5) 反应能力与应变能力。

通过被测评者回答问题的准确性、迅速性来考查被测评者对问题的反应是否敏捷、回答是否得当,可以测试出被测评者对于突发事件的处理能力。

(6) 分析判断、综合概括能力和综合运用能力。

通过面试测评被测评者是否抓住问题的本质,分析是否全面;对众多概念、论点等的概括是否全面、得体;分析被测评者是否具备运用综合知识解决问题的能力。

(7) 人际沟通能力和团队合作能力。

面试中会涉及测评人际沟通能力的问题,如"工作中,遇到的最难相处的人是怎么样的? 您是如何和他(她)相处的",通过这些问题,可以了解被测评者的适应能力和沟通能力;良好的沟通是进行团队合作的基础,可以通过情景问题来测评被测评者的团队合作能力。

(8) 自我管理能力、自我控制能力与情绪稳定性。

通过压力面试、情景面试等,从被测评者的工作经历、生活经历、背景询问中了解其自我管理、自我控制能力及情绪稳定性。

(9) 口头表达能力。

通过被测评者回答问题时的语言、体态,通过其分析问题的答案,可以了解被测评者的逻辑思维能力、表达的感染力、表达的准确性等方面的内容。

(10) 个人兴趣和爱好。

通过阅读课外书籍、体育项目、娱乐项目,消费生活方式等可以了解被测评者的兴趣爱好。在面试中,主要是向被测评者了解与工作有关的问题,介绍组织的概况、空缺岗位,讨论岗位薪酬福利的问题等,并就被测评者的疑问进行解答。

6.2 面试试题编制

6.2.1 面试题目的编制流程

面试题目编制的流程分为三个步骤:准备、编制和试测。

1. 准备

确定面试的目的、对应试者的素质要求、面试题目的类型和来源,并组织面试的人员安排与场地协调。

2. 编制

首先根据素质要求来设计或搜集题目,题目要能够测评应试者的胜任特征。还要设计题目的评分要点,以便于帮助面试官在评价应试者时能够有所依据、有的放矢。此外,除了题目本身,还要对现场可能出现的回答对追问进行设计,根据题干进行外延,并尽可能考虑到多种可能出现的回答。最后,按照一定的顺序安排题目,由易到难,由浅入深,便于应试者更好地发挥。

3. 试测

面试官可以通过对在职者进行试测评,收集优秀者的回答供制订评分细则参考。在试测时,要选取两组被测群体来进行对比测试,其中一组为高绩效员工,另一组为绩效一般(低绩效)员工,如果两组试测得分相近,则说明该面试题目并不能够区分出更加胜任此岗位的人才,效度不高,不能够在招聘面试中使用。反之则可以使用。

6.2.2 面试题目的类型

类似于主观题与客观题,面试试题可以按题目的答案形式分为开放式问题和封闭式问题。

开放式问题的答案不是固定的,需要经过个人根据自己的理解进行解释说明才能够使面试官了解自己的想法。开放式问题给应试者留有了较大的发挥空间,同时也考验面试官根据应试者的回答考察其胜任素质水平的能力。

根据面试试题的类型可以分为:

(1) 背景性题目。背景性题目通常用于了解应试者的学习、工作、培训等方面的基本背景。这种类型的题目常会在面试开始后的2~3分钟内完成。背景性题目具备三个方面的作用,一是让应试者放松、自然地进入面试情景,使面试现场形成融洽的气氛;二是印证简历或招聘申请表上的相关个人信息;三是有利于为后续的提问提供引导。

示例:

① 怎么来到我们公司的,一路上堵不堵车?

② 做个简单的自我介绍吧?

注意:控制背景性问题的回答时间以免占用时间过长;如果应试者回答很长,话题很广,面试官要能够抓住与面试相关的重点。

(2) 知识性题目。知识性的题目主要考察应试者对拟招聘岗位所必需的一般知识和专业知识的掌握情况。知识性的题目涉及基础性知识和专业性知识。基础性知识是指从事该职类的人都应具备的一些常识,专业知识是指应具备的专业领域内的专门知识。

示例:

① 什么是人力资源管理?

② 你怎么看待公司使命与公司目标?

注意:要保证提出的知识性题目与测评内容相关,具有代表性;点到即止,不要占用过多的面试时间,以免影响后面基本素质考察。

(3) 智能性题目。智能性题目主要考察应试者对一些现象(如社会热点、时事政治等)的理解能力和分析判断能力,以考察应试者的逻辑思维能力、综合分析能力、知识运用能力等。

示例:

① "公安部打四黑除四害"官方微博成为全国首个超千万"粉丝"的政务微博,据此,中共中央政治局委员、中央政法委书记孟建柱强调政法各部门要把握新媒体的规律特点,加强新兴传播工具建设,打造一批有影响的政法微博品牌。请谈谈你的看法?

② 铅笔制造商对铅笔说,你一定要经得住疼痛,才能成为一支合格的铅笔,请谈谈这句话对你的启示。

注意:智能性题目的考察针对个人的分析能力而不是实践能力;要着重关注应试者是否能够对问题进行深入探讨而不是泛泛而谈。

(4) 意愿性题目。意愿性题目一般考察应试者的求职动机与拟任职位的匹配性,还会涉及应试者的价值取向和生活态度等方面的内容。

示例:

① 在大学期间,你将时间都用在了哪些方面,为什么?

② 您为何离开原来的公司而选择来我公司求职?

注意:如果想要了解应试者的真实想法则需要对意愿性问题进行一定编排组合。

(5) 情境性题目。情境性题目是在面试现场假设一种情境,考察应试者在特定情境中的行为、态度、个性特征、应变能力等方面的素质特征。

示例:

① 假设这样一个情况,本来你的工作负担已经很重了,可上级却又给你安排了另一项任务。你觉得已没有精力再承担更多的工作,但又不想与领导发生冲突,你会怎样对待这个问题?

② 机关新录用了一批公务员,假如领导要你组织他们去某个基层单位参观,你准备如何做好这项工作?

注意:收集与面试职位相关的仿真情境相对比较费时;应试者的回答可能更理论化或理想化,在实际行为中还会受到个人影响;情境性题目对于有经验的应试者更容易,而对素质考察则较弱。

(6) 行为性题目。行为性题目是通过关注应试者过去的行为来预测其未来某一时间段内的工作态度、工作效果、人际交往能力、团队协作能力、解决实际问题的能力等。如"在前一份工作中,您接收到的最有印象的工作任务是什么?您采取了什么解决措施?任务的最终结果是什么?"。

示例:

① 说说在以往的工作中,你所组织的最成功活动经历,有什么体会?
② 请讲一个工作中遇到的问题,你是怎么解决的?

注意:行为性问题一般伴随有追问,因此面试官需要有一定的准备;应试者可能会隐瞒或编造经历,需要对其回答加以判断。

(7) 压力性题目。压力性题目是指在面试中对应试者施加一定的压力,观察其在压力情境下的状态,以考察应试者的情绪稳定性、应变能力等。此类问题可能会触及应试者的"痛处"。

示例:

① 由您的简历来看,您在两年的时间内换了3份工作,怎么证明您能在我们公司好好干呢?
② 你的简历经过包装吗?

注意:题目要因人而异,不可太过死板,避免提出太过于常见的压力性题目;更注重于应试者的反映、情绪等,而不是完全关注其回答的内容。

6.2.3 面试试题编制原则

在编制面试试题时,要注意以下四点原则:

1. 针对性原则

面试试题应根据面试的目的,围绕岗位需求、被测评者的状况及面试本身的特点来设计。面试是针对岗位进行的,所以试题设计要紧密围绕岗位胜任素质,应充分体现不同部门、不同岗位工作要求的特点,突出岗位需求的经常性、稳定性、经典性的内容。面试还要考虑到被测评者群体的状况,包括被测评者群体的教育经历、专业背景、工作经历等,以达到有针对性选拔的目的。与笔试相比,在面试中一般不会设计太多纯知识性的问题,而是更侧重考查拟招聘职位所需的能力、潜力、个性特征等。

2. 鉴别性原则

鉴别性是指面试试题应在某一方面具有一定代表性,在面试中题目既要有一定的难度,又要有一定的鉴别力,能够将同一测评要素上处于不同水平的被测评者划分开,以达到准确测试某一特定素质的目的。

3. 思想性原则

面试题目的选取应是现实生活中富有意义的热点或社会问题，应具有一定的思想性。如在公务员考试中会根据时事选题。

4. 延伸性原则

面试题目的形式及内容应具有一定的灵活性，面试题目应给被测评者留有创新的空间，调动其积极性，也要形成面试所需要的融洽氛围，各面试题目之间要相互联系、相互印证，形成面试的有机整体。

6.2.4 面试试题的获取

面试试题有多种获取渠道：

1. 通过网络搜索

网络上拥有大量经典而可靠的面试题目。通过搜索的方式可以减少题目编制成本，而且网络上题目种类繁多，可以满足不同企业不同岗位的需求。但是另一方面网络搜索的问题质量参差不齐，需要经过进一步的筛选。此外，题目的信度和效度也有待验证。

2. 购买专业测评公司的题目

人才测评的需求在不断增加，市场也随之出现了许多专业的测评公司。他们对于不同行业与岗位开发了专门的题库，出售给有需求的企业。这类题目一般经过了大量的时间验证，质量过关，内容完善。但题目一般也较贵，适合具有一定实力的企业。只有当企业能够买到适合自己的试题才能完全发挥试题作用，因此也要花费一定时间进行挑选。

3. 自主开发

企业可以根据自身组织的实际情况，结合招聘需求，通过自己或邀请咨询公司来开发适合企业自身特点的面试题库。自主开发的题目能够从企业出发，更好地反应组织的用人需求，但这种办法费时费力，成本较高。

6.3 面试操作流程

1. 面试实施前的准备

面试前的准备工作对于面试的成功是至关重要的。做好面试前的准备工作，至少有两点好处：能够帮助面试者更好地对被面试者做出判断；能够帮助被面试者形成对公司的良好印象。面试的准备主要包括以下 9 个方面的内容。

（1）明确面试的目的。

测评人员应该明确面试的目的是什么，最终要达到什么效果，只有明确这些问题后，测评人员才能对被测评者的测评要素做出客观公正的评估。面试目的的确定可以通过回顾职位说明书来完成。在回顾职位说明的时候，要侧重了解的信息是职位的主要职责，对任职者在知识、能力、经验、个性特点、职业兴趣取向等方面的要求，工作中的汇报关系、环境因素、晋升和发展机会、薪酬福利等。

(2) 电话筛选应聘者。

电话访谈主要是确认应聘者的应聘材料和简历中的信息,初步了解应聘者的职业兴趣是否与应聘的职位相符。在电话访谈中,可以侧重了解以下一些问题:应聘者是从什么渠道了解到公司的?又是如何得知职位空缺信息的?应聘者应聘的原因是什么?应聘者现在做的主要是什么工作?应聘者之前经历过什么?

(3) 面试通知的发放。

面试通知看似非常简单,但是如何操作才能体现招聘组织管理的规范性,树立组织良好形象,体现招聘人员的职业素养,提高面试人员的出勤率,这些都是人力资源从业者尤其是招聘负责人员需要深思的,也是需要不断探索的。

① 面试通知的发放方式。面试通知的发放主要可采用电话通知、电子邮件、公告栏、手机短信、信函等方式。根据组织招聘岗位的性质不同可选择不同的方式,由于工作习惯不同,不同组织也会采用不同的形式。各种面试通知发放方式如表6-1所示。

表6-1 面试通知的发放方式

通知方式	通知范围	优点	缺点
电话通知	社会应聘者	较常用,实现了与应聘者的双向沟通,信息反馈及时,同时也是一次简单的电话面试	会占用招聘人员较多的时间
电子邮件	1. 电话通知不到的情况下或是非重要岗位的面试 2. 需在短时间内通知大量应聘者	快速,省力	单向沟通,招聘人员不能及时收到反馈信息,且不能保证及时通知应聘者。通知的成功率不高
公告栏(电子版或纸质版)	多用于招聘大量在校毕业生	快速、省力、省时。借发布面试信息,可再次实现宣传企业的目的	招聘人员不能及时收到反馈信息,且不能保证及时通知应聘者。通知的成功率不高
手机短信	招聘量大,通知工作量过大	快速、省时、省力	单向沟通,应聘者可能会将其与垃圾信息混淆,影响企业形象
信函	招聘量很小,重要岗位	正式、严谨	单向沟通,信息传递慢,反馈不及时

② 面试通知的发放模板。本处编者引用邮件面试通知和公告面试通知的模板范例,供学员学习。

以电子邮件的方式通知应聘者的面试通知如表6-2所示。

表6-2 面试通知

面试邀请函

_____先生/女士：

您好！

首先感谢您对我们工作的关注与支持！

经过初步的挑选，我们认为您具备胜任经理助理一职的能力和要求，因此，很荣幸地通知您，请按照以下要求到我公司参加面试。

面试时间：_____年___月___日（上/下）午___时___分

面试地点：

乘车路线：

注意事项：

1. 请携带个人身份证、学历证书、相关职业资格证书原件
2. 个人免冠一英寸照片两张
3. 若对以上问题有疑问，请电话联系：_____

祝您一切顺利！

×××公司
年 月 日

以发布公告的形式通知面试人员，如图6-1所示。

2017年中国地震局第二监测中心招聘面试公告

根据有关规定，现将我中心2017年度招聘高校毕业生的面试工作通知如下：

一、面试时间

面试定于2017年3月13日至14日进行：

3月13日下午14：00～18：00（会计、地震监测岗位）

3月14日上午8：00～12：00（地震监测与研究岗位）

3月14日下午14：00～18：00（地震监测与研究岗位）

二、面试地点

陕西省西安市西影路316号中国地震局第二监测中心楼会议室

乘车路线：从火车站乘41路公交车或者从小寨乘坐19路、400路、521路公交车到观音庙站下车，前行150米（鼎立酒店隔壁）即到；或者乘坐地铁3号线至北池头站向前行500米即到。

三、注意事项

（一）面试时需要提供的材料

毕业生需提交下列证件和材料原件：(1)本人身份证、毕业证、学位证；(2)所在学校盖章的成绩单；(3)英语四、六级证书；(4)计算机等级证书等。

缺少上述证件和材料者，原则上不得参加面试。毕业生应对提交信息的真实性负责，一旦发现信息不实，将按照有关规定取消面试或者录用资格。

（二）面试答辩

(1)参加面试的博士研究生和硕士研究生每人答辩15分钟（其中2分钟英文自我介绍，13分钟中文阐述）；

(2)参加面试的本科生每个人答辩10分钟（其中2分钟英文自我介绍，8分钟中文阐述）；

(3)要求面试者将答辩材料制作成PPT，可就自己的基本情况、参加科研项目、发表论文、申请的岗位等方面进行阐述。

（三）有关要求

(1)毕业生应合理安排行程，按时参加面试。所有参加面试的毕业生根据具体面试安排，需于当日上午7：40和下午1：40前进入候考室，否则取消面试资格；

(2)毕业生务必于3月8日中午11：30之前以电话或者邮件形式确认是否参加面试。

联系电话：029-85506628

电子信箱：renshi@eczx.net

特此公告。

图6-1 面试公告

③ 面试顺序的排序技巧。从面试官的顺序安排来看,面试应该由人力资源部先进行,合格的候选人进入下一环节由用人部门人员面试。这样安排可以提高用人部门面试的成功率,节省用人部门时间。

从应聘者的角度来看,在安排多个人员面试时,应尽量将学历、经历、背景等相当的候选人安排在一起,应避免安排在一起的候选人落差太大。面试官对应聘者的评价容易受到其前后的应聘者的影响,前后相差太大的面试者,更容易使这种影响扩大化。

(4) 制订面试实施方案。

面试方案应该包括面试时间和面试地点的安排、确定面试的方法、确定面试的测评指标、面试问题的设计和面试小组的组建等。

(5) 面试时间和地点的安排。

面试时间应合理安排,让面试的双方都留有充分的准备时间。

面试地点应选择宽敞、明亮、安静且室内温度合适的环境,并且,根据测评者和被测评者的人数合理安排座位,如图 6-2 所示。

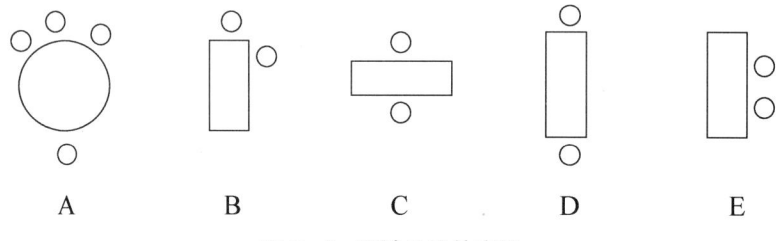

图 6-2　面试位置的安排

A 为一种圆桌会议的形式,多个面试者面对一个被面试者。B 是一对一的形式,面试者与被面试者成一定的角度而坐。C 是一对一的形式,面试者与被面试者相对而坐。D 是一对一的形式,面试者与被面试者相对而坐。E 是一对一的形式,面试者与被面试者坐在桌子的同一侧。

① 在面试中,如果采用 C 这样的形式,面试者与被面试者面对面而坐,双方距离较近,目光直视,容易给对方造成心理压力,使被面试者感觉到自己好像是在法庭上接受审判,使其紧张不安,以致无法发挥出其正常的水平,当然在想特意考察被面试者的压力承受能力时可采用此种形式。

② 像 D 这样的形式,由于双方距离太远,不利于进行沟通和交流,同时,空间距离过远也增大了人们的心理距离,可能会产生隔阂,不利于双方更好地进行合作。

③ 如果采用 E 这样的形式,面试者与被面试者坐在桌子的同一侧,心理距离较近,也不易造成心理压力,但这样面试者位置显得有些卑微,也显得不够庄重,而且也不利于面试者对被面试者的表情、姿势进行观察。

④ 采用 A 这样的形式,排列成圆桌形,使被面试者不会觉得心理压力太大,同时气氛也较为严肃,形式也较为庄重。

⑤ 采用 B 这样的形式,面试者与被面试者成一定的角度而坐,避免目光过于直射,可以缓和心理紧张,避免心理冲突,同时也有利于对被面试者进行观察。

因此,我们建议在通常情况下最好采用 A、B 这两种位置排列来进行面试。

(6) 面试相关资料的准备。

① 被测评者资料。个人简历、求职申请表等。

② 企业资料。公司宣传资料、人员招聘申请表、面试成绩评定表、面试准备的问题等。

(7) 面试小组的组建。

根据面试考官人数的多少,面试可以分为个人面试和集体面试两种。从面试团队成员组成来看,面试人员一般包括人力资源部招聘负责人员、用人部门负责人或指定人员、相关专家等。面试团队根据拟招聘岗位的实际需要,由人力资源部负责组建。

面试团队的成员必须具备以下条件。

① 必须具备良好的个人品格和修养,为人正直、公正、客观。

② 应具备相关的专业知识和自己的面试风格,面试成员之间的知识结构和面试风格应相互补充。

③ 了解组织状况及职位要求,这样才能帮助企业选出真正需要的人才。

④ 面对各类应聘者,能熟练运用各种面试技巧,控制面试的进程。

⑤ 能公正、客观地评价应聘者,不受应聘者外表、性格或背景等各项主观感受的影响,因此要求面试者有良好的自我认知能力。

⑥ 要求面试者掌握相关的人员测评技术,能够对录用与否做出果断的决定。

⑦ 具有较强的人际沟通能力和观察判断能力。

⑧ 具备相关专业知识。

在进行面试前需要对面试小组成员进行培训或召开沟通会议,对被测评者感兴趣和关心的问题要做好准备,必要时形成文字资料,保证所有的面试人员在回答问题时口径一致。

(8) 面试提纲的编写。

编制面试提纲需要结合阅读简历时发现的疑点,设计提问的问题,并确定拟招聘岗位需要考核哪些维度,然后围绕这些维度来编制面试提纲,如"上进心""沟通协作""责任感"等。

① 提纲题目的编写。提纲中的题目应具体、明确,一般整个面试过程应该控制在 30 分钟以内。

面试题目要针对前面确定的维度制定,为保证应聘者叙述事例的完整性,需要根据 STAR 方式来提出问题。

Situation——工作情景或具体任务。

Target——上述情况下想达到的目的、任务。

Action——怎么说的,怎么做的。

Result——上述行为导致的结果怎样。

同时,应聘者有着不同的情况和经历,不必要每个人选都要用同一套提纲依序一问到底。因此,每一个面试项目可从不同角度出一组题目,以便于面试时选择。

② 提纲的主要内容。面试提纲可以分为通用提纲和重点提纲两个部分。通用提纲涉及问题较多，适合于提问各类应聘者。重点提纲则是针对应聘者的特点提出的，以便对职位要求中有代表性的东西有所了解。

另外，不要问一些让应聘者很难回答的问题。有些招聘人员面谈时，喜欢向其他同事证明他有高明的面谈技巧，因此会问一些极难回答的问题，令面谈气氛向负面方向发展。

对于一些应聘人员因某些方面能力欠缺而回答不上来的问题，不要一再追问，可换个问题，因为这不是知识竞赛或论文答辩，你只需要了解他的适岗程度就够了。还有一些招聘人员自以为是，态度很不友善，无形中为面谈加压。

(9) 面试小组人员（测评人员）的准备工作。

① 测评人员要回顾岗位说明书或工作分析表，了解拟招聘岗位的任职资格条件。

② 阅读被测评者的个人简历及相关资料，这样有助于测评人员对被测评者有初步了解，方便面试时的沟通。

2. 面试实施阶段

面试是一个循序渐进的过程，在面试阶段，测评者应把握好面试进度，有条不紊地实施面试。面试的步骤可以分为面试开始阶段、导入面试阶段、核心面试阶段、被测评者提问阶段和面试结束阶段，其具体内容如图6-3所示。

面试开始阶段	测评者与被测评者第一次接触，为了消除被测评者的紧张情绪，为面试创造友好轻松的氛围，测评人员可问一些轻松的、与面试不相关的问题。如"来的时候堵车吗""今天天气不错，希望大家在面试中能发挥正常水平"
导入面试阶段	在这一阶段测评人员应提问一些比较通用的、被测评者比较熟悉并且可能有所准备的问题。如"请您用1分钟时间简单介绍一下自己""请简谈一下您的教育经历""目前为止，对您影响最大的人是谁"
核心面试阶段	进入面试核心阶段，即对被测评者进行岗位胜任能力的测评，可提问一些行为性问题、情景模拟性问题等，并根据被测评者的回答对其各项岗位胜任能力做出评价。如"您在哪些方面有优势可以胜任××职位"
被测评者提问阶段	测评人员提问完后，在结束面试之前应给予被测评者提问的机会。如"请问你还有什么要补充的吗""对我们公司或您的求职岗位，您还有什么需要了解的吗"
面试结束阶段	在结束面试时，不管录用与否，测评人员均应礼貌地感谢被测评者前来参加面试，并将下一步的面试程序告知被测评者，如"非常感谢您今天来参加我们公司的面试""面试结果将在一周内公布，我们会以邮件的方式通知您"

图6-3 面试的流程

(1) 面试开始阶段。

这一阶段主要的任务是面试官要为应聘者创造轻松、友好的氛围。这种氛围将有助于应聘者在后面的面试过程中更加开放地沟通。通常讨论一些与工作无关的问题，例如天气、交通等。在这个阶段中,通常没有必要采用基于关键胜任能力的行为性面试题目,而主要采用一些需要简短回答的封闭性问题。如"我们这里难找吗?""你是怎么过来的?"等。

(2) 导入面试阶段。

在导入面试阶段,面试考官首先要问一些应聘者一般有所准备的比较熟悉的问题,以缓解应聘者依然有点紧张的情绪。这些问题一般包括让应聘者介绍一下自己的经历,介绍自己过去的工作等。所问的问题一般比较宽泛,使得应聘者有较大的自由度,另外也为后面的提问做准备。这一阶段最适合的面试题目是开放性题目。如"请您简要介绍一下你自己的情况。""你是从哪里知道我们企业的?""你希望选择一个什么样的企业?""介绍一下你以前的工作经历。""你喜欢一个什么样的工作?"

(3) 核心面试阶段。

核心面试阶段是整个面试中最为重要的阶段。在该阶段,面试官将着重搜集关于应聘者核心胜任能力的信息。应聘者将被要求讲述一些关于核心胜任能力的事例,面试官将基于这些事实做出基本的判断,对应聘者的各项关键胜任能力做出评价,并主要依据这一阶段的信息在面试结束后对应聘者做出录用决定。

这一阶段使用的面试问题最主要的是基于关键胜任能力的行为性问题。例如,对于财务经理的岗位,面试官经常会问以下问题:"你是否负责编制预算、核对费用、监督部门工作进度以实现财务目标的工作?""你曾经在降低成本、增加利润、提高员工士气、实现产量增长方面提出过哪些有价值的建议?""你从自己和别人的失败中吸取了哪些教训?""它对你以后的工作有什么帮助?""你是根据什么来评价属下工作业绩的?""你跟领导或者下属关系怎么样?"

(4) 被测评者提问阶段。

在面试者提问之后,通常也会在结束之前询问被测评者是否有什么关心的问题。这对于被测评者而言也是了解企业和了解未来任职岗位的最好机会。"请问您还有什么要补充的吗""对我们公司或您的求职岗位,您还有什么需要了解的吗"。这个阶段建议被测评者应当表达出自己对公司与岗位的兴趣,适当准备想进一步了解的问题。

(5) 面试结束阶段。

在面试结束阶段,应留有时间回答应聘者的问题,并坚持你对应聘者的评价立场,适当时还要向应聘者宣传企业。以积极的语气结束面试,应当告知应聘者,企业是否对其背景感兴趣,如感兴趣,公司下一步将怎么办。另外,拒绝应聘者时要讲策略。如果正在考虑应聘者,但不能马上做出决策,就应当告诉应聘者,企业将尽快以书面形式通知面试结果。

6.4 行为描述面试

6.4.1 行为描述面试的概念

行为描述面试(Behavioral Description Interview，BDI)，是使用最为广泛的结构化面试方法，它起源于北美，是一种通过询问面试者过去的行为来预测其将来的行为表现，进而做出相应招聘决策的面试方法。

行为描述面试测评的是与将来工作相关联的过去行为，其基本假设来源于工业与组织心理学的一个基本原则：行为一致性原则，即过去的行为是未来行为的最好预测。在这种面试中，面试官问的是一些与当前工作紧密相关的行为问题，询问应试者在以往工作中碰到类似的情景时是怎么处理的，根据事先拟定的评分规则给应试者打分。

与其他传统招聘面试方法相比，行为描述面试法有三个显著特点。

1. 关注应试者与应聘岗位胜任素质有关的过去的关键行为和经历

在行为描述面试法应用过程中，应试者被要求描述其工作经历中的关键行为，而非感觉、判断或猜测，即使应试者想要刻意隐瞒或修饰事件中的某些细节，在经验丰富的面试官刨根式问题的攻势下，应试者的真实情况也会展现出来。通过应试者对过去经历过的事件的陈述，面试官能够通过提问了解应试者解决问题的能力、适应能力和团队协调能力及工作态度等重要信息，从而预测其在将来工作中的表现以及与应聘岗位的匹配程度。

2. 可靠性高

行为描述面试法能有效地保证招聘决策结果的可靠性，主要是因为：

（1）面试官询问应试者一些与过去工作行为相关的问题，例如，面试官问："请你讲一个最近在工作中遇到的沟通问题，你是怎样解决的?"应试者的回答只是联系实际发生的行为，而非主观臆断，因此可靠性会较高。

（2）每一个应试者被平等和合理地对待，所有应试者不管以前的背景如何，在应聘同一职位时，都被同等对待，所考虑的因素只与工作有关，不涉及个人隐私或外在特性，因此其获得的关于应试者的信息相对客观，可靠性也必然较高。

（3）可系统、量化处理面试者的回答，决策的理由充分，最后的决定有充分的材料和面试记录作支撑，避免了因面试官个人偏好所造成的错误决定。

3. 低成本高效益

行为描述面试法相对于传统面试法减少了反复面试的次数，有效地缩短了招聘的时间周期。招聘的准确性使大多数被招募人员在新的工作中有出色的表现，给企业带来较好的回报，避免由于不合适人选所造成的经济损失。

6.4.2 行为描述面试的设计

1. 进行工作分析

工作分析是实施行为描述面试法的基础，通过工作分析识别和定义工作的任务和有效完成工作所需要的知识、技能、能力和其他特征。

进行工作分析的方法主要有关键事件法和任务推断法两种，分别适应不同的职位特点。如果待聘职位是企业内比较成熟、重要的，便可以选用关键事件法，采用问卷或访谈等形式，从与职位存在工作联系的上下级、同岗位从业人员及其他存在沟通关系的人员那里获取信息。企业需要了解待聘职位在工作中的典型绩效事件，如最佳和最差的事件，并作为职位关键事件；明确事件中在岗员工要面对的情景、工作目的、任务以及行为和结果；进而归纳出五个左右对应待聘职位的胜任素质。例如，公司招聘人力资源部经理这一职位，通过关键事件法，该职位的胜任素质被确定为人员管理、计划、沟通、组织协调以及专业知识。

2. 选择测评方法

选择测评方法的目的是，判断行为描述面试是否为测量某一胜任素质的最佳方法。由于笔试、无领导小组讨论、评价中心等都可以帮助企业识别应试者的某项胜任素质，所以在明确待聘岗位的胜任素质之后，企业需要针对每一个胜任素质确认实施面试的可能性和必要性。仍然以人力资源部经理这一职位为例，该职位的胜任素质被确定为人员管理、计划、组织协调、沟通以及专业知识。这些胜任素质都需要经过素质测评才可确定适合职位的人选，其中针对专业知识的考核可以采用笔试的方式进行。

3. 制定面试方案

首先，确定胜任素质权重。在确定招聘职位的胜任素质后，有必要根据它们的重要性给每个胜任素质确定权重。通常采用1~5级权重，5代表最重要的胜任素质。一旦确定最重要的胜任素质，其他与之相比就能得到一个从1到5的权重。如果所有的胜任素质在重要性上大体都相等，那么，就赋予每一项胜任素质相同的权重。如对人力资源部经理来说，其胜任素质——人员管理、计划、组织协调、沟通以及专业知识在重要性上大体都相等，所以可赋予相同的权重。

其次，设计面试问题。设计面试问题要以胜任素质为基础，每项素质对应两三个面试问题。问题的形成是通过提取每项胜任素质的行为描述来完成的。如果胜任素质是由关键事件法获得的，关键事件就成为编制面试问题的基础；如果胜任素质是基于工作任务推断出来的，那么问题就来源于对未来工作中最有可能遇到的事件的假设。设计的问题应尽可能含有最大限度形容词，如"最近的""最难忘的""最具挑战性的""最困难的""最失望的""最大的"等。面试问题分为开放式问题和追踪式问题，开放式问题用来在面试开始时引出应试者对事件行为的描述，追踪式问题用来向应试者询问事件行为的具体细节。

4. 选择、培训面试官

在面试提问中，面试官不仅要了解面试者的行为，还要探求其行为背后的动机，因此，行为描述面试法要求面试考官有较高的面试技巧，比如追问技巧、谎言识别技巧等。另外,在面试中往往也不止一个面试官,以提高面试的效度,首先要选拔面试技能较为熟练的面试官;其次要对面试官进行培训。在首次实施行为描述面试前,面试考官几乎都需要培训。培训的内容大致有:传统非结构化面试存在的问题、行为描述面试的优点、行为描述面试的开发、面试问题与笔录的技巧、评价误差的消除、实施行为描述面试的步骤等。

6.4.3 行为描述面试的实施

1. 提出追踪式问题

在实施行为描述面试的面谈时,提问的顺序是先以一个开放式问题引出,使应试者进行行为描述,然后,用追踪式问题促使应试者为事件的情景、任务、行为和结果提供具体的细节。行为描述面试的面谈时间一般要一个小时或更长时间。追问在面谈中非常重要,面试官不仅要询问应试者在事件中的行为,还要探求其行为背后的动机。在询问追踪式问题时,可以借助STAR工具,以获得事件的详细细节。

2. 对应试者的行为进行记录

在行为描述面试中,面试官必须记录应试者在面试中的行为描述,以备接下来的分析和评价。在记录应试者的行为描述时,可使用录音技术来协助记录。同样可以依靠STAR工具记录应试者的行为描述,可以有效把握应试者过去关键行为及经历的本质和核心。

对应试者提供的每一个行为描述的记录应该包括STAR工具中的四个要素:情境、目标、行动和结果。记录时通常只要记一些关键的词或短语,面试官在面试结束后应尽快回顾和补充完整。行为描述记录与一般记录的要求不同,面试官不能写下自己主观及概括性的词,也不应该将应试者说的话用自己的文字来描述,而要近乎逐字记录,若面试官真的不能记下应试者说的每一句话,就记录下那些与胜任素质有关的回答,特别是涉及关键行为及经历的内容。

3. 评价应试者并做出招聘决策

行为描述面试着重考察面试者的"行为",所以面试官在评分时,要竭力保持客观,只看重应试者的行为表现,而非个人相貌、学历、身材等背景资料,否则会严重影响招聘决定的质量。在对求职者的考评进行讨论之前,每一个面试官都应该独立对求职者的每项胜任素质做出自己的评价。在单个面试官做出评定后,所有面试官都要通过一致意见或者简单的平均积分来加以整合,但一致性意见的效度要高于平均等级方法的效度。一旦对每个求职者的胜任素质都形成了一致性意见或平均等级后,就能够给每位求职者计算出面试总分。

 **思考题**

1. 面试的定义和特点是什么?
2. 组织进行面试前需做的准备是什么?
3. 简述面试的流程。
4. 面试试题的特点是什么?
5. 面试试题有哪些类型?
6. 结构化面试试题编制的步骤是什么?
7. 面试中的观察技巧有哪些?
8. 在面试中如何进行有效追问?

 案例讨论

宝洁的招聘面试

宝洁的招聘面试分为两轮。第一轮为初试,一位面试经理对一个应试者面试,一般都是用中文进行。面试人通常是有一定经验并且受过专门面试技能培训的公司部门高级经理。一般这个经理是应试者所报部门经理,面试时间在30～45分钟。

面试中的主要问题如下。

第一,请你举一个具体的例子,说明你是如何设定1个目标然后达到它的。

第二,请举例说明你在1项团队活动中如何采取主动性,并且起到领导者的作用,最终获得你所希望的结果。

第三,请你描述一种情形,在这种情形中你必须去寻找相关的信息,发现关键的问题并且自己决定依照一些步骤来获得期望的结果。

第四,请你举一个例子说明你是如何通过事实来履行你对他人的承诺的。

第五,请你举一个例子,说明在完成1项重要任务时,你是怎样和他人进行有效合作的。

第六,请你举一个例子,说明你的1个有创意的建议曾经对1项计划的成功起到了重要的作用。

第七,请你举一个具体的例子,说明你是如何对你所处的环境进行评估,并且能够将注意力集中于最重要的事情上以便获得你所期望的结果。

第八,请你举一个具体的例子,说明你是怎样学习1门技术并且怎样将它用于实际工作中的。

根据以上几个问题,面试时每一位面试官当场在各自的"面试评估表"上打分,打分分为3等:1~2分(能力不足,不符合职位要求,缺乏技巧、能力及知识),3~5分(普通至超乎一般水准,符合职位要求,技巧、能力及知识水平良好),6~8分(杰出应聘者,超乎职位要求,技巧、能力及知识水平出众)。

具体项目评分包括说服力/毅力评分、组织/计划能力评分、群体合作能力评分等。在"面试评估表"的最后1页有1项"是否推荐栏",有3个结论供面试官选择:拒绝、待选、接纳。在宝洁公司的招聘体制下,聘用一个人,需经所有面试经理一致通过。任何一位面试官选择了"拒绝",该应聘者都将从面试程序中被淘汰。

(资料来源:案例改编自刘云.人力资源管理[M].北京:科学出版社,2015)

思考题

1. 宝洁公司设计这些面试题目,是要考察应试者哪方面的素质?
2. 从案例中我们可以看出,宝洁公司需要什么样的人才?

第七章 评价中心

某民营房地产集团人力资源总监的招聘

某民营房地产集团公司对外公开招聘一位人力资源总监,经过层层测试与考察,有一位优秀的候选人罗某脱颖而出。在最后阶段,该公司使用了"无领导小组讨论"技术,让集团人力资源部的五位主管经理与候选人组成六人小组展开讨论。五位主管经理包括薪酬经理、绩效经理、招聘经理等。讨论结果发现,罗某在小组讨论中展现出很强的领导、驾驭能力,善于组织协调,调动大家的积极性,论证分析透彻,引经据典,旁征博引,及时总结概括大家的发言,充分激发大家的积极性,让多数主管经理心服口服。但是,薪酬经理往往有自己的不同意见,总是与其意见相左,并且,非常激烈反对候选人的意见,行为与态度表现得很强势。

测评专家组经过认真分析认为,候选人罗某具备总监的各项胜任力,可以上任,但是,要关注其与薪酬经理的上下级关系。据该公司的负责人介绍,薪酬经理是老职工,业务能力强,但是个性很强,自视过高,非常希望做人力资源总监,但是由于其领导力比较弱,集团公司没有任命他,而是从外部招聘新人。

新总监上任半年以来,其胜任情况良好,唯一的问题是其与薪酬经理的关系不断僵化,薪酬经理常常不服其领导,公然顶撞他,最后,总经理不得不将薪酬经理调离集团人力资源部。

资料来源:谷向东.无领导小组讨论[M].北京:电子工业出版社.2015:147-148.

7.1 评价中心概述

评价中心技术现如今已经是常用的测评管理人才的测评方法。评价中心凭借其全面、综合、有效、客观的特点得到了学者和企业的肯定。评价中心是一种综合的测评技术,本章将对评价中心中最常用的角色扮演、公文筐测试和无领导小组讨论进行介绍。此外,本章还将对同样是以情景模拟为基础的情境判断测验进行介绍。

7.1.1 评价中心的概念

评价中心最早起源于第一次世界大战时期的德国,德国心理学家开发了一套多项评价程序,利用行为观察法来选拔优秀军官。在测评活动中,心理学家首先界定了军官所需要的特质,随后根据此设计了五官功能和运动协调性试验、书面测验、面试等多种测评方法。整个测评以整体性、真实性为原则,营造了平常军官工作环境来展开测评。这样运用多种情境测评方法进行测评的思想深深地影响了现代评价中心测评。

随着评价中心在实践中的不断发展,评价中心的方法不断完善,评价中心内涵也相应扩大。殷雷(2006)[①]提出评价中心方法的定义主要包括以下几种。

(1) 方法说。评价中心是一种较好的适用于管理人员,尤其是高级管理人员选拔的测评方法。评价中心是通过多种情境模拟方法观察被测者特定行为的方法。

(2) 活动说。评价中心是以测评被测者管理素质为中心的标准化的一组评价活动。几乎所有的关于评价中心的研究文献都认为评价中心是一种活动。

(3) 过程说。评价中心是有机地利用多种测评技术定性、定量地判断测评对象特定资质的过程。

(4) 程序说。评价中心方法是人力资源管理者用来评估与组织效能相关的员工个人特性或能力的一系列程序。

综上所述,评价中心是利用多种测评技术对被测者的特定资质进行评价的一系列活动和方法。也正因为评价中心是多种测评技术的综合,所以它也结合了多种测评方法的特点,具体有6个方面:

(1) 综合性。

评价中心是对行为观察和心理测验法等多种测评技术的综合运用,其中行为观察法主要包括无领导小组讨论、管理游戏、角色扮演、公文筐测试等,心理测验法通常采用智力测验、能力测验、人格测验、投射测验和职业兴趣测验等。表7-1显示了评价中心各种测评方法的使用频率。

表7-1 评价中心的各种测评方式的使用频率

复杂程度	评价中心形式名称	实际运用频率
依次递减	管理游戏	25%
	公文处理	81%
	角色扮演	没有调查
	有领导小组讨论	44%
	无领导小组讨论	59%
	演讲	46%
	案例分析	73%
	事实判断	38%
	模拟面谈	47%

---

① 殷雷.关于评价中心若干问题的探讨[J].心理科学,2006,29(4):1007-1009.

由于评价中心综合使用多种测评技术,其能够多角度、多层次考察被测者各方面的素质特征。另外评价中心不仅有助于挑选出具有发展潜力的管理人才,还能在测评的过程中训练被测者的管理、思维分析、团队合作等能力,如以选拔为目的的评价中心,兼具选拔与培训的功能。

(2) 灵活性。

评价中心在测评中有针对性和选择性地灵活使用各种测评技术和测评内容。例如,在测评被测者的能力发展时采用360度评估方法;测评被测者的分析思维能力时,采用案例分析的方法;测评团队合作能力时采用管理游戏的方法。这样也增强了测评结果的公正性和客观性。

(3) 标准化。

评价中心中的测评技术多种多样、测评活动较多且形式多样,测评持续时间从几个小时到几周不等,但是每项测评活动都是按照测评需要进行设计的,都有统一的设计标准。

另外,在测评过程中,多个测评人员按严格的程序对被测者进行集体评价,最后通过定量、定性的方法整合测评结果来达成一致意见。

(4) 效度高。

评价中心具有效度高的特点,其采用多种测评技术进行测评,使各测评结果得到相互补充和验证。测评中定性评价与定量评价相结合,减少了测评中的误差。评价中心采用情境模拟性测评,测评的内容与真实的工作情境十分相似,测评人员能够直接观察和测评被测者解决问题的实际能力。评价中心效度高的特点,是为人们所公认的,即使是最严厉的批评者也不能否认这一事实。表7-2显示了多个学者对评价中心预测效度的研究结论。

表7-2 评价中心预测效度的研究总结

研究者	时间	结论
Byharn	1970	OAR能够找出那些步步高升的管理者。从测评结果来看,成功管理者的得分高于不成功的管理者。OAR与业绩的相关系数范围从0.27~0.64
Cohen 等	1974	OAR与业绩的相关系数为0.33,与潜能的相关系数为0.63,与职业晋升的相关系数为0.40
Thornton 和 Byharn	1982	OAR能够预测职业晋升情况、业绩水平等
Hunter 和 Hunter	1984	统计分析的结果表明OAR与工作业绩的相关系数为0.43
Schmitt 等	1984	统计分析的结果表明OAR与一系列才能指标的相关系数为0.41
Gaugler 等	1987	统计分析的结果表明OAR与晋升、工作业绩评价等的相关系数为0.37

从表7-2中,我们可以看出评价中心测评总结果(OAR)的预测效度最低为0.27,最高为0.64,平均为0.41。也有一些研究表明评价中心中的结构化行为访谈预测效度为

0.35～0.45,单个情境模拟为 0.4 左右[①]。虽然从绝对效度而言,0.41 并不算很高,但是相对于一般的心理测验、笔试等方法而言,其预测效度更高。

(5) 针对性。

评价中心的测评指标体系设计是从对岗位的工作分析中得出来的,根据不同层次类别人员的岗位要求和必备素质,设计有针对性的模拟情境,适应不同岗位的需要,在测评过程中尽可能真实地模拟特定的工作条件和工作环境,并在特定的工作环境和压力下进行测评。这样做的结果是尽最大可能保证选拔出来的人员在今后的工作中能够同他们在测验中的表现一致。

(6) 成本高。

评价中心是多种测试方法的集合,从时间角度计算,评价中心技术比传统的测评技术或某一项测评技术测试的时间要长得多。不同目的的评价中心技术需要的时间不同,基于选拔的评价中心技术大概需要一天的时间,基于培训的评价中心技术需要一天半到两天的时间,基于技能开发为目的的评价中心技术需要一天半到两天的时间。同时,测试结束后,面试官需要花大量的时间进行定量与定性的综合评价。评价中心的题目也往往需要进行个性化开发,题目开发的工作量非常大,而题型的设计对评价中心的预测效度非常重要。因此,总体而言,评价中心所花费的时间成本和人工成本比较高。

7.1.2 评价中心的流程

一般来说,评价中心操作流程主要包括 7 个步骤,企业可以根据实际情况加强或弱化其中的某些环节。

1. 明确测评目的

开展任何类型的人才测评工作都要首先明确测评的目的,评价中心也是如此,也就是"要利用评价中心技术达到哪些目的?"企业开展人才测评有 4 个基本目的:人才选拔、人才培训、绩效考核和能力诊断,测评就围绕这 4 个目的展开。

2. 确定测评维度

接下来,我们需要根据测评目的,确定测评的维度,即回答"测什么"的问题。在确定测评维度的工作中,我们可以采取工作分析的方法。通过对岗位说明书的了解以及和任职者的上级及任职者本人访谈,了解该岗位的工作职责和任职规范。从工作分析的结果中可以明确测评的维度。在确定测评维度后要同时对每个维度进行定义,经常采用的定义方法有典型的行为定义与采用定义,部分指标也可以采用极端特征式的定义方式。然后为各个指标分配合理的权重,用于培训开发的评价中心可以采用维度分类的方法,将所有需要测评的维度划分为核心维度与次级维度。

3. 选择测评方法并进行题目开发

评价中心本质上就是多种测评方法及工具的有机组合,它主要的设计问题就是选择可行的方法及工具,对需要测评的素质进行有效的评价。这里所说的"可行的方法及工

---

① 包晨星.测评技术之最新进展:人才评估[M].上海:上海交通大学出版社,2004:25.

具"具体体现在3个方面,一是这些方法及工具适合用来测评相关素质,一般而言,测评的题目需要根据所测岗位的特点进行个性化设计;二是这些方法及工具能够购买到或设计出来,因为测评题目的开发需要人才测评的专业人才,而目前我国这方面的人才非常缺乏;三是这些方法及工具能够被合理地使用。

4. 培训并协调测评项目相关人员

(1) 与所有参与人员进行沟通。评价中心的参与人员包括测评人员、被测者及一些其他的参与人员。

对于被测者,要事先向其提供一些关于评价中心技术的简介和测评指导语,包括有哪些类型的测评、所需要的时间、生活安排及对他们的纪律要求等内容。

对于参与人员,需要与其就评价中心的每一个细节进行深入交流,以便使其能够理解此次评价的目的、意义,从而很好地配合主要测评人员实施测评。

(2) 培训测评人员。对测评人员培训的基本目的在于让测评人员掌握如何根据既定的标准和要求对被测评人员的表现做出客观的判断和评价,对测评人员培训的内容包括4个方面。

① 评价中心的各项政策和规定,包括被测评人员的详细资料和信息的使用限制。

② 测评方法和工具的使用。测评人员应熟练掌握在每项测评的过程中所要观察的维度和典型的行为表现。

③ 所要测评的要素及具体的维度,包括测评要素与行为表现之间的关系。

④ 测评及评分的具体过程,处理、整合数据资料的各种方法与技巧。

5. 测评方案设计与实施

测评方案的实施过程实际上就是解决组织与分工问题,即"怎么测"。根据测评方法的特点以及实际情况来决定测验的顺序。设计测评方案要根据"成本最低、时间最短、用人最少"的原则,精确地计算测试成本、准确地规划测试时间、合理地安排测试场地、详细地安排人员分工。做好面试官分组、人员分工、计算题目数量、计划测试时间等工作。表7-3所示为某企业的评价中心测试实施安排表。

表 7-3 评价中心测试实施安排表

日期	测评项目	时间	测评对象	评委组成	地点
×月×日	无领导小组讨论	9:00~11:10	第1组受测者	A组评委:李××、张××、王××、刘××、程××	××会议室
			第2组受测者	B组评委:姜××、任××、周××、韩××、耿××	××会议室
		14:00~16:00	第3组、第4组受测者	第3组:A组评委 第4组:B组评委	

(续表)

日期	测评项目	时间	测评对象	评委组成	地点
×月×日	动机与个性心理测验	9:00～11:00	全体受测者		××室
	公文筐测试	14:00～17:00	全体受测者		××室
×月×日	半结构化面谈	9:00～9:45	1号受测者	A组评委:李××、张××	××室
			2号受测者	B组评委:王××、刘××	××室
			3号受测者	C组评委:姜××、任××	××室
			4号受测者	D组评委:周××、韩××	××室
		10:00～10:45	5～8号受测者	依次为A、B、C、D组评委	
		11:00～11:45	9～12号受测者	依次为A、B、C、D组评委	
		14:00～14:45	13～16号受测者	依次为A、B、C、D组评委	
		15:00～15:45	17～20号受测者	依次为A、B、C、D组评委	
		16:00～16:45	21～24号受测者	依次为A、B、C、D组评委	

6. 测评结果统计与撰写报告

评价中心技术的正常运行需要专人负责监督与评估,以便及时发现问题并及时调整。在监督的过程中,需要做详尽的记录。

7. 测评结果反馈

测评结果反馈是测评的最后阶段,但绝不是最不重要的阶段。往往以绩效考核和培训为目的的人才测评是为了找出自身欠缺的地方,帮助员工成长而不是为了评判一个人。有些企业运用评价中心找到了有能力的人选,也诊断出相应的培训发展需求,但是,迟迟未能付诸行动,致使测评结果根本得不到任何利用。测评者的角色不是法官和裁判,而是一个合作者,从被测者的角度出发,帮助其进行职业生涯的选择以及成长。

7.2 角色扮演

7.2.1 角色扮演概述

角色扮演是评价中心的重要测评手段,它通过观察应试者在规定情境下所扮演的特定角色的行为表现,来评判应试者的素质和能力。

角色扮演有多种形式,可以按照测评任务的不同将角色扮演分为三类:沟通型、应变型和问题解决型,其中沟通型使用最为广泛。沟通型角色扮演通常会设置一个存在冲突或困难的情境,通过要求应试者扮演某种角色,如员工、领导等,来与其同事、上下级、客户进行沟通。沟通型角色扮演主要用于评价应试者的人际关系处理能力、沟通能力。应变型角色扮演则是通过让应试者扮演处理突发事件的负责人来观察应试者的危机处理能力。而问题解决型角色扮演则考察应试者如何独自或与人合作完成某一项任务。

下面是一个10分钟的角色扮演示例:

指导语:你将与其他两个人共同合作,而且你们三个角色的行为是相互影响的。请快速阅读关于你所学角色的描述,然后认真考虑你怎样扮演那个角色。进入角色前,请不要和其他两个被试者讨论即席表演的事情。请运用想象使表演持续10分钟。

1. 图书直销员(角色一)

你是个大三的学生,你想多赚点钱自己养活自己,一直不让家里寄钱,这个月内你要尽可能多地卖出手头的图书,否则你将发生经济危机。你刚在党委办公室推销。办公室主任任凭你怎样介绍书的内容,他都不肯买。现在你恰好走进了人事科。

2. 人事科主管(角色二)

你是人事科的主管,刚才你已注意到一位年轻人似乎正在隔壁的党委办公室推销书,你现在正急于拟定一个人事考核计划,需要参考有关资料。你想买一些参考资料,但又怕上当受骗。你一直非常忌讳别人觉得你没有主见。你知道党委办公室主任正走过来。

3. 党委办公室主任(角色三)

你认为推销书的大学生不安心读书,想利用推销书的办法多赚到一点钱,以使自己的生活过得好一点。推销书的人总是想说服别人买他的书,而根本不考虑买书人的意愿与实际用途。因此你对大学生的推销行为感到恼火。你现在注意到这位大学生马上会利用你的同事想买书的心理。你决定去人事科阻挠那个推销员,但你又意识到你的行为过于明显会使人事科主管不高兴,认为你的好意是多余的,并产生他无能的感觉。

角色扮演要点参考(仅供评分人参考):

1. 角色一应:

(1) 避免党委办公室情形的再度发生,注意强求意识不要太浓;

(2) 对人事科主管尽量诚恳有礼貌;

(3) 防止党委办公室主任的干扰。

2. 角色二应:

(1) 尽量检查鉴别书的内容与适合性;

(2) 尽量在党委办公室主任说话劝阻前做出决定。

(3) 党委办公室主任一旦开口,你又想买则应表明你的观点,说该书不适合党委办公室是正确的,但对你还是有用的。

3. 角色三应:

(1) 装着不是故意来为难大学生的;

(2) 委婉表明你的意见;

(3) 注意不要恼怒大学生与人事科主管。

7.2.2 角色扮演的优缺点

通过角色扮演可以对被测者的行为特征进行评价,以测评其各方面的素质特征及各种潜在能力,因此角色扮演具有测评功能;通过角色扮演可以发现被测者行为上存在的问题,有助于被测者了解自己,对存在的缺点及时做出有效修正,因此角色扮演还有培训的功能。角色扮演的优点体现在:

1. 综合性

角色扮演可以考察应试者多方面的能力,如沟通能力、判断能力、应变能力等,多人参与的角色扮演还可以培养参与者的团队合作能力。

2. 仿真性

角色扮演是一种情境测评方法,它所模拟的情境和角色通常源于实际工作,这使应试者能够对情境产生信任感,尽快融入自己的角色,因此,角色扮演能够很好地预测应试者未来的工作表现。

3. 灵活性

角色扮演具有高度的灵活性。角色扮演的形式和内容是丰富的,为了达到测评目的,主试者可以根据测评需要设计主题、场景。在测评要求下,受试者的表现也是灵活的,他们不会被限制在有限的空间里,不然会影响受试者发挥真正水平。

但角色扮演并不是完美的测评方法,还具有以下几个缺点:

1. 专业性强

题目设计要求高,情景设计可能与所测能力不符。角色扮演的题目设计要求真实还原目标岗位的工作情景,同时要求所设计的题目任务能使应试者表现出需要被测评的能力素质维度。而如果没有专业性很强的评估人员,则很难对应试者的表现做出客观公正的评估。

2. 表演意愿与表演行为

一方面,某些应试者为了使自己在角色扮演过程中表现得更好,可能会提前进行一些角色扮演的训练,并在测评过程中表现出刻意准备的一些行为或模式化行为,而掩盖他们真实的特征,这对其他应试者来说是不公平的;另一方面,有些应试者由于自身的原因并不乐意接受这种测评方式,却又没有明确拒绝,导致他们并没有真正进入角色,从而使测评失去了意义。

3. 标准化困难

角色扮演通过还原目标岗位的真实工作情景来考察应试者,有较强的灵活性,现场临时因素对其影响较大,进行互动时可能会有不同的表现。因此对于角色扮演的设计开发及实施过程均难以形成较为规范的标准化模式。

为了弥补角色扮演的不足,必须向应试者提出一些具体的角色扮演要求,主要包括:

(1) 接受角色扮演中提供的一切事实;

(2) 使自己处于一种积极参与的情绪状态;

(3) 在角色扮演过程中,注意态度的适宜性改变;

(4) 在角色扮演中，不要向其他人进行角色咨询；

(5) 如果需要，注意收集角色扮演中的原始资料，但不要偏离案例的主题；

(6) 不要有过度的表现行为，那样可能会偏离扮演的角色。

7.2.3 角色扮演的实施

1. 准备阶段

(1) 明确目的。

角色扮演适用于评价应试者的关系协调能力，与他人沟通的能力，在高压环境中的工作表现，决策、计划与组织能力，冲突管理能力。因此，需要首先确认角色扮演是否适合测评目标岗位的胜任特征。

(2) 确定评价指标和评价标准。

实施角色扮演前应该根据目标岗位所需要的胜任素质确定角色扮演的评价指标，比如，对于管理岗位，需要利用角色扮演来测评应试者的决策能力、组织能力、交际能力；而对于销售岗位来说，需要利用角色扮演来测评应试者的沟通能力以及观察人和事物的能力。确定评价指标后，应该经由专家小组讨论来确定各评价指标的评价标准。

(3) 设计情境。

模拟情境应和应试者以后面临的工作环境高度相关，要突出目标岗位最重要的能力要求，明确应试者在情境中的任务。

(4) 培训合作者。

角色扮演过程中通常会设置多种角色，除了应试者外，还有与之配合表演的合作者。评估的主要依据就是应试者与合作者之间的互动过程。因此，测评活动开始前，需要对合作者进行培训，使合作者熟悉应试者的工作环境，并对合作者的言行进行规范，缩小其他因素给测评带来的影响。

2. 实施阶段

(1) 位置安排。

面试中各个应试者应处于平等关系，安排位置时要尽量避免位置摆放的失误。不当的位置安排会让某些应试者获得更大心理压力，不利于其发挥，影响公平性。另外，应试者要面对面试官，这样便于面试官对应试者进行观察和评价。

(2) 测评过程。

角色扮演正式开始前，面试官应该向应试者说明角色扮演的要求和注意事项，并回答应试者的相关疑问。正式开始后，面试官就应不再给予应试者任何指导，也不进行任何干涉，而是由应试者充当积极主动的角色，由应试者控制角色扮演的话题和气氛。

(3) 观察和记录。

在整个角色扮演过程中，面试官要持续观察应试者的行为表现，并记录应试者的言语，最好采用应试者的原话。记录内容要详细、客观、准确，也可以借助工具来录音、录像。另外，在记录过程中面试官不应对应试者进行评价。

3. 评分与点评

(1) 评分环节。

面试官对所有观察到的行为进行记录后,要按照评价标准,根据应试者的每个素质测评项目进行研究,根据其素质特征、行为表现及评分标准对应试者进行评分。

面试官公布对每个应试者的评分结果,并针对应试者在角色扮演中的表现和每个人的评分结果进行讨论,以达成对测评总分的一致意见,提高测评的准确性。

(2) 进行点评。

在这一阶段,面试官有针对性地对应试者的行为表现进行点评,点评不单单限制在规定的测评项目上,还可以就应试者在角色扮演中的素质特征进行点评。一般在培训性的角色扮演中会有点评阶段,在招聘性的角色扮演中此阶段一般被省略。

(3) 撰写评估报告。

针对应试者的表现撰写报告,报告的内容包括测评时间、地点、内容、应试者及其行为表现以及其对角色的把握程度等,这对于选拔人才、培训开发和人事调整等有指导意义。

7.2.4　角色扮演的评价内容

测评人员对于角色扮演中各应试者进行评价前,应事先设计好表格。角色扮演中的一般评价内容可以分为4个部分。

(1) 对角色的把握程度,应试者是否能够迅速准确地对形势进行判断,能否尽快进入角色,根据指定的角色和背景能否按照要求采取相应的对策。

(2) 角色的行为表现,主要包括应试者在角色扮演中的行为风格、沟通能力、口头表达能力、说服能力、思维敏捷能力、应变能力、价值观等。

(3) 角色扮演时的仪容仪表仪态是否符合角色要求,是否与当时的情境相匹配。

(4) 其他内容,包括情绪控制能力、人际关系技能、缓和气氛的能力、行为优化的能力、行为决策的正确性等。

7.3　公文筐测验

一个优秀的企业,少不了优秀的管理人员的支持。因此选拔、评估管理人员,尤其是中高层管理者,就成为企业人力资源管理的重要任务。管理人员在日常工作中往往需要处理大量的文件资料,通过文件来获取信息,开展工作。所以文件处理的能力便成为衡量管理人员素质的重要一环。为了测验应试者是否能够很好地处理个人文件,模拟日常工作中处理公文情境的公文筐测验应运而生。

7.3.1　公文筐测验概述

1956年美国电话电报公司(AT&T)将情境测验技术从军方引入公司当中,开发了一套模拟工作情境的测验,其中就包括公文筐测验。公文筐测验又称文件筐测验,是管理人员评价中心最常用、最核心的测评技术之一。测验要求应试者完成某一管理人员的工作，处理一系列日常的书面公文文件，包括备忘录、邮件、电话记录、报告、信函、文稿等。在工作中，公文文件通常会放在公文筐内等待处理，因此将其命名为公文筐测验。

公文筐测验中使用的公文文件内容非常广泛，通常会因岗位要求的不同而涉及人事安排、组织结构调整、财务计划、工作流程改动、政府法令公文、市场信息与客户关系等多个方面，文件所提供的信息有可能前后一致，也有可能互相矛盾，需要应试者综合考虑各个文件的内容，给出处理意见。

在进行公文筐测验时，应试者需要在规定的时间内处理一定数量的公文文件，具体的限制时间和公文数量根据公司的具体情况和岗位的要求而有所不同。在公文筐测验中确定时间限制和公文数量是非常重要的，足够的公文数量可以测评应试者的综合处理能力，而时间限制可以考察应试者在有时间压力的情况下能否分清轻重缓急并迅速做出决定。测验开始后，要求应试者独立完成公文处理，一般情况下考官不提供任何援助。测验结束后评分者会对应试者在处理文件过程中的行为表现和所给出的书面答案进行评价，以判断应试者的计划、组织、领导、决策、授权、信息处理能力及其对工作环境的敏感度。

示例：公文筐测试题目

A公司是一家大型民营上市公司，业务领域涉及水利工程、环保科技和电力自动化等多个领域，其人力资源部下设5个主管岗位，分别是招聘主管、薪酬主管、绩效主管、培训主管和劳动关系与安全主管，每个主管有1～2位下属。

您（李月梅）是该公司的人力资源总监，现在已经是上午8点，您已经提前来到办公室，需要处理完累积下来的邮件和电话录音等信息文件，并针对这些文件做出解决方案。在您处理文件的过程中，您可以以电话、文件、备忘录、便条、批示等形式将所有文件的处理意见、方法等，做出书面表述。

好，您现在可以开始工作了，祝您一切顺利！

公文1

类别：电话录音

来电人：刘增　国际事业部总监

接受人：李月梅　人力资源部总监

日期：7月8日

李总：您好！

我是国际事业部的刘增，2016年10月中旬，人力资源部曾要求各部门上报2017年的大学生招聘计划。由于我部业务的特殊性，不仅要求应聘者有较高的英语水平，而且要懂得一定的专业知识，这类人员在校内招聘的难度很大。此外，由于我们公司薪酬水平较低，即使人员招聘来也很容易流失，过去几年的流失率高达74%。为此我们国际事业部多次召开会议，并初步达成共识：公司需要制订中长期的人才规划以吸引并留住优秀人才。

但是，到底该如何操作，尚无具体方案。我刚和总裁通过电话，他建议我直接与您沟通，不知您有何意见想法，请尽快告知。

公文 2

类别:电话录音

来件人:王睿　劳动关系与安全主管

收件人:李月梅　人力资源部总监

日期:7 月 9 日

李总:您好!

我是王睿,有件事情非常紧急,今早 7 点,我接到郑州交通管理局的电话,6 点 10 分在郑州 203 国道上发生重大交通事故,我公司销售部的刘向东驾车与 1 辆大货车相撞,刘向东当场死亡,对方司机重伤,目前正在医院抢救,与刘向东同车的还有公司的销售员人员蔡庆华、隋东和王小亮,3 人都不同程度受伤,但无生命危险。目前事故责任还不能确定,我准备立刻前往郑州处理相关事务,希望您能尽快和我联系,商量一下应对措施。

公文 3

类别:电子邮件

来件人:张玲　绩效主管

收件人:李月梅　人力资源部总监

日期:7 月 7 日

李总:您好!

公司今年结束年中的绩效考核后,准备实施基于目标考核的新的绩效考核系统,从上周起要求各部门经理和员工一起制订员工下半年的工作目标,按原定计划,该项工作应在下周三前完成,绩效监督小组对工作进程进行了检查,发现全公司 32 名部门经理仅有 4 个完成了工作,大部分经理尚未开始进行目标设定,当我们希望他们加快进度时,很多部门经理抱怨根本没有时间,觉得和员工共同制订工作目标是表面文章;还有部分部门经理认为这是部门内部的事,监督小组是在干涉他们的工作。目前工作进展很不顺利,请您给我们一些支持。

公文 4

类别:电子邮件

来件人:陈欣　培训专员

收件人:李月梅　人力资源部总监

日期:7 月 8 日

李总:您好!

公司 4 月在南非首次承接的 420 工程现已开工,工程部准备委派 6 名高级技术人员到南非提供技术服务。可是,这 6 名技术人员英语水平较差,虽经过为期半年的在岗英语培训,但效果不尽如人意。因此,工程部计划临时安排他们去英语学校参加封闭式培训,培训时间为 2 个月,费用为每人 10 000 元。该计划已经上报人力资源部。可是,昨天工程部来电称,财务部不同意支付培训费用,理由是该培训事先没有计划和预算,资金周转不过来,这几名员工原计划 10 月赴南非,工程部担心如果不能按期派人提供技术支持,可能会影响合同的执行和公司的声誉。目前,工程部非常焦急,请求您出面协调,敬请尽快回复。

7.3.2 公文筐测验的特点

公文筐测验利用各类公文文件给应试者模拟工作情景,处理各类公文文件,因此提供给应试者的背景信息和测验材料都是书面形式。总的来说,公文筐测验具有以下几个特点:

1. 测评内容广

公文筐测验可以广泛测验到目标职位的胜任素质。在测验中,文件材料通常来自多个部门,可以考察应试者的管理技能以及多业务处理的能力,进而可以客观、全面地评价应试者是否能够胜任管理职位。

2. 测验仿真性强

公文筐测验最大的特点就是采用了贴近日常工作的公文,甚至是真实使用的文件,从而将营造的测验情境和实际管理工作情境十分接近。在测验中,应试者可以投入模拟的情境中,表现出实际工作的状态。如果应试者能够妥善应付公文筐测验中的公文处理,那么便可预测该应试者能够胜任目标管理岗位职责。

3. 操作简便、应用广泛

公文筐测验的信息提供和答案都是以书面形式呈现,基本不会在测验中出现人与人之间的互动,因此公文筐的操作相对十分简便。此外,公文筐测验不仅能够测评应试者能否胜任管理岗位职责,还可以用来对企业现有的管理人员的工作能力、工作业绩进行评估,或者可以直接将公文筐测验用于管理人员的培训。

4. 公平测验

公文筐测验为所有应试者提供了相同的模拟工作情境,同时对应试者的答案有统一的标准,保证了测验的公平性。

5. 较高的信度和效度

公文筐测验是对日常工作的模拟,因此可以预测其信度水平是较高的,而实证研究证明,公文筐测验的信度水平为 0.6~0.8;在效度方面,经实践认证公文筐测验作为管理人员的选拔测评以及绩效预测手段都具有较高的有效性。

6. 编制成本高

公文筐测验的题目编制需要由具有较强专业能力的人员来完成,通常需要心理测量专家、管理专家、企业管理者的多方共同参与。而公文文件的收集以及题目的规范化都需要花费大量人力物力和时间,编制一份公文筐测验题目通常需要一个月以上的时间。

7.3.3 公文筐测验的操作流程

公文筐测试的操作流程包括公文筐测试准备阶段、开始阶段、正式测试阶段和评价阶段。

1. 测试准备阶段

测试准备阶段应当要有清楚、详细的指导语,且文字应通俗易懂,以保证每个测评者都可以准确地理解测试要求。

(1) 准备相关材料。

需要准备以下背景材料,包括应试者的特定身份、工作职能和组织机构等,背景材料的多少可以根据测试材料而定,其主要目的就是为测评者处理问题时提供一个背景情况。测试材料包括信函、报告、请示、备忘录等,这些文件可以用多种方法来呈现,如不同的文件用不同规格和大小的纸张来呈现等。准备答题纸,内容由3部分组成,如表7-4所示。

表7-4 公文筐测试答题纸

公文筐测试答题纸
应试者编号:
姓　　名:
竞聘职位:
文件序号:
处理意见: 签名: 　　　　年　　　月　　　日
处理理由:

(2) 公文筐测试的编制。

公文筐测试是一种较为复杂的测评方法,测试效果会受到多方面的影响,而公文筐测试的编制流程是其中一个重要因素。

① 公文筐测试编制的步骤。文件筐测试的编制需要经过建立指标体系、收集素材、确定测评要素、编制文件、确定评价标准5个步骤。

A. 建立指标体系。通过因素分析、文献检索等方法来分析拟招聘岗位所需要的所有素质,对牵涉的每一项素质进行详细的描述,然后编制岗位胜任力任职调查问卷,要求被调查者对每一项的重要性进行打分,最后通过数据分析锁定该岗位所需要的胜任力素质。

明确测评指标后,要针对不同指标的重要程度确定其权重,最后要运用胜任力模型对指标权重进行检验。

B. 收集素材。公文筐测试具有情景模拟的特性,因此除通过历史文献检索法收集公文外,还应进入各工作岗位收集其日常工作中所遇到的典型公文、典型事件,明确公文、事件的结构和形式。收集到的公文应该注重其内容和形式上的全面性。

C. 确定测评要素。在确定测评要素时要根据企业所在的行业特征、内外环境、企业文化、测评目的、岗位胜任力要求等,尽可能地把测评到的要素全部列入其中,一般来说,公文筐能够测评到的素质特征有规划能力、组织能力、决策能力、表达能力、应变能力、协调能力、控制能力、反馈能力、处理实际问题的能力及应付压力的能力。

D. 编制文件。利用双向细目表或多向细目表勾画出公文筐测试的整体编制思路,编制过程中要考虑公文涉及的维度,考虑其重要性和紧迫性的程度,考虑公文的形式和内容的比例,还要设计好测验指导语、测验复本等。

E. 确定评价标准。事先编制好评分标准,必要时可给出好、中、差3种情况的特征描述。由于公文筐测试没有完全客观化的答案,测评的最终分数会受到评价者主观因素的影响,因此可以制定以行为锚定为基础的等级评定量表,以使评价标准客观、详细。

② 公文筐测试编制的原则。公文筐测试在编制时一定要坚持系统性原则、全面性原则、重要性原则及标准化原则。

A. 系统性原则。公文筐测试中所包含的所有文件不是孤立存在的,而是一个系统,彼此相互联系。公文筐测试可以考查的能力一般包括逻辑分析能力、统筹能力、组织能力、决策能力、协调能力等。在测验过程中有些能力需要根据应试者对所有公文的处理来进行评价。如在评价统筹能力时,我们需要考察应试者是否能够根据公文的轻重缓急有所区别地处理公文。而有些能力则根据几个公文的处理来进行判断,如综合分析能力。再者如决策能力,只需要一个公文就可以测量。可见,一种能力可能涉及多个公文,一个公文也有可能对应着多个能力,各种公文在公文筐测试中扮演着不同的角色、发挥各自的功能,互相牵制从而构成了一个有机的系统。

B. 全面性原则。公文筐测试中的文件要确保在内容和形式上完整。内容上的全面性是指工作中所涉及的文件都应当有所涉及。形式上的全面性是指报告、指示、函件、制度等都要占到一定比例。以上两者中,内容上的全面性显得较为重要,这是因为不同内容的公文会有针对性地考查应试者的一种或几种关键能力。例如,受文,一般无须决策,仅需组织执行,主要考查组织、内部协调能力,再像发文,则主要是考查决策能力。

C. 重要性原则。讲求全面性的同时不能忽视了重要性原则,不能仅仅为将所有工作中的文件都纳入公文筐中,而忽略了工作重点。公文筐应以工作中的关键事件来构架公文筐测试的重要部分。毕竟,作为一位合格的管理者,如果能在岗位必须处理的关键事件上表现出良好的素质,那么才能预测其在接任管理职位之后能够有较好的工作业绩。如果仅从一些非关键事件上来推论应试者的能力,那么这些可能会与实际情境中表现的能力有所偏差,从而削弱了公文筐测试情景模拟的优势。因此,在设计公文筐测试之前必须做好关键事件访谈这一重要工作。

D. 标准化原则,指公文筐测试的编制要有一个标准化的程序。由于公文筐测试有别于传统的能力测试,并没有完全客观化的答案,评分会受到考评者主观判断的影响,为了减少主观因素的影响,就必须在设计时尽力做到标准化,并对考评者进行培训。

因此,为了贯彻标准化原则,首先,必须做到编制程序的规范,编制方法的科学,这是公文筐测试有效性最为基本的前提保证。其次,评分点要尽可能地做到详细,这样就可以在某种程度上避免因为主观评定标准的差异所带来的误差。最后,必须对考评者进行科学的培训,以提高考评者观察时的准确性。国外有学者在对考评者实施培训与评分准确性的相关性研究中发现,接受了培训的考评者在区分有效行为和无效行为时更加准确。

③ 公文筐测试编制时的注意事项。

A. 测试材料难度的把握。测试材料的难度要适中,如果把握不准,材料过难,固然可以选拔到很好的人才,但也有可能是大材小用,很难设想这人会安心本职工作,而且还会导致人力资源的浪费;材料过于容易,测试会出现"天花板效应",大家都得高分,就不能对应试者能力大小进行区分。

B. 测试材料真实性程度的把握,完全杜撰的材料,应试者可以根据一般知识进行推理,处理的结果没有针对性,看不出应试者的水平差异,应试者被录取后需要经过较长时间的培训和适应才能胜任工作。完全真实的材料,过于偏重经验的考查,忽视潜能的考查,最后选拔到的人无疑是完全与招聘单位文化气氛相同的人,违背了引入外来人才,给单位输入新鲜血液的本来目的,同时完全真实的材料,使招聘测试本身就造成对单位内部人员和单位外部人员的不公平,同样能力水平的内部人员被录取的可能性大,结果给人留下"一切都是内定,测试不过是走过场"的印象。

C. 对考官的要求。考官不仅要具备管理学和心理学的基础知识,了解公文筐测试的理论和实际依据,还要对应试者所任职务的职责权限和任职资格,如工作经验、学历、能力、潜能和心理特征等,进行系统的研究。此外,考官要能够独立或与他人合作设计测试题目,并了解题目之间的内在联系,能够恰如其分地展开问询,能够对应试者做出全面、公正、客观的评价。

D. 测试地点的要求。测试地点安排在一个尽可能与真实情境相似的环境中,且至少保证每个应试者有一张桌子和必要的办公用具,除此之外,应试者之间的距离应当远些,避免相互影响。

2. 测试开始阶段

在公文筐测试正式开始前,测评人员要把测试指导语读一遍,并对测试要求和注意事项进行介绍。当应试者对测试指导语理解后,每位应试者可以开始阅读有关的背景材料,背景材料具体包括应试者的角色、组织机构表、工作描述、工作任务等,在这一阶段应试者针对不清楚的问题向测评人员进行提问,这有利于让应试者明确自己的角色,尽快进入情境以便正式开始测试。

3. 正式测试阶段

通常需要 2 小时。应试者一般需要独立工作,没有机会与外界进行任何方式的交流。应试者有任何问题都不得提问。应试者处理文件时,主试者应注意对其进行观察,了解他们是如何工作的;对这些公文的处理是否互有联系;是授权别人干工作,还是自己干所有的工作;紧张程度如何等;主试者可以在客观观察过程中做适当的记录,为后面的评价提供信息。

4. 评价阶段

在这一阶段测评人员要对应试者的作答进行评价。有时候,虽然两位应试者处理文件的办法相同,但不同的处理理由往往会反映出其不同的能力特征。所以测评人员在评价应试者时,不仅要注重应试者的文件处理方式和方法,还要结合应试者采用何种方法的理由进行评价。

公文筐测试有许多评分方法,它们在评分程序的客观程度与最终结论的复杂程度上存在一定的差异,所以每种评分方法的信度、效度和测评结果等在一定程度上也会有差异。常用的测评方法有行为元素评估方法、主观和总体评估方法、维度评定评分方法。

(1) 行为元素评估方法。

行为元素评估方法是对应试者对每一个文件的回答质量做出评定,然后对各个行为元素进行评价,它能够客观地描述行为元素,信度较高,但效度容易受到质疑。

(2) 主观和总体评分方法。

主观和总体评分方法是针对应试者处理文件的方式做出全面、主观的评定，它比行为元素评估方法有更高的效度，但该方法评价的主观性强。

(3) 维度评定评分方法。

维度评定评分是针对应试者在每一个评价维度上的回答进行评分，该种评分方法的应用频率较高，比行为元素评分法有更高的效度。维度评定评分表按照对评价维度总体还是个别评分来分有不同的格式，如表7-5和表7-6所示。

表 7-5 公文筐测试维度评分表1(部分表示例)

编号：　　　　　　测评人员：

文件	评价维度	总分	评语	得分
1	决策能力	10		
	授权能力	10		
	控制能力	10		
2	书面表达能力	10		
	组织协调能力	10		
	说服能力	10		
…				

表 7-6 公文筐测试维度评分表2

编号：　　　　　　测评人员：

评价维度		评价要点	文件	评分等级	得分
组织协调能力	分工合理任务定位准确	理解相关部门及岗位的职责及定位	3		
		理解自己的角色及职责			
		根据要求对任务合理分配的能力			
	协调能力	有效的沟通说服能力	5		
		处理矛盾的能力			
	能力得分				
人力资源管理知识	基础知识	知识掌握的深度和广度	4		
		知识掌握的准确性			
	知识应用	事实与理论的结合程度	1		
		运用的灵活程度、有效程度			
	能力得分				
…					
评分等级	A 优秀(4.5~5)　B 良好(4~4.5)　C 一般(3~4)　D 及格(2.5~3)　E 差(0~2.5)				

7.4 无领导小组讨论

7.4.1 无领导小组讨论概述

无领导小组讨论技术最先用于第二次世界大战期间德国选拔优秀军官。据统计,当今在世界500强企业中,有80%以上的企业在高级人才的招聘和职务晋升中使用这种方法。这种方法被称为是招聘和选拔高级管理人才的最佳方法,尤其适用于评价分析问题、解决问题以及决策等具体的领导素质测评。

无领导小组讨论,即将一定数量的应试者(5~7人)集中起来,在不指定领导者、应试者地位平等的情况下,让其就某一问题进行自由讨论,它是一种集体面试的方法,在这个过程中,测评人员不参与到讨论中。测评人员根据应试者在讨论中扮演的角色、言语内容以及非言语行为等,对应试者进行评价。此方法主要用于测试应试者的语言表达能力、沟通能力、分析能力、计划决策能力、说服能力、团队领导能力、协调组织能力等。

7.4.2 无领导小组讨论的特点

无领导小组讨论是已经发展得比较成熟的测评方法,总体来说具有以下特点:
(1) 讨论过程公平公正。

无领导小组讨论不指定领导者,不指定发言顺序。地位上去中心化,讨论时应试者可以不受约束,由于中国人的权威和权力观念比较重,所以没有中心人物可以在一定程度上使个体更好地发挥自己,应试者可以在一个相互制约的平等的环境下展示自己各方面的才能,评价者可以在测试过程中对各位应试者进行较为直观的横向对比,发现他们各自的特点。

(2) 讨论仿真性强。

应试者针对一个实际问题展开讨论,每个成员都有表达自己观点的权利,并通过与其他成员沟通交流,最后形成统一的意见。在讨论过程中,随着讨论的进行,应试者会逐渐进入一种真正讨论的状态,能够诱发出应试者真实的行为模式,应试者表达观点的能力、说服其他成员的方法、获得他人支持的技巧、对待不同意见的反应、控制讨论进程的方式等细节都会在无意之中反映出其素质特征。这种讨论过程往往是应聘者在与他人互动的情境下的即时反应,因而难以掩饰和提前准备,更能真实地表现出自己各方面的优点和缺点。

(3) 评价客观。

无领导小组讨论中,测评人员在对应试者评价时主要从可观察、可比较的行为表现中提取信息,并运用定量或定性的方法去评判,能有效克服传统测评中易犯的主观偏见,如晕轮效应、近因效应等,从而做出相对公平公正的判断,也解决了传统面试中存在的"说得好不一定做得好"的问题。

(4)测评效率高。

从时间成本的角度上来看,无领导小组讨论可在同一时间内对多个应试者进行观察,比个别测试节省时间,有利于减少重复的工作量,从而提高了测评效率。

(5)人际互动的考察面广。

在无领导小组讨论中,最突出的特点,就是具有生动的人际互动。应聘者需要在与他人的沟通和互动中表现自己,该方法考察的维度也多与人际交往有关,如言语表达能力、人际影响力、解决团队冲突能力等。应试者无论是发表自己的观点或者是对他人观点做出反应,都在一定程度上折射出了自己的素质和个性特点。这种方法适用于人际要求较高的岗位人员的选拔,比如中层管理者、人力资源部员工和销售人员等,而对于较少与人打交道的岗位,如财务人员和研发人员的选拔,无领导小组讨论并不十分合适。

(6)编制题目难度高。

无领导小组讨论的题目的优劣直接关系到对应试者评价的全面性、准确性和合理性。在基于工作分析及胜任力素质的题目编制上,需要投入大量的人力、物力和财力,而工作分析、胜任素质及评分标准的确定,都对题目的编制者和讨论的评价者的专业知识和经验提出了较高的要求。

(7)对评价者要求较高。

无领导小组讨论可以对同组的成员进行组内差异的评价,但是无法对不同小组的组间差异进行评价。评价者在评价中使用的是相对标准,而不是绝对标准,同一个讨论的题目,可能有的小组讨论的气氛很活跃,而有的小组则比较沉闷,没有办法展开充分的讨论。同时,在一个小组中,应试者的表现会受到其他成员的影响,例如,一个说服能力很强的人,当他遇到一组能言善辩的成员时,就会显得表达能力一般,但是如果将其分在一个说服力相对较弱的小组中时,就会显得说服力很强。而评价者对应试者的评价很容易就会受到小组整体表现的影响,会产生一定的误解和偏见,造成不同无领导小组讨论之间缺乏横向比较性。

(8)受个人性格特点影响。

在无领导小组讨论中,应试者知道自己的表现会影响到评价者对自己的评价,因此,会存在做戏、伪装和表演的可能性。如果应试者了解了此次无领导小组讨论的测评意图及测评的维度,并且应试者具有一定的无领导小组讨论的经验,就会有针对性地表现出迎合考官期望的行为。评价者在对应试者进行评价时,在决策能力、影响力等素质方面,通常会根据发言次数而非发言质量做出评价,这对于外向型人格来说是有利的,但是在实际的管理工作中,内向型人格的人,在决策能力和影响力方面不逊于外向型人格的人。

7.4.3 无领导小组讨论的分类和题目类型

1. 无领导小组讨论的分类

无领导小组根据不同的测评目的及标准可分为不同的类型。

(1)根据有无假设情境分类,分为有情境的无领导小组讨论和无情境的无领导小组讨论。有情境的无领导小组讨论,是指将应试者置于某种假设的特定情境中,要求应试者从该种情境中的角色角度去理解和思考某个问题,情境信息通常包括组织的简单介绍、目前面临的困难问题以及需要完成的任务。

无情境无领导小组讨论没有特定情境限制,通常是要求应试者就一开放性问题或两难问题进行讨论,一般会选择近期社会的热点问题进行讨论,应试者可以自由阐述自己的观点,并积极争取小组的其他成员接受自己的意见,利用自身的影响力说服不同意见者,或协调组中的不同意见者。无情境的无领导小组讨论,一般要求在规定时间内达成一致性结论。

(2) 从是否给应试者分配角色的角度来划分,分为有角色分配的无领导小组讨论和无角色分配的无领导小组讨论。

有角色分配的无领导小组讨论,是指在讨论过程中,给每个应试者分配一个固定的角色,这个角色是与他在日常生活中的角色不同的,且各个角色的任务和目标存在差异。各位应试者必须从所给定的角色的角度出发阐述或履行责任,完成该角色所规定的任务。

无角色分配的无领导小组讨论,是指在讨论过程中并没有给应试者分配一个固定的角色,他仅仅是从自己的角度出发阐述观点,其角色与组内其他人没有任何差别。

(3) 根据参与者之间在完成任务过程中的相互关系,分为竞争型、合作型和竞争合作型的无领导小组讨论。

在竞争型无领导小组讨论中,每位应试者都是代表其本人利益或者其所属群体的利益。不同小组成员或不同所属群体间存在利益冲突或矛盾,应试者往往需要就有限的资源或机会进行争夺。

在合作型无领导小组讨论中,所有的应试者要求相互合作、相互配合完成某项任务,各位应试者的成绩都与该项任务的完成情况相关,同时也取决于各位应试者自己在完成该项任务中所做出的贡献。

在竞争合作型无领导小组讨论中,一般是将该队成员再分为几个小组,不同小组间存在竞争,而在小组内部则是合作型的,所有应试者之间既存在共同目标及合作空间,又存在相互竞争。具体内容概括如表7-7所示。

表7-7 无领导小组讨论类型

分类标准	类型	内容	示例
根据有无假设情境分类	有假设情境的无领导小组讨论	把应试者在某一假设情境中进行讨论	公司进行校园招聘,人力资源部该如何贯彻执行
	无假设情境的无领导小组讨论	应试者对某一个开放的问题进行讨论	一个优秀的领导者应该具备哪些素质
根据是否分配角色分类	有角色分配的无领导小组讨论	分别赋予应试者一个特定的角色后进行讨论	小组成员分别以人事经理、生产经理、营销经理、财务经理等身份参与讨论
	无角色分配的无领导小组讨论	应试者在讨论中不扮演任何角色	小组成员不扮演任何角色,可以在讨论中做主观分析,也可以做客观评价

(续表)

分类标准	类型	内容	示例
根据参与者完成任务过程中的相互关系分类	竞争型无领导小组讨论	应试者需要就有限的资源或机会进行争夺	不同部门的经理为下属尽可能多地争取奖金数额
	合作型无领导小组讨论	相互配合完成某项任务	决策委员会委员与其他决策委员共同分析企业面临的问题,共同制订详细的行动计划,向董事会汇报
	竞争合作型无领导小组讨论	组内合作组间竞争	为了尽快在1个小岛上建立起基地,让A组成员自由组合成3个小组,3个小组分别负责生活区、生产区、休闲区的规划,评价者将对整体规划与每个区的规划进行评估,得分最高的小组进入下面的测试,整体规划得分最高的团队每人获得5分

目前,比较流行的对无领导小组讨论题目形式的分类是以下5种:开放式问题、两难问题、多项选择问题、操作性问题和资源争夺问题。

(1) 开放式问题。

所谓开放式问题,是其答案的范围可以很广、很宽。主要考察应试者思考问题时是否全面,是否有针对性,思路是否清晰,是否有新的观点和见解,例如,您认为什么样的领导是好领导？关于此问题,应试者可以从很多方面如领导的人格魅力、领导的才能、领导的亲和力、领导的管理取向等方面来回答,可以列出很多的优良品质,开放式问题对于评价者来说,容易出题,但是不容易对应试者进行评价,因为此类问题不太容易引起应试者之间的争辩,所考察应试者的能力范围较为有限。

(2) 两难问题。

所谓两难问题,是让应试者在两种互有利弊的答案中选择其中的一种。主要考察应试者的分析能力、语言表达能力以及说服力等。例如,你认为以工作为取向的领导是好领导呢,还是以人为取向的领导是好领导？一方面,此类问题对于应试者而言,不但通俗易懂,而且能够引起充分的辩论;另一方面,对于评价者而言,不但在编制题目方面比较方便,而且在评价应试者方面也比较有效。但是,此种类型的题目需要注意的是两种备选答案一定要有同等程度的利弊,不能是其中一个答案比另一个答案有很明显的选择性优势。

(3) 多项选择问题。

此类问题是让应试者在多种备选答案中选择其中有效的几种或对备选答案的重要性进行排序,主要考察应试者分析问题实质、抓住问题本质方面的能力。此类问题对于评价者来说,比较难于出题目,但对于评价应试者各个方面的能力和人格特点则比较有利。

(4) 操作性问题。

操作性问题,是给应试者一些材料、工具或者道具,让他们利用所给的这些材料,设计出一个或一些由考官指定的物体来,主要考察应试者的主动性,合作能力以及在一实际操作任务中所充当的角色。如给应试者一些材料,要求他们相互配合,构建一座铁塔或者一座楼房的模型。此类问题,在考察应试者的操作行为方面要比其他方面多一些,同时情境模拟的程度要大一些,但考察言语方面的能力则较少,同时考官必须很好地准备所能用到的一切材料,对考官的要求和题目的要求都比较高。

(5) 资源争夺问题。

此类问题适用于指定角色的无领导小组讨论,是让处于同等地位的应试者就有限的资源进行分配,从而考察应试者的语言表达能力、分析问题能力、概括或总结能力、发言的积极性和反应的灵敏性等。如让应试者担任各个分部门的经理,并就有限数量的资金进行分配,因为要想获得更多的资源,自己必须要有理有据,必须能说服他人,所以此类问题可以引起应试者的充分辩论,也有利于考官对应试者的评价,但是对讨论题的要求较高,即讨论题本身必须具有角色地位的平等性和准备材料的充分性。

这几种类型题目的定义、考察要点以及特点可以通过表 7-8 说明。

表 7-8 无领导小组问题类型

问题类型	定义	考察要点	举例	特点
开放式问题	答案的范围可以很广、很宽,没有固定答案	全面性、针对性、思路清晰、新见解	你认为什么样的领导是好领导	1. 容易出题 2. 不太容易引起应试者之间的争辩
两难问题	在两种有利弊的答案中选择其中的一种	分析能力、语言表达能力以及说服力	你认为以工作为取向的领导是好领导还是以人为取向的领导是好领导	1. 编制题目比较方便 2. 可以引起争辩 3. 两个答案保持均衡
多项选择	多种备选答案中选择其中有效的几种或对备选答案的重要性进行排序	分析问题实质、抓住问题本质方面的能力	某信息中心收集20条信息,只能上报8条,请讨论出结果	1. 难以出题目 2. 较容易形成争辩
操作性问题	给应试者一些材料、工具或者道具,设计出一个或一些考官指定的物体	主动性、合作能力以及在实际操作任务中所充当的角色	给应试者一些材料,要求他们相互配合,构建一座铁塔或者一座楼房的模型	1. 主要考察操作能力 2. 不太容易引起争辩 3. 对考官的要求和题目的要求比较高
资源争夺问题	适用于指定角色的无领导小组讨论,让处于同等地位的应试者就有限的资源进行分配	语言表达能力、分析问题能力、概括总结能力、反应灵敏性、组织协调能力等	如让应试者担任各个分部门的经理,并就有限数量的资金进行分配	1. 可以引起应试者的充分辩论 2. 对讨论题的要求较高 3. 要保证案例之间的均衡性

通过表 7-8 不难看出,开放性问题和操作性问题不易引起应试者之间的争辩,除了特殊情况,一般不予考虑使用。两难问题由于对出题的要求过高,且考察的要素相对简略,过程不容易控制,应尽量避免使用。所以,在一般的甄选过程中,特别是甄选组织的中高层管理人员时,更多地应该考虑使用多项选择问题和资源争夺问题。这两类问题在实

践过程中有相通之处。一般来说,相同的材料可以变成这两种题型中的任何一种。当然,这两种题型对题目编制的要求比较高,这就使 LGD 题目设计研究更有意义。特别是资源争夺型问题,一定要保证案例或者角色之间的均衡性,这一点尤为重要[①]。

7.4.4 无领导小组讨论的实际操作

无领导小组讨论的实际操作可分为准备、实施和评价 3 个阶段(见图 7-1)。

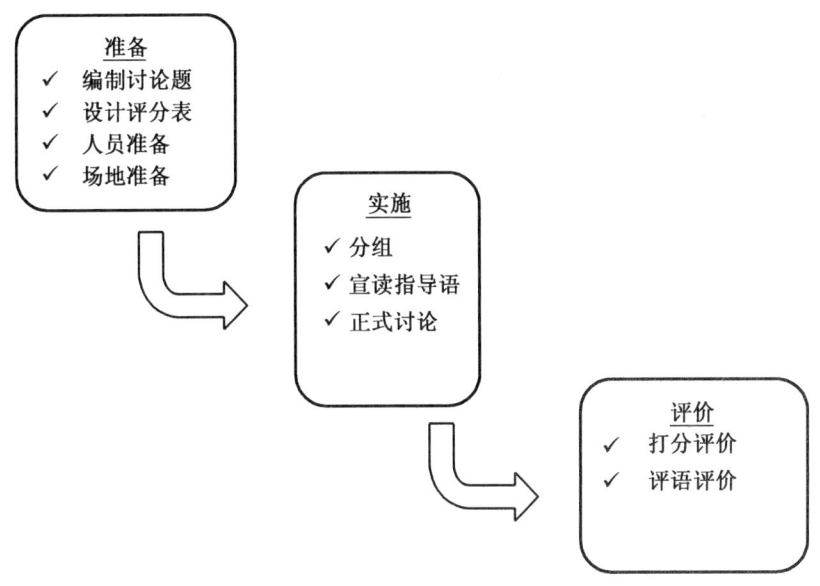

图 7-1 无领导小组讨论的操作流程

1. 准备阶段

无领导小组讨论的有效性主要取决于讨论题的编制和评分表的设计,此阶段是整个过程的主要环节。

(1) 编制讨论题。

① 编制步骤。

A. 进行工作分析。进行工作分析是为了了解拟任岗位所需人员应该具备的特点、技能,根据这些特点和技能来进行有关试题的收集和编制。

B. 收集案例。收集拟任岗位的相关案例应该能充分地反映拟任岗位的特点,并且应试者在处理时会感到有一定的难度。

C. 案例筛选。对收集到的所有原始案例进行甄别、筛选,选出难度适中、内容合适、典型性和现实性均好的案例。

D. 编制讨论题。为符合无领导小组讨论的要求,对所筛选出的案例进行加工和整理,主要包括剔除那些不宜公开讨论的部分或者过于琐碎的细节,根据所要考察的目的,相应地补充所需的内容,尤其是要设定一些与岗位工作相关且符合特点的情况或者问题,

---

① 孙健敏,彭文彬.无领导小组讨论的设计程序与原则[J].北京行政学院学报,2005(1):35-40.

使讨论题真正具备科学性、实用性、可评性、易评性等特点,既新颖、凝练又具有典型性。

E. 试测讨论题。讨论题编制完成后可以对相关的一组任职者(不是应试者)进行试测,来检查该讨论题的优劣以及能否达到预期的目的。

F. 修正讨论题。检验完成后,对于那些效果好的讨论题便可以直接使用,对于那些效果欠佳的讨论题则要进行修正,直至讨论题达到预期的效果。

② 编制原则。

A. 针对性原则。编制题目时,首先需要明确目标岗位的任职资格条件,确定测评指标及其所占的比重,测试题目必须建立在测评项目的基础上,针对测评要素进行编制。测试题目内容能够反映测评要素的内涵,在讨论中能反映应试者的能力、品质等。

B. 熟悉性原则。测试题目应该是应试者熟悉的题材,并且题目的内容不会诱发应试者的防御心理,以保证应试者能够就此话题有感而发,充分表达自己的观点,展现各方面的素质。如果应试者对测试题目比较陌生,就会限制其在讨论中的发挥,导致其能力、品质无法展现。

C. 典型性原则。题目越具有典型性,越能在讨论中反映应试者是否具备完成实际工作的各项素质。对于来自实际工作中的素材,要经过适当的处理,使之具有典型性,避免完全真实或者是完全杜撰的情景。例如,有情景的无领导小组讨论的测试题目所设计的情景应该具有典型性,能高度模拟实际情景,代表拟任工作的典型特点[①]。

D. 难度适当原则。提供的材料或者话题难度要适中,应具有一定的争议性或冲突性,在讨论时要能够引起争论,便于测评人员考察应试者在争论过程中的行为表现。如果试题过于简单,可能不需要深入地讨论就能够达成一致,评价者就很难区分应试者的素质;题目的设计也不能太难或者特别尖锐,以致小组成员无法达成一致意见,这就失去了无领导小组讨论的意义了[②]。

(2) 设计评分表。

评分表包括评分标准及评分范围。评分标准是对各测评能力指标的表述,评分范围给出各测评能力指标在总分中的权重和具体分值以及该能力优、良、中、差等级的评分区间。

① 应从岗位分析中提取特定的评价指标。不同的岗位对员工的要求是不同的,例如,对基层岗位的员工主要考查其业务技能,而不是人际技能和领导技能;对营销岗位或高层管理岗位的员工主要考查其人际技能、团队意识、洞察力。即使是同一层级的岗位,不同的部门对岗位的要求也是不同的,因此,对测评的管理能力指标不能强求一致。针对不同部门的不同岗位要分别设计其特定的评价指标。

通过无领导小组讨论可以了解应试者3个方面的能力:一是应试者在团队工作中与他人发生关系时所表现出来的能力,主要包括有语言和非语言的沟通能力、说服能力、组织协调能力、合作能力、影响力、人际交往的意识与技巧、团队精神等;二是应试者在处理

[①] 凌文辁,柳士顺,谢衡晓,等. 人员测评:理论、技术与应用[M]. 北京:科学出版社,2010.
[②] 高日光,郭英. 人员测评理论与技术[M]. 上海:复旦大学出版社,2014:11.

一个实际问题时的分析思维能力,主要包括理解能力、分析能力、综合能力、推理能力、想象能力、创新能力、对信息的探索和利用能力;三是应试者的个性特征和行为风格,主要包括动机特征、自信心、独立性、灵活性、决断性、创新性、情绪的稳定性等特点。根据招聘岗位对各能力要求的不同,确定各能力指标在整个能力指标中的权重及其所占分数,然后根据优、良、中、差等级分配分值(示例见表7-9)。

表7-9 无领导小组讨论的评价要素表示例

评价要素	行为观察要点	权重系数	评价分数(满分为10分)			
			优(9~10)	良(7~8)	中(5~6)	差(0~4)
沟通能力	语言表达清晰、流畅 善于运用语音、语调、目光和手势增强表达的效果 态度诚恳,目光温和,有亲和力 语言生动简练,有深度 善于倾听意见,倾听意见时耐心、目光专注、神情专一、态度谦和	15%				
分析能力	能综合信息,透过现象抓住本质 解决问题的思路比较清晰,角度新颖 能够分辨出每个人发言中反映问题的轻重缓急,准确掌握关键所在 对小组成员提出的不同方案有着清晰的判断	20%				
应变能力	遇到压力和矛盾时积极寻求解决办法 在遇到挫折时仍然能积极客观地面对 在难题面前能够多角度地思考问题 在小组出现争吵局面时,能稳定成员的情绪	15%				
团队合作精神	能迅速融入小组讨论之中 能从小组利益出发思考和行动 有独立的观点,但必要时善于妥协,善于换位思考,能从他人的立场、背景思考和分析问题 愿意并能适时、准确地为他人提供帮助 尊重他人,善于倾听他人意见	20%				
情绪稳定性	在处理争执时有良好的自制力,不意气用事 在讨论过程中表现出一贯的语言风格	10%				
倾听能力	能快速抓住他人说话的要点 积极关注讨论中每个人的发言 能够赞同他人的合理建议	10%				
人际影响力	观点得到小组成员的认同 小组成员愿意按照其建议行动 善于把他人的意见引向一致 积极发言,敢于发表不同意见 强调自己的观点时思维缜密,具有说服力	10%				

② 应确立统一的评分标准。评分标准应该具体到要素的行为水平,不能太抽象,以免考官不得要领,或产生不同的理解,仅凭印象给分(示例见表7-10)。

表7-10 无领导小组讨论的评分标准示例

无领导小组讨论行为标尺——团队合作精神
应试者编号/姓名:　　　　　　　　　　日期:
考官:　　　　　　　　　　　　　　　时间:
团队合作行为表现
差等表现　　　　　　　　　　　　　　低分
(　)将表现自己而不是达成团队目标放在首位。
(　)听取他人发言时显得不耐烦、不专注。
(　)未听完他人的意见就表示反对。
(　)态度生硬地指责别人。
(　)不愿意接受他人善意的批评。
(　)在讨论中不主动、不投入。
(　)思考问题和发表意见时脱离会议进程。
(　)固执地坚持自己观点。
中等表现　　　　　　　　　　　　　　中等
(　)发现别人发言的错误时主动更正。
(　)不管讨论本部门还是其他部门的问题,都显得投入。
(　)在讨论本部门问题时起主导作用。
(　)更重视团队的利益而不是自己的表现。
(　)认真听取他人的观点。
(　)吸取他人观点中的有益部分。
(　)以探讨问题的态度去理解他人的观点。
(　)充分信任他人,不轻易怀疑他人观点。
(　)捍卫本部门利益。
优等表现　　　　　　　　　　　　　　高分
(　)综合不同发言的观点,形成自己的观点。
(　)欢迎他人质疑自己的观点,愿意被说服。
(　)对于他人意见中正确的部分给予肯定和接受。
(　)根据自己能力的特点,主动要求承担适合自己的任务。
(　)将团队利益置于局部利益之上。
(　)把握不同的成员的特点,选择相应的交流方式。
总体评价:
□　　□　　□　　□　　□　　□
0　　1　　2　　3　　4　　5
未显露　欠缺　偏弱　尚可　较好　出众

(3) 人员准备。

① 选择和培训考官。考官是决定应试者能否顺利进入下一轮的重要因素,因而有必要对他们进行培训,以提高他们对评分表中各项指标的判断力。培训内容主要包括:准确理解测评指标的含义,包括各指标的考察重点及对实际工作的意义;学会观察并准确记录应试者的行为,考官要记录应试者的表达或行为特点,而不是对这些观点或行为加以主观判断。

② 培训工作人员。除了培训考官之外,还应对参与无领导小组讨论的工作人员进行培训。培训的内容包括:无领导小组讨论的工作规程;工作人员的职责;熟悉应试者的情况。

(4) 场地准备。

无领导小组讨论的测试环境要安静、宽敞、明亮等。如果有条件,要对无领导小组讨论的整个过程进行监测、录像,以便在考官发生争议时回顾讨论实况;如果没有条件录像,考官必须坐在小组讨论场地的旁边,其方位必须能观察到各讨论者的表情,并能清晰地听到他们的谈话。讨论中需要用计时器来掌握应试者的发言时间,作为评分的依据,并控制讨论进程。如图 7-2 所示为讨论场景的一个简单示意图。

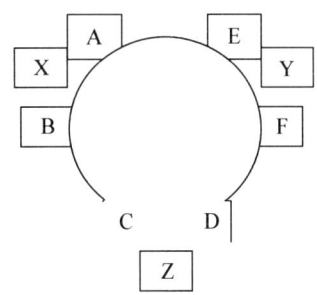

图 7-2 无领导小组讨论参与人员空间位置示意图

说明:图中,考官 X 观察 A 和 B;考官 Z 观察 C 和 D;考官 Y 观察 E 和 F。

2. 实施阶段

(1) 将应试者分组。

适当控制小组的人数,以 5~7 人为宜,在性别、年龄方面相对均衡,不能表现出显著的差异。适当的比例搭配有助于营造讨论的气氛,使考官更容易做出全面的评价。

(2) 宣读指导语。

指导语是在测评过程中说明测评方式以及如何回答问题的指导性文字。主考官向应试者宣读无领导小组讨论测试的指导语,介绍讨论题的背景材料、讨论步骤和讨论要求。指导语应力求清晰、简明,使应试者能很快明白应该做什么。指导语宣读完毕后,考官必须要提醒应试者是否还有不清楚的问题,确保应试者对问题都明白无误后,才能宣布讨论正式开始。时间一般为 3~5 分钟。

(3) 正式讨论。

应试者明白讨论规程后,进入正式讨论阶段。测试时间根据需要而定,与招聘的级别、层次、专业等因素有关,也与小组的人数有关,时间通常为 60~120 分钟。在正式讨论阶段,一般分为个人发言及集体讨论。在个人发言阶段,应试者首先根据自己对试题的理解轮流阐述自己的观点,个人发表意见的时间是有限制的,一般为 3~5 分钟,当发言超时时,考官要进行适当的提醒。个人发言结束后,进入集体讨论环节,这是无领导小组讨论的关键阶段。因为在个人发言阶段,每位应试者都已经了解并熟悉了他人的观点意见,在这个阶段中,应试者不应该继续阐述自己的观点,而应该对他人的观点做出反应,深化讨论,最终形成统一的意见。时间一般为 30~40 分钟,在集体自由讨论过程中,考官不做任何干预①。

3. 评价阶段

(1) 评估要素。

无领导小组讨论中对各测评人员的表现进行评估时,可从以下方面进行考评。

① 应试者参与有效发言的次数。在讨论中,应试者应当主动发言,阐述自己的观点。但是,并不是所有发言都被视为有价值的,只有符合特定标准或者被其他小组成员所接纳的才能作为有效发言。最终,测评者也是以应试者的有效发言的次数为考评依据。

② 应试者是否善于提出新的观点或方案。应试者虽然能够积极主动表达自己的想法或者建议,但是所提出的建议是被众人所知或是对小组其他成员所提出方法的扩展或补充,表明应试者的思维能力或创新能力较差。

③ 是否能够缓解讨论的紧张氛围,并调解争议。应试者能否找到有效途径来平息小组的纷争,促进开放的、支持性的、凝聚的团队氛围的建立,推动小组为实现小组目标形成统一意见。

④ 是否能够大胆提出与别人不同的看法。在讨论中,应试者为取得小组其他成员的认同,通常会主动迎合他人的观点,但是他人观点可能是错误的。这就可以考查应试者能否提出新颖、独到的观点或见解。

⑤ 是否能够尊重他人并有效说服别人。应试者能否主动倾听他人的见解,在别人发表意见时认真聆听,不随便打断,并及时给予回复,如点头、微笑等。应试者语言表达自信、有力;能够通过语言或行为引导他人认同自己的观点或者想法。

(2) 评价方式。

评价包括两个方面的内容:打分评价和评语评价。

① 打分评价。就是考官严格按照无领导小组讨论评分表里的测评维度的操作定义及评分标准对每位应试者打分,打分的方式主要有 3 种②。

A. 每位考官对每一位应试者的每一项测评维度进行打分,这种方式的优点是便于评价分数的汇总和比较,但考官的工作量较大,同时准确地观察记录所有被测者比较困难。

B. 考官之间进行分工,每一位考官只对分配给他的应试者的每一项测评维度打分,这种方式的优点是,考官可以集中精力评价少数几位应试者,注意力较集中,评价较准确;缺点是不同考官的评价对象不同,评价结果无法比较。

C. 每位考官只对每一位应试者的某几个特定测评维度打分,这种方式的优点是,考官可以集中精力,重点观察几个特定测评维度,对测评维度的把握较准确;缺点是考官不能全面评价应试者,不便于考官从不同测评要素之间存在的紧密联系的角度去全面评价应试者。

② 评语评价。评语评价是对打分评价的补充,是为了解决打分评价不能具体形象地

---

① 高日光,郭英. 人员测评理论与技术[M]. 上海:复旦大学出版社,2014:11.
② 凌文辁,柳士顺,谢衡晓,等. 人员测评:理论、技术与应用[M]. 北京:科学出版社,2010.

说明应试者的素质特点的问题,评语评价一般包括两方面的内容,一是对应试者的重点行为进行描述,主要是陈述事实,二是考官的评价,主要是反映考官基于应试者的行为表现对其做出的判断。

最终对应试者的综合评价进行排序。在做出最终录用决策时,评价者应该再召开一个评分讨论会,在讨论会上,所有考官应结合应试者在活动过程中的表现进行沟通,沟通内容包括应试者的态度、各种能力、优缺点以及性格特征是否适合岗位的需要。通过评分讨论会,评分者能够对每个参与者形成一个更加清晰完整的评价,当评价者们都认为他们已经获得了足够信息,他们就可以进行最终的决策。

无领导小组讨论的实施程序如图7-3所示。

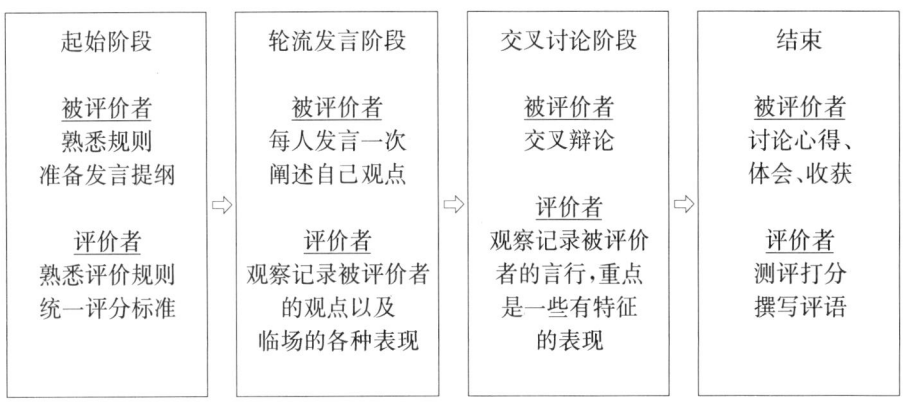

图7-3 无领导小组讨论的实施程序

7.5 情境判断测验

7.5.1 情境判断测验概述

近些年来对情境判断测验的关注度正在逐渐增加。先前追溯,乔治·华盛顿社会智力测验第一次广泛应用情境判断测验,并采用了封闭反应选项。该测验中有一个分测验名为社会情境判断测验,其中包括许多工作中的情境条目,要求被测者据此进行确切的判断,因此被测者需要对情境中人们的动机深入了解借以做出正确回答。对每个情境,测验给出了多个答案供选择,其中只有一个答案正确。情境判断测验着重对工作直接相关的素质进行测验,在军队、工业、组织心理学领域都得到了广泛的应用和发展。

情境判断测验是指向被测者描绘出与工作相关的问题情境,让被测者对与该问题相关的一系列反应做出评价或选择,根据被测者的作答来判断其是否具备相应的胜任特征。情境判断测验的理论假设是:观察个体在处理与工作中真实问题类似的问题时的行为,可以很好地预测其工作中的实际行为。向被测者呈现与工作相似的场景,对其行为进行评价或对其行为的目的进行解释,能够有效地预测个体的工作绩效。情境判断测验试题通常包含三个部分：

（1）题干。描述一个工作情境，并提出相关问题。从情境提供方式看，有传统的纸笔形式，即通过文字描述来展现情境，进而让被测者根据情境和问题选择答案；也有新兴的影视短片形式，事件的起因、经过和结果通过演员的表演得以展现，答案选项则以字幕的形式出现在录像片段之后，被测者看完录像后，在答题纸上作答。

（2）选项。针对题干所设置的问题，列出若干解决措施或办法，这些选项能部分或全部解决题干所设置的问题。

（3）指导语。确定作答要求，即对选项的判断或选择形式。常见的作答形式包括选出最优选项，选出最优选项和最差选项，对选项按照有效性进行排序，评定各选项的有效性程度等。

在形式上和效度上，情境判断测验与情境化面试十分相似。情境判断测验与情境化面试之间的主要区别是：题目如何呈现给被测者（口头的还是书面的）；被测者反应如何给定（口头的还是从一组封闭的选项中进行选择）；被测者的反应如何进行评分（基于面试官的判断还是与评定标准进行比较）。

情境判断测验与评价中心测评也有很多相似之处。相比之下，评价中心在形式上要比情境判断测验更为丰富，因为它们真实地把被测者置于情境之中，而不是仅仅向被测者呈现一个描述的情境。情境判断测验更多地考察被测者的认知能力，而评价中心则能通过观察行为对被测者的胜任素质进行考察。

示例：情境判断测验题（部分）

作为每个题目题干的社会情境来自对教师的访谈。我们请他们举例说明这样一种情境：在教学生涯中碰到过，但并未受过正式教导该如何应对。附在每个题干后的是一系列可能的反应选项。在生成这些反应选项的过程中，我们试图尽可能多地保留教师在访谈中所提到的实际反应。

下面展示了题干（即情境）以及一系列可能的反应选项（即反应策略）。为了使阐述尽可能清楚，括号内列出了相应的策略。需要注意的是，策略并没有列在呈现给被试的实际问卷上。此外，在题目之间对反应选项的次序进行了平衡，因此表示各种策略的不同反应选项并不总是以同样的次序出现（如回避策略有时在反应选项的开头，有时在中间，有时在结尾）。最后，在实际的测评工具中，可能有不止一个反应选项来阐述某种特定策略（如有两个或更多的反应选项属于遵从这个选项）。

史密斯夫人刚结束了一年级某班的课程，她的所有学生仍在教室里，还没有离开去休息。她收到一张纸条，上面写着："史密斯夫人，我爱你。"这张纸条来自学生迈克。迈克是一名非常害羞的男生，这是他第一次表达对史密斯夫人的感情。通常当她对他讲话时，他不敢直视，并且会脸红。

根据所给情境，请简要说明你应对该情境时首先考虑的问题：

请根据所给情境，评价下列陈述的质量：

1 2 3 4 5 6 7

完全不同意　　　不确定　　　完全同意

1.（遵从）明早之前，史密斯夫人应写信回复迈克，并说明她有多么欣赏他的字条。

2.（咨询）史密斯夫人应将这件事情告诉另一个认识迈克的老师，并从他那里获取应该如何反应的建议。

3.（协商）史密斯夫人应在读完纸条后，马上将迈克带到一边，私下里感谢他。

4.（回避）史密斯夫人应该什么也不做，置之不理即可。

5.（代理）史密斯夫人应该请学校里的心理学专家与迈克谈话。

6.（立法）史密斯夫人应在班上宣布，她从学生那里收到的任何纸条将会得到保密。

7.（报复）史密斯夫人应该当着全班同学的面告诉迈克，给老师写情书的行为是不合适的。

7.5.2　情境判断测验的特点

总体来讲，情境判断测验具有以下特点：

(1) 真实性强。

情境判断测验是以实际工作情境中较频繁发生的关键事件为基础加工编制的。在设置问题情境时，会将具体的情境描述给被测者。例如"当你的统计部门不配合你的工作计划时，你会怎么做？"，这样的情境描述会给被测者相对真实的感受，从而考察其如何处理题目中的问题。

(2) 成本低且评价客观。

情境判断测验拥有与之配套的评定标准，因此不需要面试官的主观判断，可以满足人才测评时的客观公正的要求。也正因为题目与评定标准固定，因此可以大规模施测，相对于评价中心测评，成本更低且更容易实施。

(3) 可用于衡量员工能力水平。

情境判断测验职位客观性试题，可以通过大量的样本收集来建立某种职位或某类员工的素质常模。常模可用于企业员工的能力水平对比，这样管理者可以了解企业员工的能力水平。此外，根据被测者的测试结果，企业可以对员工进行有针对性的岗位安排以及培训。

7.5.3　情境判断测验的实施

1. 开展工作分析

工作分析是进行人才测评、测验开发的基础。通过工作分析可以了解两方面的情况：一是职位工作的职责、具体任务与活动、岗位在整个组织结构中的地位等。这些信息有助于我们理解所需考察的维度，同时可以为情境的设计、相应的行为反应设计提供大量素材；二是对任职者的要求，包括能力、个性特征、知识技能等方面的要求，这些信息可以帮助我们确定所需考察的维度。

2. 确定题干

情境判断测验的题干为被测者描述了各种工作情景，是测验中最为重要的一环，题干涉及三个关键问题：

（1）题干的仿真性。指题干再现工作任务要求的真实程度。

（2）题干的复杂性。不同的情境判断题目题干的详细、具体程度各有不同，有些情境测验还采用了派生技术，以一个共同的基本情境为基础派生出多个亚情境。

（3）题干的来源，开发情境判断题目的方法主要有关键事件法和理论模型法。

关键事件法是最常用的一种收集题干的方法，通过访谈在职人员、管理者或客户收集工作情境的关键事件，或者指导主题专家写下从工作分析中获得的与胜任特征有关的事件。收集关键事件后，将关键事件归类，选择有代表性的情境，把事件编辑成长度和格式相接近的题干。题干的另一种来源是通过使情境判断测验和理论模型相匹配。这个模型可以是一套胜任特征、通过工作分析所识别出的心理特征、文献综述，或者关于有效绩效重要决定因素的理论。

3. 确定反应选项

在绝大部分情境判断测验中，其题目题干后面都跟着3～12个甚至更多情境的应对措施。可以通过两种方式获取反应选项素材。一是针对具体的问题，请主题专家提供对每个情境的一个或多个反应，分别写出好的处理方式和差的处理方式。另一种方式就是分别请在岗者中的绩效优秀者和绩效一般者作答。开发者对最初收集的答案进行编辑和整理时，要对相似的答案进行归类、合并，去除与问题解决无关的答案以及社会认同度较高的答案。对反应选项的基本要求有以下几点：

（1）有较强的问题针对性，而且切合实际；

（2）选项要有区分度，好答案与差答案之间要拉开档次，被测者对一个选项的选择或评价能够体现其该方面能力的强弱；

（3）单项选择题的反应选项必须指向同一个维度，不同选项只能反映相同能力的强弱程度，而不能反映不同的能力。

最后，开发计分键。与认知能力测验不同，情境判断测验题目的反应选项都是合理的，要求被测者选出最优选项而不是正确选项。确定计分键的方式包括专家计分、实证计分、理论计分和因子计分等。专家计分时，专家（或优秀员工）对反应的有效性做出判断，或者确定最好和最差的选项；实证计分时，对样本进行施测，将高绩效个体选择的选项计分为正确，低绩效个体选择的选项计分为不正确；理论计分时，反映理论的选项计分为正确，与理论矛盾的选项计分为不正确，与理论无关的选项计分为0，但也需要加以进一步的判断，因为理论本身可能存在误差。因子计分在题目没有确定构念时使用，也用于筛选题目。

4. 实施测验

在情境判断测验的开头会给出指导语。指导语主要有四种：第一种是知识型或"应该做什么"指导语，要求被测者根据给出的情境，识别出最好的或最正确的行动路线，一般是从多种反应选项中选择最有效的选项，变式是选择最有效和最无效的选项。第二种是行为型或"将会做什么"指导语，要求被测者根据给出的情境表达出他们的行为倾向，一般是选择最可能采取的选项，其变式是选择最可能和最不可能采取的选项。上述两种方式都属于迫选式。第三种方式是要求被测者评价每个反应选项对解决情境中问题的有效性。一般采用李克特5点或7点量表,请被测者按照从1(非常无效)到5或7(非常有效)的量表评价每个选项的有效程度。第四种方式要求被测者对反应选项按照有效性或先后顺序排序。

根据指导语类型,测验赋分标准与方法相应有如下几类:第一种是选出最有效选项计1分,选错计0分;第二种是选出最有效(最可能)选项与最无效(最不可能)选项,选对1项计1分,选对2项计2分,均选错计0分;第三种是在使用李克特量表时,事先由专家将每一反应在最有效至最无效(最可能至最不可能)等级量表上给出设定值,再计算被测者评出值与专家设定值的离差,离差小者为优;或者不求离差而求相关系数值,这时要求反应选项的个数应多;或者只考察最有效(最可能)选项上的离差。第四,使用排序方法时,按专家排序的标准给每个反应选项赋予一定的分值,然后把被测者的答案按此标准进行量化。

思 考 题

1. 评价中心的概念是什么?
2. 评价中心的特点有哪些?
3. 简述评价中心的操作流程。
4. 角色扮演的优缺点是什么?
5. 角色扮演的操作步骤是什么?
6. 公文筐测试的编制程序是什么?
7. 公文筐测试的操作流程是什么?
8. 无领导小组的概念是什么?
9. 无领导小组讨论的特点是什么?
10. 无领导小组讨论的题目类型有哪些?
11. 编制情境判断测验需要注意哪些问题?
12. 情境判断测验相比评价中心有哪些优缺点?

案例讨论

A公司中高层招聘测评

A公司是该地高新区人事局直属事业单位,是集人才、劳动力于一体的现代化人力资源中介服务机构,不久该公司的总经理即将要调任,公司现在需要另招一名总经理及招商经理等中高层管理者。作为高新区内专业的人力资源服务机构,该公司非常重视优秀管理人才的引进,并期望以此来提升公司的经营业绩及管理水平。在此次招聘选拔中,公司与外部专业人才测评机构进行了合作,测评项目以评价中心技术为评估方法,运用半结

构化面试、公文筐处理、职业经理人测验等多种评价工具从能力、个性及意愿三个层次考察应聘者,项目的整体规划如下:

1. 构建评价模型

项目组在高层深度访谈、岗位分析、企业战略分析基础上提取对中高层的考察模型,根据考察模型,开发职业经理人测验、结构化行为面试、公文筐测验题本及评分表。

2. 实施测评

首先开展职业经理人测评,运用已有的、成熟的职业经理人测验作为此次外部招聘的参考标准,测评后提供翔实的测验报告,为候选人评估提供参考依据。

其次进行结构化行为面试,采用行为面试技术了解其过去经历的行为事件、行为反应以及相应的行为结果,系统分析其相应的素质特征。结构化行为面试由两位专业顾问与该企业内部高管担任主评,测评时间为1~1.5小时。

最后进行公文筐测验,公文筐测验采用纸笔测验形式,通过创设各种与目标岗位工作环境相似的模拟工作情境,让候选人在模拟工作情境下按照要求完成各类任务,评委通过观察到的候选人的行为表现推断他们的各项能力特征。测评时间为1.5~2小时。

综合各类测评结果,撰写个性化测评结果报告。评估报告共包括三个部分,分别为候选人个性特点与风格描述、总体素质评估、任用建议及风险点。个性特点与风格描述板块借助心理测验及结构化面试技术,了解候选人性格特点及个人管理风格。总体素质评估模块对照目标岗位的素质模型,通过结构化面试、公文筐测验及心理测验等测评结果得出候选人整体素质表现,进而判断其优势和不足。任用建议及风险点模块综合上述两方面结果,得出候选人的任用建议,并提示可能存在的任用风险,为该公司录用候选人提供客观、公正的参考依据。

(资料来源:案例改编自苏永华.人才测评案例集[M].第2版.北京:中国人民大学出版社,2016:28-30.)

思考题

1. 案例中涉及的人才测评方法有哪些?
2. 你如何看待A公司的中高层招聘测评方案?

第八章　人才测评的应用与发展

 引导案例

万科职业经理素质测评

万科股份有限公司(简称万科)成立于1984年5月,是目前中国最大的专业住宅开发企业。万科经过业务架构的调整理顺,明确以中高档的城市居民住宅开发为主业,从事专业化经营,力求对社会的回报,以稳健的速度持续增长。在此宗旨下,1998年万科提出"职业经理年"的管理主题和"专业追求永无止境"的口号,推动公司业务经营、管理(包括投资规划、信息、培训、客户服务、员工保障等层面)的专业化进程。培训与高级研修是万科培养和开发职业经理的管理手段之一,以实现职业经理在万科的可持续应用和发展。

1998年,人力资源开发的重点在于通过系统科学的专门培训和在职培训,加强专业技能,将万科的理念和操作经验与成熟企业的专业技巧、专业模式相结合,在发挥万科比较优势的同时,加强决策、经营、管理、应变等专业能力,提高竞争力。万科职业经理核心素质如下。

(1) 在工作观念方面,要求职业经理做到10点:

① 勇于承担工作责任,有进取意识;

② 集团利益至上,具有全局观念;

③ 以积极的态度和角度对待困难和遗留问题;

④ 接纳差异,用人所长的领导心胸;

⑤ 善待客户,一切从市场出发;

⑥ 尊重规范,不断改进;

⑦ 具有开放心态,善用、整合资源,善于创新,有能力找到解决问题的方法;

⑧ 不回避矛盾,大胆管理;

⑨ 思维严谨,工作计划性强;

⑩ 客观敏感把握,控制到位。

(2) 在管理技能方面,要求职业经理做到8点:

① 善于激励,有号召力;

② 能营造有效沟通的氛围,让沟通成为习惯;

③ 有效授权,控制得当;

④ 培养指导下属，鼓励别人学习；
⑤ 科学决策；
⑥ 压力管理；
⑦ 组织管理；
⑧ 时间和会议管理。

(3) 在专业技能方面，要求职业经理做到4点：
① 精通本行业的实践专业技能；
② 知道如何应用；
③ 有系统的理解能力；
④ 专业创造力。

改编自：蔡圣刚，潘国雄.现代人员素质测评[M].北京：科学出版社，2015.

8.1 人才测评指标体系设计

人才测评涉及多方面工作，测评内容十分广泛而复杂。对于不同的测评对象来说，其价值观、专业技能、经验、测评角度等因素都会对人才测评的结果造成影响。因此在进行人才测评时，对于同类别的测评对象需要统一评价标准，也就是建立该类对象统一的人才测评指标体系，来提升人才测评的科学性和准确性。

8.1.1 人才测评指标概述

1. 人才测评指标的定义

人才测评指标是人才测评目标操作化的表现形式，是指能够反映测评对象特定属性的一系列考察要素或维度，它是表征测评对象特征状态的一种形式。人才测评指标是通过测评要素、测评标志与测评标度的形式，把测评对象物化为指标内容或细化为条目的形式，把测评标准物化为测评标志与标度，使测评对象与测评标准联结起来，它是衡量和评价与工作有关的个人素质的维度。

在企业人才测评的应用中，基于不同的测评目的，其测评的主要指标会存在差异。对于人才测评指标的数量并无固定的标准，但是一般而言人才测评指标数量不能过多。评价中心专家乔治·C.桑顿三世在针对各类评价中心进行分类研究时指出，"晋升选拔类和技能发展类评价中心的指标数量较少，为5~7个；基于培训需求诊断的评价中心指标数量较多，为8~10个。"人才测评指标体系应当包括人才测评指标和测评权重。人才测评指标包括测评要素和人才测评指标标准。人才测评指标要素又包括测评维度与测评内容。人才测评指标标准包括人才测评指标标志和人才测评指标标度，如图8-1所示。

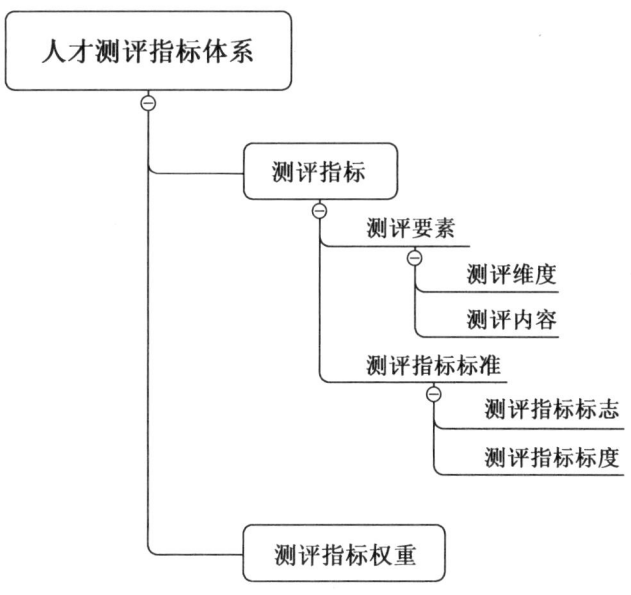

图 8-1 人才测评指标体系的结构

2. 人才测评指标的作用

(1) 物化联结作用：物理测量以物量物，具体可行，素质测评的客体是人员和工作岗位，是客观的。而素质测评的对象是素质、绩效及工作因素等，这些是抽象的。但是，测评主体依据的参考价值标准却是主观的，这就使得素质测评是以主观度无形，以观念评抽象，不易操作。建立测评的标准体系把对象物化为测评内容、目标和指标，再把人才测评指标具体化为标准、标度与标记，这就使对象和测评标准体系联结起来，便于比较和评定。

(2) 导向统一作用：人才测评指标是一个标志，引导大家行动。测评人员要在短时间内评价一个人是否能够胜任某一岗位，必须有的放矢。即有个统一的指标，按照职位所要求的各项能力指标，建立统一的选拔标准，以防止不公正的现象发生。

(3) 防止主观片面与深化认识作用：按标志分要素与标度测评，克服了主观随意性；同时在制定指标过程中又加深了对测评对象的认识。在测评的过程中可能会发生一些主观认知偏差，如晕轮效应、首因效应、刻板效应等问题，为了一定程度上减少这些主观片面导致的负向影响，在测评前应当建立各项人才测评指标和权重。

8.1.2 人才测评指标体系的内容

1. 测评指标的维度

一般来说，常用的人才测评维度有意愿素质、智能素质、人格素质和知识素质 4 个方面的内容。其中意愿素质包括动机、态度、责任心、诚信、兴趣等；智能素质包括管理能力、领导能力、组织能力、创新能力、计划能力、控制能力、语言表达能力、文案写作能力、应变能力等；人格素质包括性格、气质、情绪稳定性等；知识素质包括专业知识和社会知识等，旨在测评被测评者知识的广度和深度。

2. 测评内容

测评内容即是对测评指标的含义的说明,测评内容作为测评维度的细化条目,确定了测评维度到底有哪些方面。例如,对领导者测评的一项重要维度就是管理能力,而管理能力又可以细分为领导能力、组织能力、协调能力、决策能力及判断能力等内容。人才测评指标的范例具体如表 8-1 所示。

表 8-1 人才测评指标范例

测评维度	测评内容
管理能力	领导能力
	组织能力
	协调能力
	决策能力
	判断能力

3. 测评标志

测评标志是测评要素确立的关键性界定特征或描述特征,需具有易操作、可分辨性。一个测评要素可以通过多个测评标志来说明,且其表现形式多种多样,分为评语短句式、设问提问式和方向指示式三种。具体内容如表 8-2 所示。

表 8-2 测评标志的表现形式

分类方法	类别	内容	举例
按照对测评指标的提问方式划分	评语短句式	对所要测评的要素做出判断与评论的句子	对于学习态度的测评,可以用以下评语断句来表述:学习积极主动,经常提出一些问题或建议;学习较主动,偶尔能提出一些问题或建议
	设问提示式	以问题的形式提示测评主体把握考评要素的特征	对协调性的测评,可以用以下设问提示来表述:合作意识怎么样?见解、思想固执吗?自我本位感强吗
	方向标志式	规定从哪些方面来测评,并没有具体规定测评的标志与标准	对求职者工作经验的测评,可以用以下方向标志式的形式来表述:主要从求职者所从事工作的年限、对工作的熟悉程度、工作成果的大小等方面进行考评
按照测评指标的操作方式划分	评定式	指无法用仪器、仪表等工具测量或计算出有关标志的精确数据时,需要根据现场观察、对相关资料的分析等,由测试者根据有关标准评定出结果的标志	人才测评中的品德素质指标就属于评定式标志
	测定式	利用各种测量仪器或测评工具等直接测出或计量,并根据有限标准直接确定测评标度	绩效测评中的产品数量、产值大小等属于测定式标志

4. 测评指标的标度

测评标度是对测评标准外在形式的划分,常常表现为对素质行为特征或表现的范围、强度和频率的规定。测评指标的标度大致可以分为量词式、等级式、数量式、定义式、综合式等。

(1) 量词式标度,是用带有程度差异的形容词、副词、名词等修饰的词组刻画与揭示有关测评标志状态、水平变化与分布的情形,如"多、较多、一般、较少、少"。

(2) 等级式标度,是用一些等级顺序明确的字词、字母或数字揭示测评标志状态、水平变化的刻度形式,其中等级与等级之间的级差应该具有顺序关系,最好还要有等距关系。例如,"优、良、中、差""甲、乙、丙、丁""A、B、C、D""1、2、3、4"等。

(3) 数量式标度,是以分数来揭示测评标志水平变化的一种刻度。它有连续区间标度与离散点标度两种,如表8-3和表8-4所示。

表8-3　连续区间标度示例

测评内容	测评标志	测评标度
应变力	1. 反应快速,能够随机应变地处理突发事件	5～3
	2. 具有一定的应变能力,能够处理部分突发事件	3～2
	3. 反应缓慢,不能灵活处理突发事件	2～0

表8-4　离散点标度示例

测评内容	测评标志	测评标度
创造力	1. 善于创新,常常有新想法和新尝试	5分
	2. 偶尔能够有创新,能接受新事物	3分
	3. 缺乏创造力,循规蹈矩	0分

(4) 定义式标度,是用许多字词规定各个标度的范围与级别差异,如表8-5所示。

表8-5　定义式标度示例

测评要素	定义式标度		
要素描述	A	B	C
迟到情况	基本无	很少有	经常
业绩如何	超出目标	基本达标	与目标有很大差距

(5) 综合式标度,一般是综合上述两种或更多的标度形式来揭示测评标志不同状态与水平变化的情况。

5. 测评指标权重

权重是一个相对的概念,即测评指标在测评体系中的相对重要性或测评指标在总分中应占的比重,其数值表示即为权重。测评指标权重是根据测评指标来确立的,首先必须有测评指标,然后才有相应的权重。指标权重的选择,实际也是对人才测评指标进行排序的过程。

测评指标权重的确定与测评对象和测评目的相关。不同对象的同一测评指标,其具体解释和分数是不一样的,如"语言表达能力"这一测评指标,在招聘销售专员、行政专员和研发人员时的要求是不一样的。考虑到不同测评方法对同一测评指标的要求不同,其评价标准(分数)也是不一样的。如同一指标同时在笔试、面试、情景模拟和小组讨论中被检测时,其权重就不一样。

所以对不同的组织性质、组织文化、部门、人员和测评方法来说,各个指标的权重应不一样,测评实践中应综合运用各种方法科学设置指标权重,并根据需要适时进行调整。

通常来说,设计者可以通过以下 3 种方法来设置权重,具体内容如下。

(1) 主观经验法。设计者凭自己以往的经验直接给测评指标设定权重,一般适用于设计者对测评客体非常熟悉和了解的情况。

(2) 主次指标排队分类法。也称 A、B、C 分类法,具体操作分为排队和设置权重两步。其中,排队是将测评指标体系中所有指标按照一定标准,如按照其重要性程度进行排列;设置权重是在排队的基础上,按照 A、B、C 3 类指标设置权重。

(3) 专家调查法。聘请有关专家,对测评指标体系进行深入研究,由每位专家先独立地对测评指标设置权重,然后对每个测评指标的权重取平均值,作为最终权重。

(4) 比较加权法。以同级测评指标中重要程度最小的那个为标准,其他各指标均与之比较,做出是它多少倍的重要性的判断。

(5) 层次分析加权法。层次分析法(Analytic Hierarchy Process,AHP)是美国运筹学家 T. L. Saaty 于 20 世纪 70 年代提出的一种系统分析方法,其基本原理是把复杂问题分解为若干层次和若干因素,在各层次之间进行简单的比较和计算,得出不同因素的权重,并在此基础上进行定性和定量分析的决策。层次分析法在人才测评的权重确定中也应用较为广泛,很多企业在应用此种方法。

测评指标的权重如有变动,绝对指标值和平均数也变动,所以权重是影响测评指标数值变动的一个重要因素。给测评指标加权一般以赋分的形式和权重系数的形式来表现。

(1) 赋分的形式,是把一定数量的总分按照特定的比例分派到不同层次的测评指标上的过程,通常以绝对数(频数)表示。

(2) 权重系数,是依据测评指标体系中各部分指标相对总体的不同"价值"赋予其不同的百分数,以区分测评指标在总体中的重要性,通常以相对数(频率)表示,相对数是用绝对数计算出来的百分数(%)表示的,又称比重。

以手机销售人员的测评指标体系为例,如表 8-6 所示为一个简化的测评指标的加权形式。

表8-6 相对权重形式示例

测评内容	赋分的形式	权重系数
品行素质	30分	30%
知识素质	20分	20%
技能素质	16分	16%
能力素质	28分	28%
身体素质	6分	6%
合计	100分	100%

在确定测评指标权重时要注意以下几点原则：

(1) 系统优化原则。每个指标对人才测评指标体系都有相应的作用和贡献，所以，在确定测评指标的权重时，不能只从单个指标出发，而是要遵循系统优化原则，处理好各测评指标之间的关系，把整体最优化作为出发点和追求的目标，合理分配权重。

在系统化原则的指导下，对测评指标体系中各项测评指标进行分析对比，权衡每个指标对整体的作用和效果，然后对指标的相对重要性做出判断。确定测评指标的权重，既不能平均分配权重，又不能片面强调某个或单个指标的最优化，而忽略其他指标的功用。在实际测评工作中，应该使每个测评指标发挥其应有的作用。

(2) 设计者的主观意图与客观情况相结合的原则。测评指标的权重反映了设计者和组织对人员工作的引导意图和价值观念。当他们觉得某项指标很重要，需要突出它的作用时，就必然赋予该指标较大的权重。但客观情况往往与人们的主观意愿不完全一致，所以确定权重时要考虑历史指标和现实指标、社会公认要素和组织的特殊性、同行业和同工种间的平衡3个问题。

(3) 民主与集中相结合的原则。权重是对测评指标重要性的认识，是定性判断的量化，它往往受个人主观因素的影响。不同的人由于个人能力、价值观和态度的不同，对同一指标有各自的看法，在确定测评指标权重时就需要实行民主与集中相结合的原则，集中相关人员的意见形成统一的方案。这个过程有以下3个方面的优点。

① 考虑问题比较全面，使权重分配合理，防止个人认识和处理问题的片面性。

② 客观地协调了相关人员的意见，经过讨论、协商、考察各种具体情况后而确定的方案，具有很强的说服力，预先消除了许多不必要的纠纷。

③ 这是一种参与管理的方式，在方案形成过程中，由各方提出意见，对测评目的和测评体系进一步了解，在日常工作中可以更好地按原定的目标进行工作。

8.1.3 人才测评指标体系的结构

建立人才测评指标体系需要解决两个方面的问题，一是对被测评者的素质进行分解，这是人才测评指标体系的横向结构，它注重测评要素的明确性、完整性和独立性等；二是将每一个要素用规范化的行为或表征进行规定或描述，这是人才测评指标体系的纵向结构，它侧重于测评要素的针对性、可操作性、合理性等。

1. 人才测评指标体系的纵向结构

在人才测评指标体系中,一般在人才测评目的下规定测评内容,在测评内容下设置测评目标,在测评目标下设置测评项目,在测评项目下设置测评指标。

(1) 测评目的。确定测评目的是设计人才测评指标体系的前提和基础。一般看来企事业单位组织人才测评有以下3个方面的目的。一是选拔性人才测评,将人才测评作为人力资源获取的依据;二是开发性人才测评,将人才测评作为找到人才能力短缺和发展潜力的依据;三是考核性人才测评,为绩效考核提供依据。

(2) 测评内容。测评内容是指测评所指向的具体内容和相应的范围,如科技工作者测评中的"思维能力"和"创造力",研究生考试中的"数学""英语""专业课考试"等。

测评内容的正确选择与规定应根据测评目的而定,应尽最大的努力使测评内容具体化,切忌抽象和空洞。在确定测评内容时,应先分析被测评者的特点,找出其值得测评的因素,针对测评目的和职位要求进行筛选。

(3) 测评目标。测评目标是对测评内容的抽象性概括,是对测评内容筛选、综合后的产物,它具有实在、独立的意义。测评内容与测评目标具有相对性和转化性,如"管理能力"作为测评内容,而它相对于"才能"来说可能是一个测评目标;"品德"作为测评内容,而它表现出的"诚实""正直""谦虚"则是测评目标。

(4) 测评项目与测评指标。测评项目是对人才测评目标的具体规定,如测试英语能力(测评目标)时注重听说读写(测评项目)4个方面,而测评指标是对测评项目的具体分解,如测试英语听力时分为听短语、听句子、听情景对话等。

人才测评指标体系对人才测评对象的数量和质量起着"标尺"的作用,人员素质的特征只有通过测评体系才能表现出它的相对水平与内在价值。

2. 人才测评指标体系中的横向结构

人才测评指标体系中的横向结构可以分为3个要素,结构性要素、行为环境要素和工作绩效要素。

(1) 结构性要素。结构性要素主要关注人员身体素质和心理素质,这从静态的角度反映了人员素质及其功能行为的构成。身体素质包括生理方面的健康状况和体力状况两方面;心理素质主要包括品德素质、文化素质和心智素质等,这3个方面共同成为个人内在的精神动力,调节和控制着人员能力的发挥。

(2) 行为环境因素。行为环境因素主要考察人员的实际工作表现及其所处的环境条件,它是从动态的角度反映人员素质及其功能行为特性。在进行人才测评指标体系设计时,可以通过建立行为环境指标体系来全面反映人员的素质及功能特性。其中行为环境要素中的内外部环境如表8-7所示。

表 8-7 内外部环境的表现形式

内部环境	外部环境
内部环境指个人自身所具备的素质,它直接影响个人能力的发挥,如文化水平、技能水平等	外部环境指外界客观存在的,间接影响个人行为表现的环境条件,包括工作性质和组织背景两方面 1. 工作性质指工作难度、责任、范围、权限和工作条件等 2. 组织背景包括领导因素、团队素质、组织文化、组织沟通等

(3) 工作绩效要素。工作绩效要素的理论基础在于个性与环境的相互作用结果形成了一定的工作绩效。工作绩效是个人素质与能力水平的综合体现,如团队工作绩效即团队素质与能力的综合体现。工作绩效要素主要包括工作数量、工作成果、工作质量、工作效率、人才培养与成长等指标。

8.1.4 人才测评指标体系的建立

1. 人才测评指标体系的建立原则

人才测评指标体系的设计是人才测评理论与实践操作的综合体,因此指标体系设计的科学性、有效性会对测评结果的信度和效度有很大的影响。在建立指标体系时,需要注意遵循有效性原则、针对性原则、可测性原则、精炼性原则和公平性原则。

(1) 有效性原则。

测评指标的有效性包括目标一致性和代表性两个方面。在实际操作中,要求每一个指标与它测评的素质因素或变量具有很好的目标一致性。而代表性的意思一方面是指测评指标能够涵盖某项素质或素质变量的全部应测指标;另一方面是指多项测评指标的整体结构能够很好地反映所测素质,各测评指标之间的权重必须合理。

(2) 针对性原则。

测评指标应该是对特定工作岗位所需要素质的客观测量。因此需要在设计时有所侧重,具体问题具体分析,对不同类型、不同层次、不同行业的人才测评指标进行选择需要对症下药。当然,强调测评指标的针对性和特定性并不否定对人才素质的一般要求。

(3) 可测性原则。

测评指标必须是能被观测、能被量化地评价的。而即使是可被观测的测评指标,一般也都属于对素质的间接测量。因此,可使用文献研究、任务分析、专家咨询等方法寻求各种测评指标,并实现指标的量化。

(4) 精炼性原则。

测评指标应该是对测评目标的精炼测量。尽管要求测评指标要对所测素质具有很好的代表性,但不是说测评指标越多越好。同时,测评指标的精炼也是减少测评误差、降低测评成本的技术保证。通过指标—目标一致性分析、验证性因素分析等手段,可以最大限度地减少无相关或弱相关的测评指标。

(5) 公平性原则。

对于所有的被测者,测评指标应该是公平的。测评指标是一个统一的概念,是所有人员都应该具备的知识、能力、业务、心理素质的总称。但是,在将测评指标施测于从事同一工作岗位的不同人员群体时,需要考虑测评指标对不同人员群体的适用性。利用预测或专家咨询等方法,对测评指标的公平性做出评价,确保测评指标对人员都是机会均等、公平、公正的。

2. 人才测评指标体系的建立

构建一套成熟有效的人才测评指标体系需要按照规范的构建流程,并通过实践不断进行修正与改进,才能够科学地对人员开展测评。一般来说,人才测评指标体系的建立有以下7个步骤:

(1)明确评测对象和目标。

人才测评指标体系的建立,必须要以一定的测评客体为对象。人才测评客体的特点不同,测评指标体系就不同,即使是同一个测评客体,若测评的目的不同,所制定的测评指标体系也不会相同。

人才测评客体的特点一般由行业性质和职业特点决定,企事业单位中员工的测评指标体系明显不同于农民的测评指标体系,组织内技术研发人员和销售人员的测评指标体系显然完全不同。测评目的为开发性的人才测评指标体系显然也有别于配置性的人才测评指标体系。

(2)确定指标体系的结构。

确定指标体系的结构包含确定测评要素、设计测评项目与测评指标。

测评要素表示测评对象的总体特征,人才测评指标体系需要有明确的测评要素,如智商、情商、心理素质等,在编制人才测评量表时首先要根据测评需要明确具体的测评要素。测评项目主要反映测评要素的具体特征,测评指标主要是说明测评项目的具体内容。

要从概念和理论上对测评要素、测评项目和测评指标进行探讨,弄清其实质内涵和外延,以确保其内容效度,使测定的问题或条目准确地反映要测定的内容,如表8-8所示。

表8-8 指标体系的层次结构

一级指标(测评要素)	二级指标(测评项目)	三级指标(测评指标)
文化素质	知识素质	…
	专业知识	…
	技能素质	…

在确定指标体系的结构时有以下几点基本原则:

① 同质原则,测评指标的内容和标志特征要与测评对象的特征相一致。

② 针对性原则,针对某一具体岗位、职业类别或行为特质设计合理的测评要素体系。

③ 完备性与精练性相结合原则,指处于同一测评体系中的各种指标内容相互配合,使整个测评对象包含在评价标准体系内容之中;同时测评指标的设计应尽量简单,应把不必要的指标删去,在获得所需要的功能信息基础上,提高测评的有效性。

④ 可操作性原则,测评内容应能够使用工具进行客观的测量和评价,在进行测评内容设计时,措辞应当通俗易懂,避免意义含糊不清。

⑤ 独立性原则,即同一层级上的任何两个指标不能存在重叠和因果关系。

⑥ 结构性原则,指考评指标体系在总体上要有条件、过程与结果3个方面的指标,从多方面多角度进行测评,以确保测评的有效性。

⑦ 不平等原则,进入测评体系的各种测评内容对测评结果的贡献是不一样的,其贡献率可用权重来表示。

(3) 测评指标的表述与筛选。

通过两步骤的工作通常会得到超过需求数量的测评指标,因此需要对每个指标进行具体分析,并且赋予其准确描述,然后从内容出发进行指标的筛选。

测评指标的表述需要遵循明确原则,明晰指标的含义,以保证施测者和被测者双方都能够了解测评指标的含义,避免双方因为不理解指标而影响人才测评的结果。

另外,还要遵循不重复原则,分析指标体系的整个内涵,对测评指标进行筛选,把内容上有重复的指标删掉,保留优良指标。通常进行指标筛选的顺序是先检查每一个指标是否具有实际价值,如果有,则判断在测评时是否切实可行。对于没有实际价值的指标都筛选掉。

检验一个测评指标的实用价值和可行性的方法是:第一步,对这个测评指标陈述一个明确的理由与用途,说明为什么需要这个测评指标以及所得结果将如何使用。做到这一点就回答了这个测评指标的潜在价值。第二步,考察这个测评指标的可行性与现实性。考察的方法是:① 保留这个测评指标在逻辑上是否可行;② 从这个测评指标中是否能得到所需的数据结果及行为表现;③ 实施这个测评指标的条件是否具备;④ 这个测评指标的保留有无充分的价值,是否有理由保证其使用结果。

另外,测评指标应避免涉及隐私、社会敏感性的问题,应把内容上有重复的指标筛掉。同时针对可操作性原则,用比较简单可测的指标去替代可测性较差的指标。

(4) 制定测评标准。

测评标准由测评标志和测评标度两个部分组成。测评标志时进行文字意义和情景意义上的描述与界定,而测评标度是进行程度或级别的描述与界定。清楚、准确地表述和制定测评标准是使测评指标体系具有可操作性的关键步骤。

(5) 确定测评指标权重。

在人才测评指标体系中,各个指标所处的地位和作用不同,所以每个测评指标所使用的权重也必然不同,即使是统一测评指标,对于不同的测评客体,也要根据指标的作用与地位来确定其权重。因此要根据实际需求,科学合理地设置人才测评指标的权重。

测评指标的加权方式一般有两种:

① 绝对权数:即给测评指标赋予固定且绝对的分数。

② 相对权属:根据测评指标体系中各部分指标相对于总体的比重,赋予一定的权重系数以体现其重要程度。

确定测评指标权重的方法通常有:

① 权值因子判断表法。

其基本目的就是用少数几个因子去描述许多指标或因素之间的联系,即将相关比较密切的几个变量归在同一类中,每一类变量就成为一个因子,以较少的几个因子反映原资料的大部分信息。进而通过反映的程度来确定其权重分数。

② 德尔菲法。

德尔菲法(Delphi Method)是由美国兰德公司的赫尔默创造并首先在未来学研究中应用于直观预测的方法。它以分发征询表的形式，征求、汇集并统计个人意见或判断，以便在一些问题上使大家取得一致的意见，从而对未来做出预测。

德尔菲法与一般的民意调查或征询意见不同，调查的内容由该领域的专家拟定并进行过充分讨论，调查表经过专家的精心设计，能够保证调查表的质量。统计的内容有两项：一是每一指标权重系数的平均估计值；二是每位专家的估计值与平均估计值的偏差。

接受调查的对象为该领域的专家或权威人士，他们不仅对该问题有深入的研究和发言权，而且有高度的责任心和认真的态度。德尔菲法调查通常使用问卷形式，不采用现场会议、讨论等形式，评价者互不见面，也减少了人际关系的影响，能够真实地发表自己的意见。

在对收回的调查问卷进行汇总、统计分析后，统计分析的结果会反馈给评价者，由他们进行第二轮评价。在进行第二轮评价时，要将第一轮的统计分析情况反馈给专家，第二轮评价时这些评价者可能会根据第一轮的总结果对自己的判断进行一些调整，并要请偏差较大的评价者尽量做出新的判断。将第二轮的结果回收后进行统计分析，如此往复，最后就会使专家们的意见趋于一致，得到较为一致的权重系数。

③ 层次分析法。

层次分析法(The Analytic Hierarchy Process)简称 AHP，由美国运筹学家托马斯·塞蒂(T. L. saaty)正式提出。它是一种定性和定量相结合的、系统化、层次化的分析方法。由于在处理复杂的决策问题上的实用性和有效性，它很快在世界范围得到重视。其步骤如下：

A. 建立层次结构模型。在深入分析实际问题的基础上，将有关的各个因素按照不同属性自上而下地分解成若干层次，同一层的诸因素从属于上一层的因素或对上层因素有影响，同时又支配下一层的因素或受到下层因素的作用。最上层为目标层，通常只有1个因素，最下层通常为方案或对象层，中间可以有一个或几个层次，通常为准则或指标层。当准则过多时(如多于9个)应进一步分解出子准则层。

B. 构造成对比较阵。从层次结构模型的第2层开始，对于从属于(或影响)上一层每个因素的同一层诸因素，用成对比较法和1～9比较尺度构造成对比较阵，直到最下层。

表 8-9　1～9比较尺度表

相对重要程度	定义	说明
1	同等重要	两者对所属考核目标贡献相同
3	略为重要	据经验，一个比另一个略重要一些
5	高度重要	据经验，一个比另一个重要更为重要
7	确实重要	实践证明，一个比另一个更为重要
9	绝对重要	重要程度显而易见非常高
2、4、6、8	以上两相邻程度的中间值	折中使用

C. 计算权向量并做一致性检验。对于每一个成对比较阵计算最大特征根及对应特征向量,利用一致性指标、随机一致性指标和一致性比率做一致性检验。若检验通过,特征向量(归一化后)即为权向量;若不通过,需重新构造成对比较阵。

D. 计算组合权向量并做组合一致性检验。计算最下层成对目标的组合权向量,并根据公式做组合一致性检验,若检验通过,则可按照组合权向量表示的结果进行决策,否则需要重新考虑模型或重新构造那些一致性比率较大的成对比较阵。

(6) 规定人才测评指标的计量方法。

在完成人才测评后,需要对各指标的测评标度进行综合分析来得到相应的测评结果,所以在设计人才测评体系时需对各测评指标的计量问题进行规定。

人才测评指标是由多方面的属性和因素构成的集合体,一些测评指标的内涵是模糊的,其外延也无法界定。因此,如果没有对每一个指标的计量方法进行科学统一的规定,仅仅靠权重的话,测评结果会产生很大误差。

测评指标的计量由两个因素决定,具体包括计量等级及其对应的分数和计量的规则或标准。

为了使测评结果规范化和统一化,实现记分的简单化,对于人才测评指标体系中的每一个指标,可采取统一的分等记分法,即每个测评指标均分为1~5等。一等代表最好的水平,记作5分;二等代表较好的水平,记作4分;三等代表一般水平,记作3分;四等代表较差的水平,记作2分;五等代表最差水平,记作1分。这种分等记分法简单规范,便于最后统一运算。

由于不同的两个测评指标在总体中的权重是不同的,因而即使在分等记分法中,虽然某些测评指标的测评值相等,但它们最终的实际得分并不相同。如指标 A 的权重为20%,所得测评值为5分,则最后得分为1分;指标 B 的权重为40%,所得测评值为5分,则最后得分为2分。

计量的规则或标准,一般依据具体情况而定,有以下两种常见的情况。

① 客观性测评指标。有些测评指标具有客观性的数据与结果,如工作效率、出勤率、销售业绩等均可采取客观性的计量方法来计量。客观性的计量可以采用"参考标准"法和排序法。

"参考标准"法。即列出与测评指标有关的"参考标准","参考标准"可以采用公司内、行业内有关政策的规定,也可采用国内外提供的经验数据,在计量中以"参考标准"为"效标",根据测评的对象偏离"效标"的实际程度来确定相应的等级。

排序法。即把测评对象在某一测评指标上实际达到的水平按照从高到低的顺序排队,以获最高分者得5分为标准,除此之外的按比例量表折算,确定等级得分。

假如被测评的总体是5个工人,测评指标是产品质量,在某月底抽检到他们的优质产品分别为15件、13件、10件、8件和6件。这里件数最多的是15件,因此规定件数最多(15件)的这个工人在产品质量上的得分就为5,其余的依次为4.3分、3.33分、2.67分、2.0分。

② 主观性的测评指标。在人才测评指标体系中,有些测评指标没有客观性的数据与

结果,也没有可参考的量化标准。这就要求测评者在调查研究的基础上,结合当前实际情况对指标进行定性分析,然后根据以往的经验和实际需求来确定测评对象在该指标上的等级水平并给予相应的分数。

为保证测评的结果相对客观与准确,测评者不能是一个人而必须是一个群体。具体的计量方法是,首先要求每个测评者对同一测评指标按统一的等级量表进行测评,然后统计出各个评判等级上的总人数,并据此算出分数。如有 20 个面试官测评同一个应聘人员的"语言表达能力"的测评结果,4 个面试官对其评价为一等 5 分,6 个面试官的评价为二等 4 分,5 个面试官的评价为三等 3 分,5 个面试官的评价为四等 2 分,没有面试官将其评为五等 1 分,则这个应聘者在"语言表达能力"这一测评指标下的得分为

$$5\times(4/20)+4\times(6/20)+3\times(5/20)+2\times(5/20)=3.45$$

主观性测评指标除上面介绍的方法外,还有下列 4 种方法计量,如表 8-10 所示。

表 8-10 主观性测评指标的测量方法

计量方法	内容
分点赋分法	先将测评指标划分为若干等级,然后根据指标等级的重要程度来指派该测评指标的分数(权重),保证每个分数值与相应的等级对应
分段赋分法	先将测评指标划分为若干等级,然后根据等级的重要性及个数划分为相互连接的数段,来指派各测评指标的分数(权重)
连续赋分法	先把测评指标水平等级看成一个连续的系统,用 0~1 之间的任何数值来表示被测评者在相应指标上的水平,然后再把这个小数值与该指标被赋予的权重分数相乘即得到测评分数
积分赋分法	用文字描述测评指标的不同等级或不同的要素(指标),把测评指标权重分数分派到各个要素上去,各判定要素分数相加即为该测评指标的测评分数 积分赋分法具体又分为分等积分法和累计积分法两种。其中分等积分即测评指标各要素上分派的分数均相等;累计积分就是测评指标各要素上分派的分数不相等

(7) 试测、修改并完善测评指标体系。

在试测时要注意主体和客体的选择、情景的控制,并对突发情况进行记录。人才测评指标的设计者需选择自己熟悉的测评客体来做检验,这有利于将实测结果与实际情况进行对比;要尽量选择各种层次中有代表性的客体进行试测,试测场景要与将来测试时的正式场景无实质性的差别;试测中如发生误解误用、操作时间不平衡等情况时需要进行详细记录。

针对试测的结果,对测评指标体系进行不断完善,使其达到客观、准确、可行,以保证正式测评时的可靠性和有效性。

8.2 人才测评在各行业中的应用

随着组织规模的扩大,在实际工作中,各组织的工作岗位是多种多样的,适合这些岗位的人才也都不尽相同,同时,由于行业性质不同,在人才招聘与选拔过程中测评方式方法的选择也不一样。

8.2.1 人才测评在公务员录用中的应用

公务员录用考试从1994年实施以来,为各级党政机关选拔了一大批优秀人才。随着《公务员法》的深入实施,公务员录用考试的公平公正性和科学有效性则是为政府机关获取人才的根本保证。人才素质测评技术在公务员录用考试过程中的应用突出表现在两个方面:一是在笔试阶段应用职业能力倾向测验;二是在面试阶段应用结构化面试、无领导小组讨论等现代的测评技术。

1. 公务员录用考试中笔试的主要形式和内容

笔试在中央国家机关的公务员录用考试中,包括两门公共科目笔试。

(1) 行政职业能力测验。

行政职业能力测验主要考察从事公务员工作所必需具备的潜能和素质。主要包括常识判断、言语理解和表达、判断推理、数量关系、资料分析5个方面的内容。在内容基本稳定的情况下,每年这些内容都会做出一定的调整。行政职业能力测验考试时间通常为120分钟,满分为100分。

① 常识判断。常识判断测查的内容极其广泛,包括法律、政治、经济、管理、历史、自然、科技等方面。常识判断题的解答与个人知识的广度、深度有一定的联系,它不仅需要考生对日常生活中的常识有一定的认识与理解,还需要运用其去解释一些现象。

例题:我国宪法对非公有制经济的规定进行了几次修改,按时间先后排序正确的是( )

① 允许发展私营经济,采取"引导、监督、管理"的方针
② 在法律规定范围内的个体经济、私营经济等非公有制经济,是社会主义市场经济的重要组成部分
③ 鼓励、支持和引导非公有制经济的发展,并对非公有制经济依法实行监督和管理
④ 非公有制经济仅限于个体经济,不包括私营经济,且个体经济处于补充地位

A. ①②④③　　B. ①③②④　　C. ④①③②　　D. ④①②③

② 言语理解和表达。言语理解和表达主要测查应试者运用语言文字进行交流和思考、迅速而又准确地理解文字材料内涵的能力。它包括根据材料查找主要信息及重要细节;正确理解阅读材料中指定词语、语句的准确含义;概括归纳阅读材料的中心、主旨等。作为一名公务员,不但要处理一些书面上的文字信息,在工作中也必然会遇到这样或那样需要具备良好沟通表达能力才能完成的任务。这时候,优秀的言语理解和表达能力就显

得尤其重要。

例题：如今，一批70后、80后甚至更年轻的年画传承人涌现出来。这些年轻人开始有了清醒的文化自觉，对中华传统文化怀有浓厚的兴趣，怀着敬畏之心钻研，并不_____，急于进入市场大潮，冯骥才称他们为"年画的新力量"。

填入画横线部分最恰当的一项是：
A. 随波逐流　　B. 沽名钓誉　　C. 好高骛远　　D. 人云亦云

③ 判断推理。判断推理是行政职业能力测验的重要组成部分，涉及对图形、词语概念、事物关系和文字材料的理解、比较、组合、演绎和归纳等，是考查考生逻辑推理和判断能力的一种有效的形式。

例题：从所给的四个选项中，选出最合适的一个填入问号处，使之呈现一定的规律性：

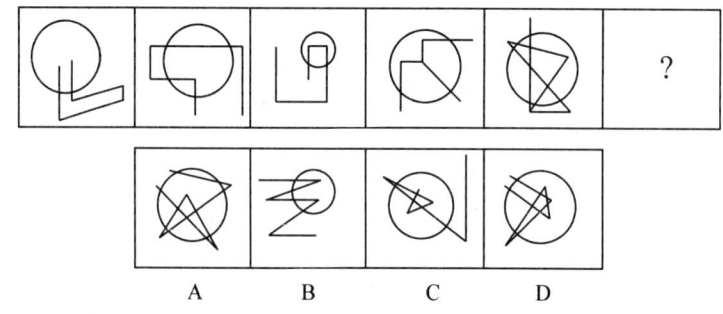

④ 数量关系。数量关系含有速度与难度测验的双重性质。在速度方面，要求考生思维敏捷，反应灵活；在难度方面，数量关系涉及的内容都是数学的基本知识或者原理，主要考查考生对规律的发现、把握能力和抽象思维能力。

例题：某单位的会议室有5排共40个座位，每排座位数相同。小张和小李随机入座，则他们坐在同一排的概率：
A. 不高于15%
B. 高于15%但低于20%
C. 正好为20%
D. 高于20%

⑤ 资料分析。主要测查考生对各种形式的文字、图形、表格等资料的综合理解与分析加工的能力，这部分通常由数据性、统计性的图表数字及文字材料构成。

例题：

2013—2018年中国在线旅游收入状况

	旅游业总收入/万亿元	在线旅游收入/亿元		
		交通预订	住宿预订	度假旅游预订
2013年	2.95	1 519.67	412.10	244.20
2014年	3.38	2 271.57	547.45	347.58
2015年	4.13	3 325.15	862.57	549.97
2016年	4.69	5 385.42	1 251.42	757.40
2017年	5.40	6 389.65	1 586.19	947.47
2018年	5.97	6 820.95	1 881.49	1 051.81

能够从上述资料中推出的是(　　)

A. 2014—2018年,中国旅游业总收入超过25万亿元

B. 2014—2016年,中国旅游业总收入同比增速逐年递增

C. 2016年中国在线交通预订收入同比增速快于上年水平

D. 如保持2018年同比增量,中国在线住宿预订收入将在2023年首超3 000亿元

(2) 申论。

申论考试是人事部从2000年来开始在中央、国家行政机关公务员考试中增加的一项笔试科目。近些年来,申论考试在中央、国家机关以及其他各省市和地区的录用公务员考试和党政领导干部公开选拔中得到推广和广泛应用,由于申论的题目与社会生活结合很紧密,因此考生无须花费太多的精力去复习。专家认为,申论考试能够将阅读和表达有机结合起来,能够综合测试应试者的阅读理解能力、综合分析能力、提出和解决问题的能力及文字表达能力,能够真正考察应试者的能力素质。

申论含有申述、申辩、论述、论证之意,其基本的要求就是对给定的文字材料进行归纳整理,提炼概括,对材料、实践或者问题有所说明、有所申述,在此基础上发表自己的观点和见解,提出解决方案。应试者必须要准确理解材料所反映的主要内容,对问题所涉及的方面进行全面的分析,在把握主旨和精神的基础上,形成自己对该问题独到的观点、思路和解决方案,能够用准确流畅的语言表达出来。申论的背景材料通常涉及一个或者是几个特定的社会问题或者是社会现象,这些背景材料是经过初步加工的,但是这种加工并不是使所给材料条理分明、头绪清楚,这些背景材料可能是次序紊乱的、主旨分散的,有待应试者阅读材料后进行筛选、加工、概括、提炼、论证等工作。申论的考试时限为150分钟,满分为100分。申论所考察的能力与机关的工作性质对一个合格公务员的能力素质要求是相统一的。主要体现在以下三方面:

① 公务员每天要接触和处理大量的文字材料。对于这些材料,公务员需要很好地掌握所读材料的大意和主旨以及用以支持大意和主旨的细节和事实,既要理解字面的意思,又要理解其深层的含义。

② 公务员需要具备较强的分析观察能力,要有全局观念和综合能力,能全方位、多角度地思考问题,能将多种事物、多种因素联系起来进行综合的分析。

③ 公务员要能够认识和掌握事物的客观规律,有深邃的洞察力,能够透过纷繁的现象看到事物的本质,从微小的征兆中发现大的问题,并能够及时做出正确的判断与决定,提出很好的解决问题的方案和具体措施。

相比于行政职业能力测验,申论考试具有以下几个特点。

① 考查形式灵活。作为写作测试,申论考试形式非常灵活。它由概括、方案、议论三部分组成。就文体而言,概括部分既可能属于记叙文、说明文、议论文中的某一种形式,也可能综合了多种文体形式,还可能是公文写作中的应用文写作。方案部分,则纯粹是应用文写作。申论既考查了普通文体的写作能力,也考查了公文写作能力。

② 考试内容的广泛性。公务员考试作为选拔国家公务员主要途径,更加注重国家公务员的实际能力。为反映这一现实要求,其考试内容一般侧重于考查应试者解决问题的

能力。出于考查考生综合素质和能力的需要,申论题目中提供资料的范围极其广泛,内容涵盖了政治、经济、法律、教育等社会问题的诸方面,也往往结合当今时事,这就很大程度上减少了考生考试前押题的作用。申论题目中提供的资料所反映的问题一般都应当已经有定论,主要立足于考查考生的分析和判断能力,只要分析判断无误,就不会得很低的分数,但要想得到很高的分数,难度也不小,需要考生真正展现出高水平的素质与能力。

③ 测验目标及考试题目具有较强的针对性。申论考试的目标是明确的,针对性很强,即主要考查考生阅读、分析、概括、解决问题的能力,体现在题目中主要是分析、概括两个方面,然后再在此基础上进行论述,通过论述部分考查考生的思辨能力。

④ 解决问题的可行性。申论考试具有较强的针对性、合理性,也就是说,问题的解决一定是具有可行性的。申论考试会对考生的思路进行一定的引导。问题复杂,涉及多方因素,但最终都引向合理的解决思路与方案。

近几年,随着公务员考试的发展,申论考试出现了问题越来越开放的趋势。主要体现在三个方面:一是背景材料的文字量越来越大,近10年来背景材料的字数增长超过了100%,阅读量大大增加,也增加了考试难度,导致很多考生感觉到申论考试时间十分紧张;二是背景材料更加接近实际。先前申论考试的背景材料都是经过出题者整理、筛选、修改、完善过的,对考生来说阅读难度相对不高,而当下申论考试的背景材料越来越接近实际情况,考生在阅读材料的过程中,需要自行对众多材料进行加工,筛选,并最终在文中使用;三是测试重点更加接近工作实际情况。申论考试曾经采用最多的问答形式就是"三段论":在文章中提出问题,分析问题,解决问题。而当下的测试形式则更接近机关的工作实际。例如,写一份宣传稿或报告,就如何解决某一方面的问题提出工作思路等。

2. 公务员录用考试中的面试设计

(1) 公务员面试的性质。

公务员的录用面试从性质上来说是一种严格的结构化面试,这种面试的重要特点是面试的内容、形式、程序、评分标准及结果的合成都是按照统一指定的标准和要求进行的。所以,这种面试从形式到内容,都突出了标准化和结构化的特点。

(2) 公务员面试的基本要求。

公务员录取面试对应试者、面试考官、面试考官小组组成等诸多方面的要求,主要体现在以下几个方面。

① 对应试者的要求。在公务员录用考试中,进入面试的应试者是这样选拔出来的:一是面试者由政府人事部门向用人单位推荐;二是按规定比例选拔候选人,一般要求面试应试者是拟任职位录用人数的3～5倍;三是要按照候选人的笔试成绩,由高分到低分进行排序来确定进入的应试者,应试者笔试成绩合格才能够具备进入面试的基本条件。

② 面试考官的要求。面试考官需要具备很高的政治素质和业务素质,有高度的责任感和使命感。主考机关需要负责面试考官的业务培训,使其掌握面试的内容、方法、操作要求、评分标准、面试技巧等,只有经规定的程序取得面试考官资格的人员才能担任面试官。

③ 面试考官小组组成的要求。面试小组考官一般由5～9人组成,在年龄上,最好老

中青结合；在专业上，应吸收有业务实践经验或者是业务理论研究经验丰富且面试技巧方法有经验的权威人士。省级以上面试考官小组的组成一般由负责考录工作的代表、用人单位的主管领导、业务代表和专家学者等组成；市、县级面试考官小组一般由组织、用人部门、纪检、监察部门、业务骨干等组成。

（3）公务员面试的测评要素。

公务员录用面试的测评要素包括6种能力：综合分析能力，言语表达能力，逻辑思维能力、计划、组织与协调能力，人际沟通与交往能力，应变与自我情绪控制能力；7种表现：举止仪表，专业技能，实践经验，工作态度，求职动机，品质素质，性格特征[①]。

① 综合分析能力。要求应试者对事物能够从宏观方面总体考虑，也能从微观方面考虑其各个组成部分；能注意整体和部分之间的关系以及各部分之间的有机协调组合和相互转化。

② 言语表达能力。要求应试者能够把意思表达完整、准确，口齿清楚，言语流畅，用词用语准确、恰当、有分寸。表述内容有条理，有逻辑性，具有一定的说服力和感染力。

③ 逻辑思维能力。要求应试者分析问题严谨，表述问题严密，论点、论据连贯，整体表述没有逻辑错误，能够从哲学的角度辩证地看待问题。

④ 计划、组织与协调能力。要求应试者要能够根据部门的目标，预见未来的要求、机会和不利因素，并做出计划。看清冲突各方面的关系，根据需要和长远效果做出适当选择，及时做出决策，有效调配安置人、财、物等有关资源。

⑤ 人际沟通与交往能力。要求应试者人际合作要有主动性，理解组织中的权属关系（包括权限、服从、纪律等），人际关系要适应，懂得有效沟通，掌握沟通的技巧，处理人际关系要原则性和灵活性相结合。

⑥ 应变与自我情绪控制能力。要求应试者在有压力的情况下能够快速反应，思维敏捷，情绪稳定，考虑问题周到。在较强的刺激情境中，表情和言语自然，受到有意挑战和有意羞辱，能够保持冷静，并且能迅速摆脱困境。

（4）公务员面试的内容。

对测评要素的考察是通过面试题目来实现的，但并不是说面试题目要与测评要素相对应，有的测评要素不用专门的题目来考察，如言语表达能力，有的题目可以同时考察两个甚至更多的测评要素。其次，招考的部门不同，面试测评的侧重点也会不一样。在公务员面试中，一般会有4~6道试题。

8.2.2 人才测评在企业中的应用

在企业面临人才竞争的背景环境下，人才测评对企业发展有着重大的意义，可以让企业有在招聘中"知人"的作用。同时，还可以提高企业员工的能力，使企业人力资源合理配置，对促进企业快速、稳定、健康发展也有着重大的推动意义。

---

① 高守国. 申论·面试[M]. 北京：中国法制出版社，2010：90.

1. 管理人员测评指标体系

管理人员是组织经营战略和计划的决策者，担任着战略策划、经营决策、组织领导和管理、人力资源管理等重要职责，因此，要十分重视管理人员素质测评的全面性和准确性。

由于历史和现实的种种原因，我国企业管理人员素质高低差别很大。例如，很多管理人员是从技术人员提拔上来的，他们的技术水平很高，专业技能十分出色，然而他们未必拥有足够的管理能力来胜任管理层的岗位，而且不同的企业对高层管理人员的素质要求也各不相同。不同企业的经营侧重点不同，管理人员的日常事务便相应地有了或多或少的差异，从而对高层管理人员的素质要求就不尽相同了。企业通过素质测评，可以对管理人员的心理特点、个性特征、知识技能和潜在能力等多方面进行深入了解与分析。将测评的结果与该岗位的胜任素质进行拟合，甄选出最适合这个岗位、这个企业的人才。

从胜任力的角度来说，管理人员素质测评的测评要素包括组织管理能力、人际关系管理能力和个人内在能力3个维度，其中组织管理能力是其最重要的能力要素。表8-11具体列出了管理人员各测评要素的胜任行为定义。

表8-11 管理人员各测评要素胜任行为定义表

测评要素	测评内容	胜任行为定义
组织管理能力	战略组织能力	1. 能够确定战略经营方向，创造内部、外部环境 2. 平衡企业内部、外部利益群体间发生的冲突 3. 通过对组织和组织中的人的理解获得对工作的支持 4. 准确把握如何、何时组织并完成工作 5. 把握战略目标和日常工作之间的衔接
	目标管理能力	1. 能够制订组织的战略目标、长期目标与短期目标 2. 能够很好地制订并实现自己的工作目标 3. 能够指导下属制订并实现其工作目标
	团队建设能力	1. 在组织的所有级别创建团队、形成团队互动和合作 2. 倡导追求不断进步的高绩效团队，对于高绩效团队给予肯定和奖励 3. 以多方面的能力和技能形成协作的团队 4. 培养、激励各级别员工参与团队工作
	果断决策能力	1. 根据具体情况运用合适的方法，能够平衡短期与长期目标，做出明智的决策 2. 在充分了解和理解企业经营环境的基础上果断地做出决定
	危机应变及处理能力	1. 特殊场合应变能力强，能看好时机，采取乐观、积极、向上的态度和平静的心态去解决问题 2. 头脑机智，冷静沉着，应对事变很有把握，面对危机或特殊场合自制力强，勇气和智慧都超常，有自信心
人际关系管理能力	人际沟通能力	1. 具有良好的沟通技巧，能够进行有效倾听 2. 语言表达能力强，语言理解能力强，能够对接收或发送的语言信息进行正确的解码和编码
	人际关系协调能力	1. 能够适时适事地解决人际冲突，使对峙双方进行和平谈判 2. 具有较强的人际关系敏感性，言行具有说服力 3. 能够有效地授权，具有培养下属的能力，在团队中具有较高的威信

(续表)

测评要素	测评内容	胜任行为定义
个人内在能力	生理素质	…
	人格	1. 有责任心:可以依靠、有组织性、自律、坚持不懈、努力等 2. 情绪稳定:遇到问题时能平静地分析、决策,不会感情用事等 3. 宜人性:合作、热心、谦恭、值得信赖等 4. 对外经验的开放性:有智慧、有创造性、有教养、有灵活性等
	价值观和动机	具有正确的世界观和价值观,具有正确的工作动机
	专业知识	具备系统的专业理论知识,并能够对其进行合理的利用

将上述三大要素的测评内容汇总后,调查分析组织管理能力、人际关系管理能力和个人内在能力对管理人员胜任其工作岗位的重要性,确定三大要素的权重,同时编制高分标准定义,以做评分参考。

管理人员素质测评方法有笔试法、书面信息分析法、心理测试法、面试法及评价中心技术等,组织可以根据测评内容的不同选用测评方法及其组合。管理人员测评要素与测评方法、测评工具的对应关系如表8-12所示。

表8-12 管理人员测评方法汇总表

测评要素		适合的测评方法(测评工具)
一级指标	二级指标	
组织管理能力	果断决策能力	心理测试(16PF测评量表)、评价中心技术(侧重管理技能)★
	冲突解决能力	评价中心技术(侧重操作技能)、心理测试(DISC个性测评量表)
	团体建设能力	评价中心技术(侧重操作技能)
	计划能力	心理测试(16PF测评量表)、评价中心技术(侧重管理技能)★
人际关系管理能力	合作沟通技巧	心理测试(16PF测评量表)、评价中心技术(侧重管理技能)★
	人际敏感性	心理测试(16PF测评量表)★、评价中心技术
	人际关系处理能力	心理测试(16PF测评量表)、评价中心技术(侧重管理技能)★
	领导能力	评价中心技术(侧重管理技能与业务)
个人内在能力	身体健康状况	医疗仪器测量、健康档案分析、心理测试(投射测试)
	性格品质	心理测试(16PF测评量表)
	知识水平	笔试(成就测试)★、结构化面试、评价中心技术(侧重管理技能)★
	一般能力	韦克斯勒成人智力量表、心理测试(一般能力倾向测试量表)
	职业兴趣	心理测试(霍兰德职业兴趣与价值观测评量表)
	创新能力	心理测试(威廉斯创造力倾向测评量表)
	思维分析能力	结构化面试、心理测试(16PF测评量表)★

注:★表示该种评价方法最适合用于评价相应的素质。

以下为某公司的管理人员素质测评方案。

××公司副总经理人员素质测评

××公司总裁为了了解公司内各个岗位副总经理的人—职匹配情况,特授权HR总监组织一次团体测评。HR总监接到任务后,聘请3位咨询公司的测评专家协助完成这一工作,并得到总裁的批准。

(1) 准备阶段。

① 成立测评小组。

测评小组包括测评专家组、测评项目小组,其中专家组包括此次测评的主要负责人——HR总监、测评专家3名,主要负责建立测评指标、重点测评项目施测、汇总测评结果;测评项目小组包括总经理、培训中心经理、招聘主管3人,主要负责测评指标的评估、打分和最终测评结果的讨论。

② 建立测评指标体系。

测评专家阅读各岗位副总的《工作说明书》、规范及与副总职位相关的其他背景材料等,通过对各方面的信息进行汇总,得出初步的胜任素质。

由测评专家分别对优绩组、普绩组成员一一进行行为事件访谈(专家事先不知访谈对象属于哪个组别),专家要对谈话的内容做详细的笔记并做全程录音。

通过分析优绩组成员的行为表现,对所得的胜任素质进行高分标准定义,并赋予权重。下表是最终确定的测评指标体系。

××公司副总经理素质测评指标体系

测评要素			测评标准
一级指标 (权重)	二级指标 (权重)	三级指标 (权重)	高分标准定义
个人内在 能力(30%)	个性品质 (10%)	诚信正直(2%)	言行一致、信任他人、平等待人,建立道德标准并能严格遵守
		自信心(2%)	知道自己的优点和局限性,在必要时能坚持自己的观点
		成就动机(2%)	对成功、个人成就有强烈的渴望,展现出充沛的精力
		适应能力(4%)	能够持续学习和接受变化,寻找机会增长知识、开阔眼界,愿意接受并吸取别人的意见,愿意超越自我
	逻辑思维能力(10%)		能根据多种信息来源做出结论,看问题深入透彻及通过对过去事件的分析做出比较
	改革创新能力(10%)		预见组织需要改革,创造新的规范,倡导各项战略变革;创造、支持、奖励前瞻性思考和风险意识

(续表)

测评要素			测评标准
一级指标（权重）	二级指标（权重）	三级指标（权重）	高分标准定义
人际沟通能力（30%）	个人影响力（15%）		向员工灌输成功理念，营造良好的、积极向上的组织氛围；在组织主要战略上，能够获得并保持管理层的支持，适当放权，促进员工取得进步并适当给予表扬
	沟通技能（15%）		有亲和力，使自己的个人沟通风格适应各种关系通过有效的沟通，影响、促进组织目标的实现
组织管理能力（40%）	业务组织能力（8%）		能够确定战略经营方向，创造内部、外部环境
	目标管理能力（6%）		能够制订组织的战略目标、长期目标与短期目标，很好地制订并实现自己的工作目标
	团队建设能力（8%）		在组织的所有级别创建团队，形成团队互动，倡导追求不断进步的高绩效团队
	果断决策能力（10%）		根据具体情况运用合适的方法，能够平衡短期与长期目标，做出明智的决策
	危机应变及处理能力（8%）		特殊场合应变能力强，能看好时机，采取乐观、积极、向上的态度和平静的心态去解决问题

(2) 确定测评方法。

由于此次被测评者属于高级管理者，测评小组决定采用以评价中心技术为核心、以心理测试和书面资料分析等方法为辅助，分阶段施测。

(3) 实施测评。

测评小组要运用书面资料分析法初步确定被测评者的年龄、学历、专业、从事管理工作的经验等各个方面的差异，对其进行初步测评；运用相应的测评方法和测评工具，由经过专门培训的测评小组在集中的一段时间内对所有副总进行深入测评。

(4) 汇总结果，得出结论。

需要测评小组评阅试卷，得出原始分数；一般由测评专家来评分，测评项目小组成员进行数据录入工作；然后转换原始分数，整合信息。最后测评专家共同撰写测评报告。

(5) 跟踪素质测评结果。

测评结束后，测评项目负责人 HR 总监继续对副总经理的工作表现进行跟踪和考核。

评估此次测评结果是否符合事实，总结经验教训，以便改进素质测评技术。

2. 生产人员素质测评

随着我国素质评价体系的发展和逐步完善，素质评价研究的领域已不仅仅是针对营销、技术或是企业高层管理人员，在生产人员素质评价的研究上也有了一定的发展。

营销、财务和生产是企业的三大职能，其中生产是企业中负责计划和协调资源的利用从而使投入转化为产出的活动，对于许多企业来说，生产职能是核心。一个企业组织产品制造正是通过生产职能来实现的。生产部门是企业的重要组成部分，该部门有其特有的性质和特点。

生产人员是企业产品生产的直接参与者。在工作中,生产人员应该熟悉公司的产品知识,能熟练操作生产设备,熟悉设备的保养工作,应对产品的数量和质量负责。生产人员的素质水平会影响到企业的生产效率和工作质量,在人力资源管理活动中,应注重生产人员的素质测评工作。

组织对生产人员的基本要求包括生产人员要喜欢与物打交道、操作技能强、技术操作熟练、反应敏捷、工作主动、具备一定的专业技能。概括而言,生产人员素质应当包括生理与心理素质、知识经验素质及能力与技能素质。

对生产人员来讲,生理素质要良好,需要通过常规体检,证实身体健康无疾病,能够耐高强度的体力劳动;生产人员的心理素质包括人格特质、职业兴趣、职业素养等;生产人员需具备相应的生产专业知识和生产经验,以符合岗位的基本任职要求;生产人员胜任工作岗位需具备生产专业能力,如智力水平、质量控制能力、安全生产能力等。

根据以上列举的生产人员素质,其素质测评指标体系如表8-13所示。

表8-13 生产人员素质测评指标体系

测评要素	权重	测评内容
知识素质	$A\%$	生产工具知识、生产专业知识……
能力/技能素质	$B\%$	思维能力、思维反应水平、机械/操作能力、生产专业技能……
生理素质	$C_1\%$	体质、体力、精力……
职业素养	$C_2\%$	纪律性、成本意识……
职业兴趣	$C_3\%$	现实型、常规型……
人格特质	$C_4\%$	独立性、主动性、责任感、忠诚度、团队合作精神……

注:"权重:……%"是指每项素质对生产人员胜任工作的相对重要性,一般需要通过资料分配或专家调查来确定。

生产人员的素质测评应主要从3个方面进行,即专业技能测试、操作能力测试、职业适应性与职业素养测试。生产人员素质测评常用的测评工具如表8-14所示。

表8-14 生产人员素质测评通用方法一览表

测评要素	测评内容	测评方法(测评工具)
生理心理素质	体质、体力、精力	书面信息分析法(体检表)
	职业兴趣	心理测试(霍兰德职业兴趣与价值观测评量表)
	职业素养	笔试,结构化面试
	人格特质	结构化面试

(续表)

测评要素	测评内容	测评方法(测评工具)
知识素质	生产工具知识和专业知识	成就测试(知识考试试卷)
能力/技能	智力水平(思维能力、思维反应水平)	心理测试(韦克斯勒成人智力量表)
能力/技能	能力倾向	心理测试(一般能力倾向成套测试量表、机械能力测试)
能力/技能	生产专业技能	现场操作
能力/技能	操作技能	现场操作

以下为某公司的生产人员素质测评方案：

××公司生产工艺工程师素质的测评方案

××公司对生产工艺工程师的素质测评过程如下。

(1) 组建测评小组。

人力资源部经理全权负责本次工艺工程师的素质测评，通过人员筛选，最终选择生产部经理、工艺总工程师、人力资源部招聘主管为小组成员。

(2) 工作分析。

通过分析工艺工程师的工作职责，得出工艺工程师需具备以下技能标准：对化工原料、溶剂的性质有较深的认识；在化工涂料异常问题的处理方面有丰富的现场实践经验；能按产品生产要求编制关键工序作业指导书；具备一定的工艺改进和创新能力。

通过分析以上技能标准，人力资源部经理初步打算从通用素质、专业能力两个方面来实施测评。

(3) 建立测评指标体系。

① 通过分析工艺工程师工作说明书和相关资料，运用工作分析法、问卷调查法、素质结构分析法、行为事件访谈法等多种方法，对测评要素进行归纳整合。

② 运用调查表的形式让测评小组按每个要素的重要程度给其打分，表8-15即为对测评要素的简单定义及调查表的结构和内容。

表8-15 化工制造工艺工程师素质测评要素重要程度调查表

测评要素		简明定义	重要程度打分
测评维度	测评内容		
专业能力	专业知识	对化工制造工艺的掌握和运用程度，对相关学科知识的了解程度；运用专业知识制订工艺方案和改进生产工艺能力	
专业能力	专业技能	工艺操作与设计水平、AutoCAD操作水平	
通用素质	独立工作能力	独立性的强弱，需要指导、检查的频次	
通用素质	主动学习能力	为提高本职位的胜任水平，主动学习和努力的程度	

(续表)

测评要素		简明定义	重要程度打分
测评维度	测评内容		
通用素质	创新能力	创造或引入新思维、新方法对化工制造工艺的改进能力	
	沟通能力	就产品制造工艺问题与相关人员进行沟通的能力;对车间工人执行工艺情况进行指导和监督的能力	
	职业兴趣	测评对象的性格是否适合做工艺流程类工作	

注:根据对工艺工程师胜任工作的重要性,给每个要素打分。其中,重要程度按数字"1→10"逐渐递增。

③ 根据每个人的打分,计算每个要素的最终调查得分;再运用加权平均法计算指标权重。

④ 根据上表中简明定义,对各个要素进行分级定义,并附上每一级相应的得分,为测评评分提供评分标准。

(4)选择测评方法。

根据测评内容,运用心理测试、面谈、笔试、情景模拟测验等方法有针对性地对其进行测评。

(5)组织实施工艺工程师的素质测评。

① 培训测评小组成员。

人事经理意识到,本次测评小组的成员都没有参与过人员素质测评工作,需要对所有成员进行集中培训。培训的内容包括测评的相关事宜及施测过程中的注意事项。

② 安排测评场地、时间。

人事经理根据测评方法的需要,将成就测试、心理测试、现场操作的场地选在有计算机及相关设备的机房,而面谈则选在会议室里进行。

③ 准备测评所需的其他材料。

人事经理还需要准备测评用的白纸、笔、计时器、面谈提纲与评分表等。

④ 实施测评阶段。

进行心理测验、笔试等技术时,人事经理负责主持测评的具体实施,宣读指导语和注意事项,维持测评现场纪律,控制测评时间。实施面谈时,测评小组成员需认真观察记录面谈对象回答的内容,为评分提供原始材料。

⑤ 评分阶段。

测评小组成员先用表8-15独立评分,然后由人事经理主持讨论评分理由直到得出最终的分数。

(6)统计处理数据,撰写测评报告。

通过定性和定量方法对数据进行整合,根据整合后的数据由测评专家共同撰写测评报告,需要经过拟定初稿、共同商讨、统一标准、正式撰写、统筹定稿的过程,从而保证测评报告格式的统一性、结论的准确性。

测评报告分两种形式撰写,一种是单个工艺工程师的素质测评报告,另一种是所有工程师整体素质测评报告。其中单个工程师的测评报告需对其个人进行及时反馈。

3. 技术人员素质测评

企业专业技术人员作为企业技术的主要创造者,在企业人力资源中重要的人力资本地位已经被广泛认同。① 企业专业技术人员对企业的生存和发展所起的关键性作用日益突出;同时企业专业技术人员的绩效对于企业整体绩效的核心性影响也日趋突出。

因此,技术人员对企业的可持续发展有重要的作用,对于某些企业来说,技术人员不仅是企业实力的象征,还是企业最富挑战力和竞争力的资本。他们参与企业产品的研发、调试、持续改进和产品创新等工作,为企业各个部门业务的发展提供技术支持。对技术人员进行合理的招聘、配置、培训开发、绩效考核等是企业人力资源管理的重点。

技术人员是组织内从事技术研究和发展、技术支持等其他类似工作的非职能人员。企业技术人员应具备的素质可以概括为生理与心理素质、知识经验素质、技能与能力素质3个方面。

表8-16从上述3个方面出发,初步分析了技术人员的测评要素,同时列出了不同级别技术人员在各项测评要素上应达到的级别标准。

表8-16 技术人员素质测评要素及应达到的标准一览表

测评要素			各级人员胜任力的定义	
测评维度	测评内容	权重	高级技术人员	基层技术人员
生理与心理素质 ($A\%$)	体质、精力	$A_1\%$	健康状况良好、无"器质性"疾病	
	职业兴趣	$A_2\%$	在霍兰德各量表中,调研型得分最高	
	职业素养	$A_3\%$	达到良好以上	
	人格特质(以16PF为例,主要包括聪慧性、稳定性、实验性、独立性、兴奋性、敏感性)	$A_4\%$	技术人员各指标得分标准:B、C、Q_1、Q_2 这4种人格特质处于高分值域;F、I 等人格特质处于低分值域;L 人格特质处于中高分值域;其他各项人格特质处于中等水平	
知识素质 ($B\%$)	专业技术知识	$B_1\%$	达到优秀水平	达到良好以上
	专业技术基础知识	$B_2\%$	达到良好以上	达到中等以上
技能与能力素质 ($C\%$)	智力(侧重于空间想象力、思维方式、思维变通能力)	$C_1\%$	IQ在130以上	IQ在100以上
	创造力(独创性、想象力、好奇性、疑问性、挑战性)	$C_2\%$	达到优级水平	达到良好水平
	关注细节能力	$C_3\%$	达到高级水平	达到中级水平
	归纳思维能力	$C_4\%$	达到高级水平	达到中级水平
	技术创新能力	$C_5\%$	达到中高级水平	达到初级水平
	技术需求转化能力	$C_6\%$	达到中高级水平	达到初级水平
	问题发现与解决能力	$C_7\%$	达到中高级水平	达到初级水平

---

① 魏杰.企业管理前沿问题[M].北京:中国发展出版社,2002.

对技术人员的素质测评主要从生理心理素质、知识素质和技能/能力素质3个方面进行测评,针对不同的测评内容需使用不同的测评方法和工具,表8-17列出了技术人员通用的素质测评方法。

表8-17 技术人员素质测评通用方法一览表

测评要素		测评方法(测评工具)
生理心理素质	体质、精力	书面信息分析、体检(体检表)
	职业兴趣	面谈、心理测试(霍兰德职业兴趣与价值观测评量表等)
	职业素养	面谈(结构化面谈提纲等)、笔试(笔试试卷等)
	人格特质	面谈、书面信息分析、心理测试(卡特尔16种人格因素问卷等)
知识素质	专业知识	面试(面试提纲)、笔试(知识测评试卷)
	专业基础知识	
技能/能力素质	智力	面谈、心理测试(智力测评量表等)
	创造力	面谈、心理测试(威廉斯创造力倾向测评量表等)
	各项技能	面试、笔试、操作测试

技术人员素质测评方案如下所示。

××化工有限公司产品开发工程师素质测评

本项测评是根据××化工有限公司产品开发工程师这一岗位的具体任职要求,经过严格的工作分析而设计的。测评的目的在于对公司内产品开发工程师的基本素质有一个较为全面的了解,以便针对性地实施培训和晋升计划。

(1) 组建素质测评小组。

一般来说,素质测评小组由人力资源部经理、相关专员、产品开发部部长、总工程师等组成。在请求外援的情况下,测评小组还包括测评专家。

(2) 建立产品开发工程师素质测评指标体系。

首先,确定产品开发工程师的测评要素。通过分析和调查,最终确立知识经验、专业能力和性格为其素质维度,据此调查各个维度的相对重要性,确定维度权重。

其次,分析每个维度的具体测评内容,确定二级测评指标,并调查各个指标的重要程度确定指标权重。表8-18即为建立好的产品开发工程师素质测评指标。

最后,对测评要素进行分级定义,即对每项测评要素进行描述,并确定评价标准,为后期的素质评分提供依据和标准。

(3) 选择测评方法实施素质测评。

① 知识经验测评。

对专业知识、工作经验的测评,可采用简单易行、成本较低的履历分析法。

表 8-18 ××化工有限公司产品开发工程师素质测评指标

测评维度（权重）	二级指标	权重/%	测评维度（权重）	二级指标	权重/%
知识经验（10%）	专业技术知识	5	专业能力（49%）	创新开拓能力	14
	工作经验	5		团队合作能力	8
性格（18%）	内外向性	9		指导教练能力	7
	成长适应能力	9		自信决断能力	6
专业能力（23%）	分析思维能力	8		学习进取能力	8
	专业应用能力	15		信息敏感性	6

② 性格测评。

一般来说，性格测评均采用心理测试自陈量表，可由卡特尔 16PF 测评量表来测评。

③ 专业能力测评。

对专业能力的测评，可采用面谈和笔试测评法。根据需要测评的具体指标，事先设计好相应的问题；由被测评者在面谈和笔试中的表现来估测其各方面的能力。

（4）统计测评数据。

通过两种测评方法获得的数据需要分别处理，尤其是心理测试得出的数据。

① 处理心理测试数据。

例如，工程师程××在 16PF 测试中的原始得分，需要根据《16PF 原始分与标准分换算表》将原始分换算成标准分，再根据内外向性计算公式 $Y_1 = [(2A+3E+4F+5H)-(AQ_2+11)] \div 10$ 和成长适应能力公式 $Y_3 = B+G+Q_3+(11-F)$ 计算内外向性和成长适应能力。将各因素的标准分分别代入公式中可得到得分为 3 分，得分为 27 分。

工程师程××在 16PF 中的得分

因素	A	B	C	E	F	G	H	I	L	M	N	O	Q_1	Q_2	Q_3	Q_4
原始分	2	11	13	11	4	6	8	2	15	16	9	4	14	15	15	5
标准分	2	9	5	6	3	6	8	7	6	2	8	7	3

② 处理知识经验、专业能力测评数据。

在知识经验、专业能力测评中的得分，通过加权法计算各项指标得分，由此得出维度得分。

（5）分析、报告测评结果。

对统计后的测评数据进行分析，并运用语言性的文字对工程师的素质能力进行描述，针对其具体的能力素质做出相应的人事决策。

4．营销人员素质测评

营销队伍在现代企业中是一支最传统的也是最不可缺少的力量，在现代企业市场营销乃至整个社会经济中占有相当重要的地位。销售队伍建设是销售管理中最需要重视的环节之一，而营销人员就是销售队伍中最重要的组成部分。因此，对于营销人员素质的测评便显得尤为重要。

"人尽其才"是人才素质测评的最终目标。从最早开始利用心理测验进行相应人才的挑选到构建总体素质指标体系,并最终发展形成具有针对性的系统的人才素质评价指标体系,关于营销人才的素质构成体系经历了一段漫长的历史。1989年,斯宾塞(Lyle M. Spencer)构建了第一个胜任素质模型,该模型为总体胜任素质模型。其研究对象较为广泛,不仅包括企业家、营销人员,还涉及技术人员等,这是最早的营销人员素质研究。随后,各界学者纷纷从不同的视角,利用不同的方法对营销人员的构成进行了深入的研究,其中比较有代表性的为Chad Kaydo的研究,其根据营销人员应具备的众多素质演绎出新经济时代的顶尖营销人才所具备的7种能力素质:战略眼光与思维、资源的整合与配置、敏锐的洞察力、信息收集与分析能力、团队意识、全球视野以及积极的营销心态。

比较而言,国内的相关研究起步较晚且大多是在借鉴的基础上进行相应的改良。国内的学者通过问卷调查和访谈的方法对一批具有代表性的顶尖营销人员进行了深入的研究与分析,得出了优秀的营销人员应具备的7项素质,这些素质分别为:成就导向、创新思维、营销技能、市场适应性、自我约束力、自信心以及职业兴趣[①]。

企业营销人员素质测评是企业人员测评的一部分,它是在特定的工作中,采用一定的标准和科学的方法,实事求是地评价营销人员的品行、业绩、能力、态度、个性,以确定其综合素质的管理方法。营销人员素质测评的目的在于通过对营销人员全面综合的测评,判断他们是否称职,并以此作为人力资源的基本依据,切实保证营销人员的报酬、晋升、调动、培训开发、激励、辞退的科学性[②]。

营销人员在企业中负责市场渠道的开发、产品销售等工作,而且他们与客户的接触频率很高,营销人员的言行代表了企业的形象,他们的素质水平在一定程度上会影响到客户对公司的印象、信任度和满意度。在企业管理中,注重对营销人员的素质测评,有针对性地进行营销人员的选拔、培训开发是十分必要的。

营销人员的素质主要包括生理与心理素质、知识素质、技能与能力素质3个方面,根据营销人员素质结构,将这3个方面进行一一细化,得到其素质测评的内容,如表8-19所示。

表8-19 营销人员素质测评通用要素一览表

一级指标	二级指标	三级指标
测评维度		测评内容
生理与心理素质	体质	健康状况、抵抗疾病的能力
	精力	高强度工作承受能力、持久力
	外在形象	第一印象指数、外在形象指数
	个性倾向	包括职业兴趣与职业素养等
	性格特征	内外向性、自信心、乐群性、稳定性、兴奋性、敢为性、独立性、忧虑性、紧张性
	意志力	坚韧性、抗受挫能力、乐观程度

---

① 杨丽昕. 基于胜任素质的营销人才素质测评体系研究[J]. 现代经济信息报,2015(1):103-106.
② 王宓愚. 企业营销人员素质测评方法[J]. 中国人力资源开发,2003(10).

(续表)

一级指标	二级指标	三级指标
测评维度		测评内容
知识素质	专业知识	市场营销的基本知识和专业技能（如行为分析技能、市场预测技能等），测评其掌握知识的深度、运用知识的熟练程度
	与岗位相关的其他知识	对企业与产品知识、市场与客户知识、相关法律法规知识的掌握程度
	生活知识	了解社会、历史、地理、经济学、文学、美学等方面的知识，测评其掌握知识的广度
技能与能力素质	亲和力	个人形体上所具备的能让周围的人感觉其和蔼可亲，不受到职位、权威的约束所真挚流露出的一种情感力量
	影响力	说服或影响他人接受某一观点，推动某一议程，或领导某一具体行为的能力
	人际沟通能力	正确倾听他人倾诉，理解其感受、需要和观点，并做出适当反应的能力
	市场拓展能力	应用沟通、组织、管理等技能和相关知识，开展市场拓展工作，提升个人业绩和产品市场占有率的能力
	商务谈判能力	在谈判中有效达成共识并最大限度争取和维护公司利益的能力

对营销人员素质的测评，针对不同的测评内容应采用不同的测评方法与工具，具体如表 8-20 所示。

表 8-20 营销人员心理素质测评指标与测评方法对应表

测评要素		测评方法（测评工具）
测评维度	测评内容	
生理素质	体力、精力、外在形象等	体检、查阅体检表、面试
心理素质	个性倾向（职业素养、职业兴趣）	投射测试、心理测试（霍兰德职业兴趣与价值观测评量表）
	性格特征	心理测试（艾森克人格测试问卷、卡特尔 16 种性格因素测量等）
知识素质	专业/岗位/生活知识	面试、笔试、文件筐、情境模拟等
技能与能力素质	言语理解与表达能力	心理测试（一般能力倾向测试）
	知觉速度	
	创造能力	心理测试（威廉斯创造力倾向测评量表）
	人际沟通能力	面谈、角色扮演、无领导小组讨论
	市场拓展能力	
	商务谈判能力	

营销人员素质测评方案如下所示。

某公司对品牌推广人员素质测评方案

公司总经理赵××意识到,一流的品牌要由一流的人才及团队来塑造。为了全面了解公司现在品牌推广人员的胜任能力及其潜在素质,总经理决定对这类人员开展一次全面的素质测评。人力资源部经理刘××接到任务后,分析了此次测评的特殊性和重要性,决定寻求专业测评机构的帮助。这一决定得到了总经理的批准。

(1) 组建测评小组。

刘经理在两位测评专家的帮助下,从公司内部另挑选了5位人员组成此次测评小组,并对测评小组人员的工作进行了分配。

(2) 建立胜任素质模型。

① 收集资料,确立初步的测评要素。

首先,进行工作分析。在人力资源部经理的协助下,测评专家查阅品牌推广人员的职位说明书,了解和收集有关品牌推广人员工作职责和任职资格等方面的基本信息。

其次,访谈公司领导。人力资源部经理安排测评专家与总经理、营销副总、市场部经理等相关管理人员进行沟通,了解公司的企业文化、发展战略,询问品牌推广人员的任职资格要求、工作业绩现状及高层管理人员对其期望与要求。

测评专家分析整理品牌推广人员的工作职责、任职资格和访谈的结果,结合测评机构在相关方面的胜任素质库,确立初步的素质要素。

② 关键行为事件访谈,修订测评要素。

选择部分绩效良好和绩效较差的品牌推广人员进行关键行为事件访谈,访谈内容包括岗位的工作职责、工作内容、工作流程、工作障碍以及面临的挑战等。通过分析比较两组人员的访谈结果,添加一些未涉及的胜任素质,并将所有的要素进行归类处理。

测评专家运用德尔菲法组织测评小组成员对品牌推广人员的胜任素质发表意见。例如,将"自信心""意志力"归入个性特征里,增加"应变能力""市场洞察与分析能力",删掉"体质"这一非胜任素质要素。

③ 最终建立胜任素质模型。

首先,查阅素质词典,分析整理测评维度和各个要素的定义,并根据公司的实际情况确定每个要素的评价标准。其次,组织测评小组调查各个要素的相对重要性,确定每个要素的权重。

④ 建立品牌推广人员的测评指标体系。

经过上述一系列的工作,最终形成品牌推广人员的测评指标体系,如表8-21所示。

表 8-21 品牌推广人员素质测评指标体系

测评要素		得分	权重	高分标准定义
测评维度	测评内容			
知识素质	1. 知识素质水平			熟练掌握并运用专业知识,广泛了解多学科知识
能力倾向	2. 判断推理能力			思路清晰,能抓住事物的本质特征和联系,对事物间的相互联系能做出正确的分析与判断
	3. 言语理解与表达能力			语言沟通与交流能力强,能准确领会对方的意图,并能将自己的想法用语言准确地表达出来
	4. 综合分析能力			能够对市场现象与规律之间的依存关系进行分析和阐述,并能对这种现象的发展趋势进行预测
…				

(3) 选择测评方法。

在确定了测评指标体系后,就需要根据具体的测评内容选择合适的测评方法。对于综合知识测试、结构化面试、无领导小组讨论等方法,需要编制相应的测评工具,如编制知识测试试卷、结构化面试提纲与评分表、无领导小组讨论的试题与评分表等。

(4) 统计处理测评数据。

运用各种统计学方法处理数据,使其更具系统性和可比性,并绘制相应的图表使测评结果更直观,便于分析。

(5) 评价被测评者的素质。

分析测评数据所呈现的测评结果,评价公司品牌推广人员的个人素质水平及品牌推广队伍的整体素质水平,并针对优势和劣势提出相应的人事决策建议。

(6) 撰写素质测评报告。

素质测评结束后,测评专家应将此次素质测评的实施过程、获得的测评数据及其反映的结论以及人事决策建议形成书面报告,提交公司领导。

5. 财务人员素质测评

财务部门作为企业的核心部门,其工作绩效的好坏关系到整个企业的生死存亡,是企业管理的重中之重,而财务人员的素质高低又决定了企业财务部门工作质量的优劣。因此,不管是企业还是行政事业单位,都对财务人员的招聘、录用及升迁等工作实行严格控制。

财务人员素质测评的目的在于通过对财务人员全面综合的测评来判断他们是否称职,并以此作为人力资源管理的基本依据,切实保障财务人员的报酬、晋升、调动、培训开发、激励、辞退的科学性。

企业的管理决策信息与会计信息(资产负债表、现金流量表、损益表等)高度相关,财务人员的专业水平和职业素养与会计信息的严密性和真实性也是高度相关的,企业雇佣具备良好素质的财务人员可以为企业节约管理成本和决策失误的成本。

财务人员的素质构成主要包括生理与心理素质、知识经验素质和技能与能力素质3个方面,根据其素质构成,可以初步分析出财务人员的素质测评内容,另外,对基础财务人员和投资、融资人员的各种能力素质的要求不同,测评的重点也有所不同,如表8-22所示。

表8-22 财务人员素质测评指标一览表

测评要素		财务人员分类	
测评维度	测评内容	基础财务人员	投资、融资人员
生理与心理素质	体力	良好的身体素质	良好的身体素质
	精力	工作精力充沛,注意力集中	工作精力充沛,注意力集中
	外在形象	职业化形象	职业化形象
	个性特征	较低的乐群性和忧虑性、较高的有恒性和敏感性、一般的敢为性	
	职业兴趣	常规型	常规型
	职业素养	廉洁自律性、团队意识、忠诚度、严谨求实、责任心	成就动机、责任心、敬业精神、自信心、严谨求实、成本意识
知识经验素质	专业知识、公司相关知识、常识性知识	财务专业知识、会计从业经验	财经知识、金融、证券、投融资管理知识
技能与能力素质	人际沟通能力、判断分析能力、会计核算能力等	智力、数字敏感性、自控能力、数字反应能力、理解判断能力、书面表达能力、关注细节能力、会计核算能力	智力、数字敏感性、沟通能力、数字反应能力、关注细节能力、财务管理能力、投资分析能力、财务分析能力、预期应变能力

财务人员的素质可以从生理与心理素质、知识素质和技能与能力3个方面进行测评。财务人员素质测评可采用表8-23中所列的方法。

表8-23 财务人员素质测评通用方法一览表

测评维度		测评方法	工具(量表)	素质水平
生理素质		体检表分析	体检表	1. 体质:身体健康状况良好,无"器质性"疾病 2. 精力:良好的耐力、较强的承受力
心理素质	个性特征	心理测试	16PF测评量表	低乐群性(A)、低忧虑性(O)、高有恒性(G)、高敏感性(I)、敢为性(H)一般
	职业兴趣	心理测试	霍兰德职业兴趣测评量表	职业兴趣倾向于常规型(C型得分最高)
	诚信倾向	面谈、笔试	诚信倾向问卷	诚实,讲信用
知识素质		笔试	自制测试试卷	财务专业知识达到良好以上的水平
技能/能力		评价中心技术	评价中心技术	财务操作技能必须达到熟练程度

财务人员素质测评方案如下所示。

基于聘用目的的会计人员素质测评方案

××公司人力资源部在发出会计人员招聘广告后,收到很多求职简历。经过简历分析初步筛选后,还余下10名合格人选。接下来需要从这10名求职者中挑选出一名与本企业会计岗位相宜的会计人员。

(1) 成立测评小组。

经过筛选,人力资源部经理选择人力资源招聘主管、财务经理、会计主管与自己共同组成测评小组,负责实施测评的全部事宜,包括分析职位说明书、确定岗位胜任素质、建立测评指标体系、确定合适的测评方法,实施素质测评、评分,处理评分结果、评价被测评者的素质以及报告测评结果。

(2) 建立测评指标体系。

① 确定岗位胜任素质。

通过分析会计人员的工作职责、任职资格及职业技能要求,并结合行为事件访谈法,调查会计人员的岗位胜任素质。经分析和调查,最终确定会计人员的岗位胜任素质主要包括职业素养、一般能力倾向、专业知识与技能、沟通协调能力4个方面。

② 确立测评要素。

分析上述4个胜任素质,将其分解成更详细的测评要素,并对每个要素进行简单的定义,使得每个测评人员都理解其含义,以便进行科学评分。

③ 确定权重。

运用调查表调查每个要素对会计人员胜任岗位的重要程度,从而确定每个要素的权重,以便进行综合评价。

④ 确定测评标志和测评标度,建立指标体系。

根据所确定的测评要素及其分级定义,确定测评标准,包括测评标志和测评标度,从而建立起一套完整的会计人员素质测评指标体系。

(3) 选择测评方法。

① 财务专业知识测试:编制财务专业知识测评试卷。

② 心理测试:选择GATB测评量表中的部分题目,题目方向侧重于数理能力、言语理解与表达能力、判断推理能力、资料分析能力4个角度,编制成《一般能力倾向试卷》以测评所有应聘人员的一般能力倾向。

③ 结构化面试:对于职业素养和沟通协调能力,可运用结构化面试来测评,并编写基于上述胜任素质的面试提纲。

(4) 实施素质测评。

整个测评分成两个单元进行,共用两天时间完成。第一单元为笔试,主要包括财务专业知识测试和心理测试。通过这一单元的筛选,从10人中选取5人进行第二单元的结构化面试。上午实施测试,下午出测试结果并决定面试人选。第二单元为结构化面试,主要由人力资源部经理主持面试。

(5) 处理测评结果及素质评价。

对心理测试和知识测试的结果进行统计处理,得出最终的素质评分。针对素质测评的结果对会计人员个人和整体的会计人员编写测评报告,并提出相应的人事建议。

6. 客服人员素质测评

在客户管理工作中,客户服务工作是与客户保持联系,直接地为各个类型的客户进行从售前到售后服务的工作。它不仅能有效地缓解公司和客户之间的矛盾、增进感情、加深了解,还能清晰地了解到市场的动向以及客户需求的变化,进而起到提高服务、提升产品的作用。因此,一个企业在做好产品的基础上,只有在服务上的功夫做好了,才能保证企业的良性运转。客户服务工作还体现了一个企业的文化修养、整体形象和综合素质,与企业利益息息相关;不仅企业的产品质量、产品标准、产品价格等是关键要素,客户服务也是一个赢得客户的关键要素。

所以,客服人员就显得尤为重要了,客服人员的工作是为企业和客户搭建良好的沟通平台,客服人员的主要职责是解决客户对企业或产品提出的问题。客服人员做好售前、售中和售后服务,可以帮助企业吸引潜在客户、维护现有客户,所以企业应加大对客服人员的素质开发力度。

客服人员的基本素质构成包括生理和心理素质、知识素质和技能与能力素质3个方面,将素质结构一一细化,得到客服人员素质测评的维度,表8-24列出了各维度中的部门测评要素,其在胜任工作中重要性即所占权重可通过资料或专家调查得出。

表8-24 客服人员素质测评要素

测评维度		权重	测评内容
生理素质		$A_1\%$	体力、精力、形象气质、声音等
心理素质	人格特质	$A_2\%$	乐群性、兴奋性、稳定性……
	职业兴趣	$A_3\%$	社会型、服务型……
	职业素养	$A_4\%$	服务意识、意志力、成就欲……
知识素质		$B\%$	公司知识、产品知识、客服知识……
技能/能力素质		$C\%$	亲和力、影响力、人际理解能力、关系建立能力……

注:"权重"用来表示各个要素对客服人员的重要程度。

对客服人员的素质进行测评,通常采用表8-25中所列方法。

表8-25 客服人员素质测评通用方法一览表

素质结构	测评要素	测评方法(测评工具)
生理和心理素质	体质精力、形象气质、声音条件	书面信息分析法(体检表)、面试
	人格特质	心理测试(16PF量表)
	职业兴趣	心理测试(霍兰德职业兴趣与价值观测评量表)
	职业素养	结构化面试
知识素质	客服知识及其他相关知识	成就测试(知识考试试卷)
技能与能力素质	能力倾向	心理测试(一般能力倾向测试量表)、面试
	人际理解能力	结构化面试、评价中心技术(角色扮演,无领导小组讨论等)
	关系建立能力	
	预期应变能力	
	换位思考能力	

客服人员素质测评方案如下所示。

客服人员的人际交往能力测试

1. 指导语

本测试共 15 道题，请您仔细阅读后，表达自己的立场。

2. 人际交往能力测试题

Ⅰ. 在编织自己的人际关系网时，只希望把上司、有权势者编入。
    A. 反对　　　　　B. 不完全同意　　　C. 同意

Ⅱ. 你不怕有求于人。
    A. 是的　　　　　B. 不完全是　　　　C. 不是

Ⅲ. 你善于用自然亲切的话赞美别人。
    A. 符合我　　　　B. 不完全符合　　　C. 不符合

Ⅳ. 每到一个新地方，你总会很快结识原来不认识的人，并成为朋友。
    A. 是的　　　　　B. 不完全是　　　　C. 不是

Ⅴ. 与地位比自己高的人交往，你也感到无拘无束。
    A. 符合我　　　　B. 不完全符合　　　C. 不符合

Ⅵ. 你能够很乐意接受朋友和同事的劝告、批评。
    A. 是的　　　　　B. 不完全是　　　　C. 不是

Ⅶ. 你喜欢广交朋友。
    A. 符合　　　　　B. 不完全符合　　　C. 不符合

Ⅷ. 参加一次新的聚会，你能结识不少人。
    A. 是的　　　　　B. 不完全是　　　　C. 不是

Ⅸ. 有人对你不友好时，你能找到恰当的对策。
    A. 经常这样　　　B. 有时　　　　　　C. 从不

Ⅹ. 你更喜欢做会议主持而不是做会议记录。
    A. 是的　　　　　B. 看情况　　　　　C. 情况相反

Ⅺ. 你会给以前的同事以及其他工作中的熟人发节日祝福短信。
    A. 经常这样　　　B. 有时　　　　　　C. 从不

Ⅻ. 当有问题想不通时，你会打电话或发电子邮件向以前的同事或熟人请教。
    A. 符合我　　　　B. 不完全符合　　　C. 不符合

ⅩⅢ. 你记得你们部门里所有成员的名字及其家庭情况。
    A. 是的　　　　　B. 不完全记得　　　C. 完全不记得

ⅩⅣ. 你会尽快答复别人的电话请求。
    A. 是的　　　　　B. 看情况　　　　　C. 情况相反

ⅩⅤ. 同别人发展友谊，多数是你采取主动态度。
    A. 经常这样　　　B. 有时　　　　　　C. 从不

3. 评价标准

选择"A"得 5 分,选择"B"得 3 分,选择"C"得 1 分,分数相加即为总得分。

① 得分在 60 分以上,人际交往能力非常出色,能够与不同背景的人建立融洽的关系及有效的合作。

② 得分在 40～59 分,有一定的人际交往能力,多数情况下能与他人友好相处,能够与人进行比较顺利的沟通,但是在有些社交场合显得不太适应。

③ 得分在 40 分以下,人际交往能力有待提高,必要时可进行相关能力培训。

8.3 人才测评的新技术

随着科学技术的进步以及人才测评理论的发展,有许多新颖而有效的新的人才测评技术不断涌现出来。下文中将对新出现的脑象图测评技术和 KOMET 测评技术作简要介绍。

8.3.1 脑象图测评技术[①]

每个人的脑象图,它作为独特的物质载体正在改变人们的理念和思维方式。"因脑施教""因脑选材""以脑识人""以脑择业"等理念逐步深入人心,也深刻影响着人们的生活,甚至带来某些领域的革命性突破,其中脑象图用于人才招聘就是脑象图测评技术促使人力资源领域发生的一个革命性和技术性的突破。

1. 脑象图形成原理

人类的大脑细胞无时无刻不在进行着脑部电活动,脑部电活动共分为 4 类:当大脑处于安静平和深思状态时,主要呈现 α 波(频率 8～13 Hz),在大脑活动比较平缓时,α 波活动增强;当大脑处在警觉兴奋状态时,主要呈现 β 波(频率 18～30 Hz),当思维十分专注时,大脑中 β 波活动越频繁;当大脑处于非常开放自由的创造状态和灵感思维状态时,则主要呈现 θ 波(频率 4～7 Hz),大脑越是不受束缚越是自由,θ 波活动越是典型完美;当大脑处在无梦深睡状态时,主要呈现 δ 波(频率 0.5～3 Hz),睡眠越深,δ 波活动频率越慢。这些脑电活动往往实时反映了大脑的生理和病理状态,通过物理学放大技术,利用头部皮肤将脑电活动的具体情况记录在纸上,即称之为脑电图,脑电图技术主要应用在临床医学领域,用于脑部疾病诊断。

在脑电图的基础上,脑象图测评技术应运而生。脑象图测评技术弥补了脑电图技术无法区分 α 波的不足之处,在临床脑电图研究的理论基础上,将人在平静状态下的 α 波收集起来,再通过计算机系统进行编码处理,绘制成直观的物理几何图形,将正常健康 α 波与先天愚型 α 波区分开来。该技术是由我国著名脑电图专家王德堃教授发明的生物活动参量的处理方法,是一项我国首创的并且融合了生理、物理、数学、教育等诸多学科研究的高科技测评技术。

通过脑电图技术对所获得的信息进行一系列的计算和分析,就可以对被测者的思维

[①] 毛翠云,陆婷婷. 脑象图测评技术在人才招聘中的应用研究[J]. 中国人力资源开发,2016(6):47-54.

介质基础和潜在能力做出判断,能够更科学地分析其对应大脑的质量特征和功能势态,由此可以更客观地解读被测试者大脑的四个脑区和左右两颞的优势特征、劣势特征、个性倾向思维方式、职业倾向等。

脑象图测评技术应用中最重要的一个环节就是"取图",即获得被测者脑电波信号经计算机算法后生成的脑象图。脑象图是按照图形特征来分类的,图形特征相近似的归为一类,一共分为13类,分别是:内方型、准内方型、鹰目型、准鹰目型;实莲花型、空莲花型;内雷达型、外雷达型;隧道型、列阵型;奇异型;虚心型;简洁型;锁定型;弧圈型;其他型;类似型。各类脑象图图例如图8-2所示。

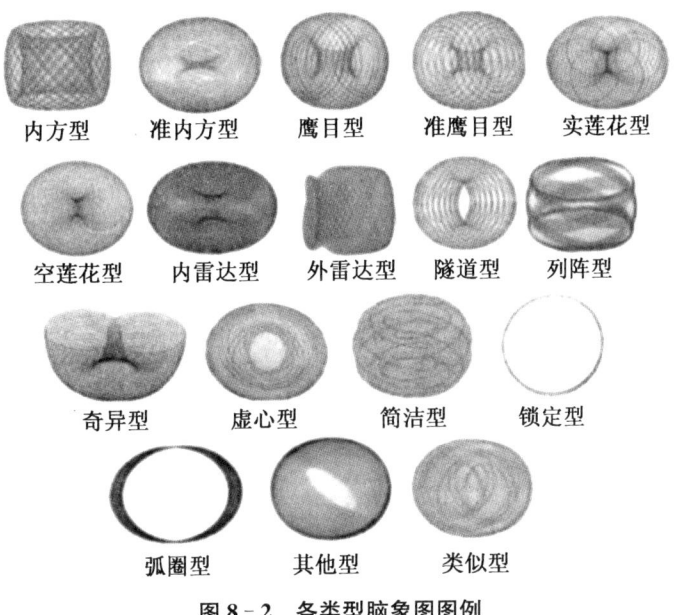

图8-2 各类型脑象图图例

其中,内方型、鹰目型、实莲花型、隧道型属于经典图形,准内方型、准鹰目型、空莲花型属于准经典图形,内雷达型、外雷达型、列阵型、奇异型、虚心型属于边缘图形,简洁型、锁定型、弧圈型、其他型、类似型属于简单图形。当测试结果中出现的虚心图、类似图和其他型图总计超过15个,则测试无效,需要重新测试;当测试结果中出现简洁图、无序图和弧圈图时,需要检查仪器是否连接成功。根据脑象图图形的面积、线间距、网格化、轨迹、立体感、丰满性、对称性、均匀性、起伏性、急转弯等10个指标将图形划分为5个等级,分别是特优、优秀、良好、中等、一般。

2. 脑象图测评技术概述

人类大脑脑区划分可分为左前脑、右前脑、左后脑、右后脑、左颞和右颞,各脑区"分工明确",分别显示了人类不同的智慧特征和能力特征,如知识、经验、感觉、创造等智慧,思维、表达、记忆、组织、计划、社交、协调等能力。因为脑象图技术能够有效对人的优势特征、劣势特征、个性倾向思维方式、职业倾向等方面做出科学判断,所以已经有多个组织利用脑象图测评技术测试员工的综合素质,并以此为依据进行岗位安置和人才选拔等。下文将介绍脑象图测评技术的操作方法。

(1) 采集脑象图数据。

首先,为了采集到更准确有效的数据,脑象图测试对被测者有一些基本的要求:第一,被测者在测试前避免进行大运动量的活动,保持情绪的稳定;第二,测试前原则上要求被测者洗净头发,以免影响电极正常工作;第三,被测者测试当天或前一天不能喝酒,不能服用镇静类药物;第四,被测者不得将手机等电子工具带入测试室内。因此,在通知面试者进行脑象图测试之前,先对其进行详细的讲解,以提高测试的有效性。

测试期间,被测者以正常姿势坐在椅子上,双腿自然垂直,两手平放至双腿,双目微闭。采用天智脑象测试仪 Talents - 300 对被测者进行脑象图测试,为被测者选择并佩戴合适的电极帽,均匀分布在脑区各个位置,并保证电极能充分接触头皮。然后对被测者采集脑电波进行取图,共采集3轮,每轮产生12次数据,每1次数据都会生成六个对应其四个脑区和左右两颗的脑象图图形,再由专业人员对图形进行筛选,选出有效图形,筛选完毕后剩余有效数据的次数在15～20之间。

(2) 分析脑象图测试结果。

测试后,由系统生成脑象图测试报告。报告中会显示被测者测试图例的类型及数量、思维特征测试值、脑功能及对应脑区示意图、行为风格特征示意图、智能类型及得分、合适的职业取向等内容,其中对脑功能的介绍是不随被测者的不同而改变的,不同的只是被测者优劣势脑区的结果。人类的大脑包括了四个脑区和左右两颗,左前脑代表知识智慧,优势包括知识积累、学术研究、逻辑推理、分析量化等;左后脑代表经验智慧,优势包括控制管理、组织实施、程序安排、细节操作等;左颗代表的是机械记忆。右前脑代表创造智慧,优势包括直觉判断、发明创造、想象前瞻、风险意识等;右后脑代表感觉智慧,优势包括关系协调、人际沟通、情感表达、咨询服务等;右颗代表的是情景记忆。具体分布如图8-3所示。

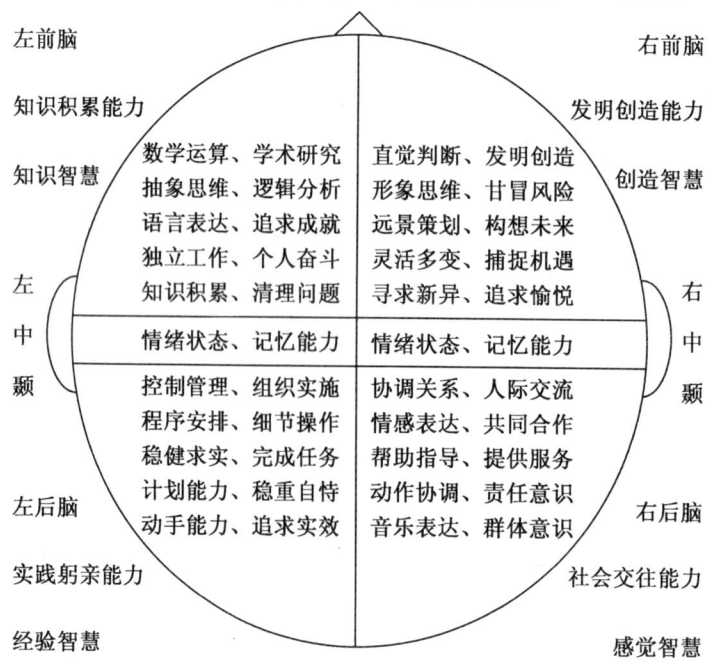

图8-3 脑分区与对应的脑功能示意图

脑象图报告中还给出了具体的九类智能类型,分别为语言组织智能、数理逻辑智能、发现创新智能、人际交往智能、动手操作智能、音乐感知智能、书法绘画智能、身体运动智能、空间感受智能,每类智能的得分值由1~5分数或1~5个星星数表示,能力越强分数越高。前脑优势的人更适合成为思想家、管理学家,因为他们更注重理念和创新思维,却不适合从事销售行业,销售需要极强的表达能力和沟通能力,所以必须要具备右后脑优势;左脑优势型的人在听说读写能力、推理判断能力、实际操作能力等方面会有更大的潜质和发展空间;具备右前脑劣势的人在日常生活和工作中,往往循规蹈矩,思维比较单一,缺乏创新意识,所以不太适合做研发人员、广告策划、作曲家等。只有求职者正确了解自己,才能准确定位找到适合自己的工作,当脑优势特征与其从事的职业职责要求匹配时,企业就能够更好地达成人岗匹配、人尽其才的目的,提高企业的招聘效果。

脑象图测评技术的优点在于,通过监测脑电波使大脑功能的物理学表述成为可能。与普遍使用的面试法、评价中心法等传统人才测评方法相比,该方法能避免面试者主观因素、面试官主观评价等干扰,能现场实时地采集面试者大脑生物信号,能更直观、更客观、更准确地反映面试者的实际能力和素质,能更好地帮助公司招聘到真正符合企业岗位胜任力需求的人员,更好地帮助企业识别人才、提高招聘效果,从而带来更高的企业绩效,是一项十分科学实用的工具。

8.3.2 KOMET 测评技术[①]

KOMET测试是当今世界范围内比较流行的一种国际性的职业能力测评方法。它的评价内容具有较强的实践性,试题的开发与设计遵循严格的标准。

1. KOMET 测评概述

KOMET是"职业能力与职业认同感测评项目"的缩写,它是一项由德国科委发起的学生职业能力与职业认同感测评的计划。以高职的学生为测评对象,旨在对他们的职业能力及其发展、职业承诺等进行大规模的标准化测评。KOMET能够帮助被测者建立职业能力模型、设计完善的职业能力测评方案。能力测评实际中,KOMET测评技术使用的是建立在典型工作任务基础上的开放性试题问卷,不但符合认知规律,而且满足职业发展规律和社会规范以及技术标准的要求。不仅能对学生的职业能力水平以及职业教育质量做出评价,也可为职业教育决策提供可靠的实证基础,还能为职业教育课程和教学改革提供方法支持。

2. KOMET 职业模型的构建

KOMET职业能力模型的构建分为三个步骤:

(1) 确定能力维度。能力维度,是指一个能力模型所包括的结构性的组成元素。能力模型有一维和多维之分。在建构能力模型的过程中,首先应确定能力的维度。德国科委在对能力诊断领域中的关键概念进行具体解释后,确定了能力的组成元素。并利用这些元素,把能力模型确定为二维结构,称之为KOMET二维能力模型。组成该模型的两

---

① 肖化移,李中玲. KOMET——高职学生职业能力测评的现实选择[J]. 职教论坛,2014(4):47-49.

个维度分别为:要求维度和内容维度,要求维度,可显示能力要求,即"能力级别";内容维度,可显示能力的内容结构,即"学习(任务)范围"。

(2) 划分能力级别。所谓能力级别,是指用逐渐增大的"能力值"来表示不同的能力水平,如第一级最低,第三级最高。与"从初学者到专家"的内容维度相对应,KOMET研究者们把职业教育的能力水平划分为四个级别:

① 名义能力。这是职业能力水平的第一层次,该层次的学生具备表面的、概念性的知识。

② 功能性能力。这一级别的学生具备使用专业工具所需的与情境无关的基本知识和相应的技能。同一专业领域,完成不同难度的工作任务所体现的功能性能力不同。

③ 过程性能力。这一能力涉及工作过程知识和相关的职业资格要求,需要学生在完成工作任务的过程中具备考虑到经济性、顾客导向和过程导向等多方面要求,即职业的质量意识。

④ 整体化的设计能力。该级别要求学生将工作任务放到整个系统中去认识,不仅要注意任务的复杂性,还要考虑多样化的企业和社会环境条件对工作过程和结果的不同要求。

基于以上两步骤的结果,能够形成一个跨职业的KOMET二维职业能力模型图,如图8-4所示。

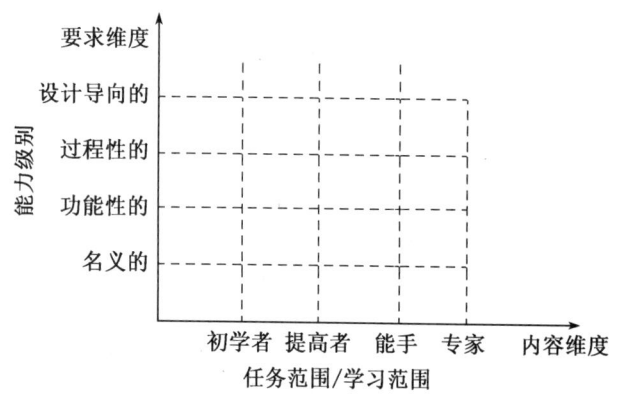

图8-4 KOMET二维职业能力模型图

(3) 建立能力指标。

在确定了KOMET职业能力的水平级别后,还需要多个能够量化的指标来衡量能力所达到的级别。KOMET研究者们建立了用于设计测试题目以及对任务解决方案进行解释和评价的几个能力指标:

① 反映功能性能力的指标:直观性、功能性;

② 反映过程性能力的指标:使用价值导向、经济性、生产流程和过程导向;

③ 反映整体化设计能力的指标:社会接受度、环保性、创造性。

KOMET测评方法和技术具有以下优点:

(1) 建立了科学、前沿、跨职业的职业能力模型,使不同专业、不同职业、不同职业教育体系间的比较成为可能。KOMET 是在一个跨职业和跨职业领域的能力模型的基础上,利用标准化的测试程序认识职业能力的发展情况,对职业教育的学习过程和结果进行比较的。这种方式下的比较,不仅可以在同一个专业或职业内进行,而且还可以在不同专业或职业间进行横向比较,甚至可以使不同职业教育体系之间的比较成为可能。

(2) 测试试题接近实际操作且科学。KOMET 测评问卷中的测试题目,来源于工作实践中的某个现实问题,包含有该职业的典型工作任务及其相应的情境描述,反映了工作实践中的状况。同时针对不同能力发展阶段的学生开发了相应的"测试题目",符合能力发展的逻辑规律。

(3) 测评内容广泛,测试方法科学。把 KOMET 测评技术应用于测评实践工作中,可以分别对学生的职业能力、职业承诺和职业认同感等进行多方位的测量和评价,在此基础上,还可以对每个学生的多个能力发展维度进行评价,并发现每个维度间的联系。

(4) 能够指导教育实践。KOMET 可以为教师实施学习领域的课程方案提供直接的技术支持,以此为基础,在职业教育实践中,我们便可以开展以工作和经营过程为导向的职业教育教学,从而促进以培养学习者职业能力的培养目标的实现。

8.4　人才测评发展展望

随着科学技术发展,物联网、云计算、大数据技术、认知计算等为基础的新一代智能信息技术正不断涌现出来,并且展现出了对当下社会方方面面的颠覆与推动之趋势。这些新一代智能信息技术所推动的人类社会全面的数字化和智能化将促进人才测评技术与实践的多方面发展和突破,未来有望在以下几方面实现人才测评的理论与技术革新。

1. 情境融合评价占有更大比重

情境的设定在传统的人才测评中十分关键。由于个体的能力素质特征相对稳定,当外在的情境因素,如工作任务特征、工作环境等趋同的情况下,个体应该表现出相同的行为特征,并产生相似的行为结果。然而,由于能力素质特征的时间演变性和现实情境的动态变化性,导致了许多人才测评效果并未能达到人们的预期,进而导致组织人才选拔与配置的效果不佳。当下企业在人才招聘中,并不使用心理测验之类的人才测评技术或方法,主要是通过教育背景和实践经历等因素招募候选人(测评应届毕业生时尤甚),然后进行培训与试用。而试用本质上就是一种把候选人置于真实工作情境中的人才评价方法,相比于角色扮演情境模拟测评,试用则既可以对候选人的能力素质进行评估,也可以直接评价其绩效表现,是一种既涵盖过程,也涵盖结果的人才评价途径。但试用的缺陷在于,候选人已经进入岗位,此时,对于组织来说,则产生了试用期的人力成本和放弃其他替代候选人而产生的机会成本。但尽管如此,正是由于试用对人才评价的情境真实性,使得试用制能够可靠有效地对人才进行能力素质和绩效表现进行准确的评价。由此可见,情境化是显著提高人才评价可靠性(信度)和有效性(效度)的重要途径。

然而,尽管在一些测评技术中具有一定的情境模拟性特征,但这些模拟性的情境与实际的工作情境,特别是任职后的岗位或任务实际情境还是存在极大差异,进而也就降低了传统测评技术与方法的可靠性和有效性。在新技术革命时代,可以尝试运用大数据(Big Data)、虚拟现实(Virtual Reality)和增强现实(Augmented Reality)等技术,提升人才测评的情境化程度,以提高人才评价的可靠性和有效性。通过大数据技术的应用,可以更全面地收集组织成员以及工作团队在真实工作情境中,甚至工作之外的真实情境中个体或团队能力素质特征和行为绩效表现等信息,以间接实现人才评价的情境化。相比于大数据技术间接的情境化,通过 VR 和 AR 现实技术,则可以把被评价者置于仿真性的虚拟工作任务和环境中,进而评价个体的行为表现和结果。

2. 更注重团队导向的人才评价

在新技术革命时代,世界联系更紧密,动荡性和不可预测性加剧,如何进行人才团队构建和评价,是各类组织未来必将面临的问题与挑战。具体来说,对于团队建构与评价,涉及根据团队任务要求,如何进行团队成员挑选和配置,以达到团队结构最优化。基于当前的实证研究,团队异质性(team diversity)相关研究提供了可借鉴的视角和研究结果。团队异质性也称为团队构成的多样性,指团队成员个人特征的分布情况,具体也指团队成员在性别、年龄、专业知识和人格等属性上的相似与相异性程度。不过就现有实证研究结果来看,团队异质性与团队效能之间并不是简单的线性关系。要想利用团队一致性来提升团队效能,需要对团队成员之间的最佳匹配、团队属性与特征、团队行为过程与效能等进行正确的评价,找到团队结构的最优解。

3. 全方位的人才评价信息获取

在传统的人才评价中,人才评价信息的获取相对比较单一,信息来源比较少,主要是通过人才招聘选拔、绩效评估等组织内正式途径获取。在物联网和大数据技术时代,可以实现跨情境、跨界域、多途径、多方法的人才评价海量数据信息获取,进而实现对人才的全方位精准评价,提升人才评价的可靠性和有效性。具体来说,通过大数据分析和万物互联的普及,可以更全面地收集员工个体及团队在真实工作情境中,甚至是工作场所之外,与个体或团队能力素质特征相关联的行为和绩效表现,以便建立更精确的素质—绩效关联模型。进而根据已建立的关联模型,通过大数据技术对个体或团队的素质特征和绩效表现进行评估,并预测和评价被评估对象的潜能与未来的绩效表现。

4. 更开放灵活的组织架构和结果导向的评价方式

当下的企业组织在确定了组织战略和整体目标后,随即确定相应的组织架构和岗位设置。其中,每个岗位都将围绕着组织战略和整体目标,确定具体的工作任务和任职资格要求,每个岗位的角色和任务要求有明确的定义和边界。而在当下愈发趋于无边界的共享经济时代,众包、开源和群体智慧等将成为组织重要的运营方式,相应地,传统的组织结构相比较之下则不够灵活与开放。越来越多的组织正在利用网络和智能信息技术,把组织架构转变为平台化、网络扁平化的开放式组织。在开放式组织中,组织结构是松散的和动态变化的,组织边界将消弭,组织与员工、客户、消费者等之间将相互渗透和互联合作。同时,组织内部将不再具有长期固定的岗位,组织运行将以产品或任务为中心,且工作任务将是分解性、扩散性和脱离性的,工作时间与地点更加灵活、工作内容更加自主和工作形式更加开放。而组织管理者的任务将会是"引领工作而非管理员工"。特别是对于复杂、知识密集创新性的任务,组织将越来越依赖于"非组织所有"但"为组织所用"的外部人才资源。相应地,组织对人才的评价与管理则不再需要过多地考虑留用问题,而是把人才当作工作自主、创造价值的组织合作伙伴,与人才建立合作关系,组织人才评价将转向任务导向。未来管理者可以通过在组织内部或第三方平台发布工作任务,然后由内部员工或自由工作者自行形成任务团队。而管理者的任务将是具体描述任务内容、周期和计划时间节点、结果要求,并在任务计划周期的节点对任务完成情况和结果,按预先设定的标准进行评价。

思考题

1. 测评指标的要素有哪些?请对其进行简单说明。
2. 测评指标权重的设置方法是什么?
3. 测评指标权重确定的原则是什么?
4. 人才测评指标体系建立的流程是什么?
5. 管理人员应具备的素质有哪些?
6. 简述如何提升管理人员的危机处理能力。
7. 生产人员应具备的素质有哪些?
8. 对技术人员的素质测评方法有哪些?
9. 营销人员应具备的素质有哪些?
10. 对财务人员的素质测评方法有哪些?
11. 简述如何提升客服人员的服务意识。
12. 人才测评方法在公务员考试中有哪些应用?
13. 人才测评方法在企业人员招聘与选拔中发挥了什么作用?

案例讨论

某铁路集团公司团委负责人公开选聘

某铁路集团公司为了不断创新人才选拔机制,决定在全公司范围内公开选拔公司团委负责人。为了保证公平性和有效性,公司委托第三方测评咨询机构负责此次测评的全程工作。

本次测评项目的实施流程包括8个部分:资料研读与分析、构建能力模型、开发测评工具、笔试实施、情景测试、结构化面试、公司领导面试、成绩提交。测评环节由四大部分构成,分别是笔试、情景测试、结构化面试和公司领导面试。人才测评机构负责前3个部分的题目开发以及组织实施工作,公司领导面试部分由该铁路集团公司负责实施。

(1) 资料分析。资料分析包括企业文化和战略的演绎分析以及相关文献资料的研读,有利于了解该集团公司对团委负责人在能力和素质方面的要求,以便构建更加科学合理的能力模型。

(2) 构建能力模型。结合以往测评经验,参照同行业中基层管理通用能力指标以及人才测评机构模型库,然后构建能力模型。

(3) 笔试。要考察政策理解能力、党团基本知识、基础管理能力、企业战略及文化等。根据参加笔试人数的一定比例,按考试成绩由高到低,由竞聘领导小组办公室确定参加情景测试人选。

(4) 情景测试。采用无领导小组讨论测评技术,主要测评考生的分析思维、团队合作和沟通协调能力。

(5) 结构化面试。主要考查考生的分析思维、应变能力、学习能力和语言表达能力,由演讲、答辩和民主评议3个部分组成。

(6) 公司领导面试。主要考查考生的分析思维、应变能力、团队管理和语言表达能力,由演讲和答辩两部分组成。

改编自:苏永华.人才测评案例集[M].第2版.北京:中国人民大学出版社,2016:51.

试分析:

1. 案例中采用的人才测评方法有哪些?它们都有什么特点?
2. 怎样评价?

参考文献

[1] 安鸿章.岗位胜任特征模型的构建与完善[J].经济与管理研究,2003(4):42-45.

[2] 陈莉玥.大数据时代人力资源管理创新模式研究[J].现代商贸工业,2014,26(17):24-25.

[3] 杜红,洪自强,陆兴海.中层管理人员结构化面试测评效度的现场研究[J].应用心理学,2007(3):244-249.

[4] 冯明,尹明鑫.胜任力模型构建方法综述[J].科技管理研究,2007(9):229-230,233.

[5] 高守国.申论·面试[M].北京:中国法制出版社,2014.

[6] 谷向东,邓希泓,陈公海.人才测评技术在组织人事管理中的应用研究[J].管理观察,2015(29):120-122.

[7] 胡月星.评价中心与结构化面试[M].银川:宁夏人民出版社,2007.

[8] 胡月星,梁康.现代领导人才测评[M].北京:国家行政学院出版社,2004.

[9] 李芝山.行为描述面试法在人才招聘中的规范应用——以M公司招聘人力资源部经理为例[J].企业经济,2009(3):74-77.

[10] 刘耀中.人员选拔面试中的晕轮效应[J].心理科学,2009,32(6):1388-1390.

[11] 刘远我.面试前有关被试的心理测验信息对考官面试评价的影响研究[J].中国考试(研究版),2008(4):3-8.

[12] 刘远我.人才测评:方法与应用[M].北京:电子工业出版社,2011.

[13] 刘远我.招聘面试中的主要问题[J].中国人力资源开发,2003(12):63-65.

[14] 马庆霞,王雪.情境判断测验的研究和应用进展[J].中国人力资源开发,2014(7):66-72.

[15] 毛翠云,陆婷婷.脑象图测评技术在人才招聘中的应用研究[J].中国人力资源开发,2016(6):47-54.

[16] 费利克斯·劳耐尔,赵志群,吉利.职业能力与职业能力测评:KOMET理论基础与方案[M].北京:清华大学出版社,2010.

[17] 孟卫东,于泽玮,司林波.评价中心技术及其应用研究综述[J].燕山大学学报(哲学社会科学版),2011,12(4):97-101.

[18] 乔治·C.桑顿三世,上海人才有限公司.评鉴中心在人力资源管理中的应用[M].上海:复旦大学出版社,2004.

[19] 苏永华.人才测评案例集:Case of talent assessment[M].北京:中国人民大学出版社,2016.

[20] 孙健敏,彭文彬.无领导小组讨论的设计程序与原则[J].北京行政学院学报,2005(1):35-40.

[21] 孙连才.数据化管理趋势下人力资源外包模式创新[J].中国人力资源开发,2015(7):6-10,52.

[22] 吴新辉.新技术革命时代人才评价的范式转变与方法[J].中国人事科学,2018(3):48-55.

[23] 萧鸣政.人员素质测评理论与方法.2版[M].北京:北京大学出版社,2016.

[24] 林日团.管理人员胜任力研究述评[J].华南师范大学学报(社会科学版),2007(1):131-135,160.

[25] 李思宏,罗瑾琏,田瑞雪.科技人才评价与选拔体系构建思路[J].科技进步与对策,2009,26(14):148-150.

[26] 张爱卿.人才测评.2版[M].北京:中国人民大学出版社,2011.

[27] 张志红,王倩倩,朱冽烈.人才测评实务.2版[M].北京:机械工业出版社,2011.

[28] 赵曙明.人力资源管理理论研究现状分析[J].外国经济与管理,2005(1):15-20,26.

[29] 赵曙明,赵宜萱,周路路.人才测评:理论、方法、工具、实务[M].北京:人民邮电出版社,2018.

[30] 张弘,曹大友.招聘面试中的行为挖掘技术[J].中国人力资源开发,2010(3):36-39.

[31] 李文东,时勘.工作分析研究的新趋势[J].心理科学进展,2006(3):418-425.